山のABC

基本のロープワーク

羽根田 治

ヤマケイ新書

山のＡＢＣ　基本のロープワーク　目次

第1章　ロープワークの基礎知識 9

第2章　ロープワークの基本8 53

第3章　アウトドアでのロープワーク実践法　139

ツエルトを張る 168

危険箇所を通過する 180

あとがき 204

●カバー&フォーマットデザイン
尾崎行欧デザイン事務所
●DTP
千秋社
●編集
羽根田 治
五十嵐雅人（山と溪谷社）
●イラスト
山口正児
●写真
小山幸彦
羽根田 治
宇佐美博之
亀田正人
●校正
戸羽一郎

第1章

ロープワークの基礎知識

ロープワークの歴史

ロープワークの歴史は、はるか昔へと遡る。その起源については諸説あるが、太古に使われていたロープが現存していないので（有機質でつくられたロープは長い時間の経過のなかで消滅してしまった）、結びがいつごろから用いられるようになったのかは、はっきりとわかっていない。

日本において、最も古いロープの存在が確認されているのは、紀元前8000年ごろから始まったとされる縄文時代のことである。出土した縄文土器には、土器を焼くときに押し当てたと思われるさまざまな縄の文様が印されている。また、発掘された埴輪や土偶の衣装にひものようなものが描かれている例もあるし、土器や鏡、銀、刀剣などの発掘に伴って化石化したひもの形骸が出てくることもまれにある。ただ、結びの種類はオーバーハンド・ノットなど単純なものに限られている。

ともあれ、生活の場が野外であった時代にあって、人間は生きるために知恵を働かせていろいろなものを創造していった。その過程で考え出されたのがロープであり、人々はロープを用いたさまざまな〝結び〟を生み出し、それを進化させていったのは間違いない。

さて、紀元前1世紀から6世紀にかけて、中国ではきわめて立派なひもがつくり出された。奈良時代にはその技術と実物が日本にも伝えられ、日本のひも文化に大きな影響を与えたという。

平安・鎌倉時代になると、ひもは日本的な繊細さを漂わせるようになり、さらに足利・室町時代には、禅宗や茶道の影響を受けて、色、柄ともに渋いひもが現れてくる。このころのひもは装飾的、つまり工芸や服飾、宗教的な用途に用いることが多かった。それが戦国時代になると一変し、甲冑や太刀、馬具、弓具などの武具に使われる実用的で丈夫なひもが主流になっていく。一方で、平安中期の祈祷師・安倍晴明のように、結びを呪術の手段として活用することもあった。

江戸時代には、より技巧的なひもが出現し、「紐屋」なる定職も生まれ、ひもづくりの技術はいっそう向上していくことになる。特に日本では、結びの様式の美しさが結びの目的とされることも多く、それに付随した形で装飾的なひもづくりの技術が発展していったといっても過言ではない。しかし、もちろん生活に密着した結びは存在していたはずで、本当に実用的な結びは一般庶民の間で受け継がれ、今日に伝えられているのであろう。そういう意味で結びは、装飾性と実用性という、まったく異なる目的に分化して発展してきたといっていい。

ところで、結びの実用性という点では、文字がまだ発明されていなかった時代には、結びが伝達・記録の方法として用いられていたという事実もある。沖縄では藁を利用して数量の記録や計算を行なう藁算が近代まで使われていたし、インカや中国にも同様の伝達方法があった。また、船の速度は「ノット」という単位で表わされているが、これは走っている船から結び目のついたロープを繰り出し、一定時間に繰り出された結び目の数を数えて速さを計測したことによるものだという。

なぜロープワークが必要なのか

たとえばここに、適当な長さのロープがあったとしよう。このたった1本のロープが、登山やキャンプの際には〝魔法のひも〟と化す。危険箇所を安全に通過するとき、テントやツエルトを張るとき、濡れたウェアを乾かすとき、焚き火用の丸太を運ぶとき、遭難者を救助するときなどなど、工夫次第で1本のロープをいろいろな用途に使うことができる。ところが、無限の可能性を秘めているロープも、結び方を知らなければただのひもにしかすぎず、なんの役にも立たない。

近年はアウトドアスポーツが多様化し、海・山・川では今までになかったさまざまなアクティビティが楽しまれるようになった。一方で登山やキャンプ、カヌー、釣りなど、従来からあるアクティビティの人気も高い。その舞台となる自然のなかでは、1本のロープを自由自在に操ることによって、より快適なアウトドアスポーツを楽しめるようになる。それだけではなく、自然のなかに存在するリスクに直面したときにも、1本のロープがあればその危機を脱することもできる。

とはいえ、昔と比べると今は道具が格段に進化して便利になり、ロープワークの必要性を感じにくくなっているかもしれない。実際、野外でロープワークを使いこなしている人は、クライマーやヨットマンなど一部を除けば、それほど多くはないようだ。

登山道の危険箇所を通過するときもロープがあれば安心

「ロープワークなんか全然知らないけど、別に不自由したことはない」という人もいるだろう。なるほど、ロープワークを知らなくても山には登れるし、キャンプだってできる。

しかし、コンディションがさまざまに変化する自然というフィールドにおいては、自分で創意工夫しながら対処していくことが要求される。もちろん、既存の便利な道具によってカバーできることもあるかもしれないが、もしその道具で対処できなかったら……。あるいは道具が壊れてしまったら……。そこで役に立ってくるのが、先人の偉大な知恵であるロープワークだ。

ロープワークは、1本のロープを使いこなすことによって、できなかったことを可能にするテクニックである。いざというときのために、ぜひロープワークを身につけていただきたい。

目的に合った太さと長さのロープを選ぼう

ロープは素材によって天然繊維ロープと化繊ロープに大別されるが、現在、アウトドアで使われているのは、ナイロン製の化繊ロープがほとんどだ。このナイロン製ロープは、マニラ麻などを使った天然繊維ロープに比べて強度が高く、軽量で、しなやかさ・耐久性などの点でも優れている。また、荷重をかけたときの伸び率が大きく、滑りやすいのも特徴だ。反面、熱や摩擦、紫外線などに弱いという欠点もある。

登山やキャンプに限っていうと、「クライミングロープ」「補助ロープ」「細引き」の3タイプのロープが主に使われている。クライミングロープはアルパインクライミングなどで命綱として用いられ、太さは7〜10㎜、長さは30〜80ｍなど各種そろっている。補助ロープは一般的な登山で危険箇所を通過するときに使用するもので、太さは8㎜、長さは20〜30ｍが主流だ。

また、細引きはテントやタープの張り綱を張るときなど、野外でのさまざまな用途に使える細めのロープのことをいう。登山用具店では、太さ1〜9㎜ぐらいまでの各サイズのナイロン製ロープがメーター売りされているが、太さ3〜6㎜ぐらいのものを必要な長さだけ購入して細引きとして使う人が多い。テントやタープの張り綱として使うのなら太さ3〜4㎜、物干し用のロープにする

ロープの購入は登山用具店やアウトドアショップで

なら太さ4〜5㎜、ナイフやコンパスなど小物のネックストラップとしてなら太さ2㎜ぐらいのものが適当だろう。非常用装備のなかに、太さ3㎜×長さ5m程度の細引きを常備しておくと、なにかと役に立つ。

このほか、スリング（輪状になったナイロン製のテープ）を自作するための平べったいテープ（幅10、15、20、25㎜など）もメーター売りされているが、今は最初から縫製されているソウンスリングを用いる人がほとんどだ。

なお、ナイロン製ロープはホームセンターやDIYショップなどでも「アウトドア用ロープ」として市販されているが、登山やキャンプで使用するロープは必ず登山用具店やアウトドアショップで購入するようにしよう。

ロープの安全基準は?

登山やクライミングの発展や安全に寄与することを目的に活動する世界規模の山岳団体UIAA(国際山岳連盟)は、使用者の生命に直接関わる登山用具に対し、国際的な品質規格を定めて適用を行なっている。UIAAの厳しい安全基準をクリアしたロープにはUIAAマークが付いている。

このUIAA規格の安全基準テストのなかで最も重視されているのが、耐墜落回数テスト。一定の重りを落下させて、何回の墜落に耐えられるかを計測するもので、もちろん回数が多いほどロープの強度は高いということになる。また、墜落したときに体が受ける衝撃を数値化したのが衝撃荷重テストで、こちらは数値が小さいほど衝撃吸収に優れているといえる。ただしデータを比較するには、ロープの径が同じであることが条件となる。

このUIAA規格とは別に、ヨーロッパでは、EU(ヨーロッパ連合)内で安全な製品を流通させるため、UIAA基準をよりどころとして、製品ごとにそれぞれ規格を定めている。これが「EN(ヨーロッパ規格)」で、EN基準に適合したクライミングロープは、さらに審査を得たうえで「CE」マークが付けられる。

一方、日本では消費生活用製品安全法により、一般消費者の生命または身体に危害を及ぼす恐れ

クライミングロープに記されている安全基準適合マーク

が多いと認められる製品を「特定製品」に指定し、国で定めた安全基準に適合して「ＰＳＣ」マークを取得しないと販売できないことになっている。登山・クライミング用ロープも特定製品に指定されていることはいうまでもない。

国内にはこのほか、製品安全協会が定めた安全基準に適合していることを示す「ＳＧ」マークがある。ＰＳＣと異なるのは、法的な義務がなく、メーカーが独自に任意取得するマークであることだが、製品の安全性と信頼性を証明する目安になっている。

登山・クライミング用のロープを購入する際には、これらのマークの有無もしっかりチェックしたい。なお、メーター売りされている細引きにはテストによる強度基準が設けられていないので注意が必要だ。

ロープの構造はこうなっている

私たちがアウトドアで用いるロープは、その構造から「3つ縒《よ》りロープ」と「編みロープ」の2種類に大別される。

3つ縒りロープは、イラストのとおり3本のストランドからなる。一本一本のストランドはヤーン（糸）が縒り合わさったもので、そのヤーンもまた、ファイバーと呼ばれる繊維を何十本も縒り合わせることによって形成される。このような構造のロープを縒りロープという。ストランドを縒る方向とヤーンを縒る方向は逆になっているが、これはロープの縒りが解けてこないようにするためと、ロープ自体に強度をもたせるためである。

一方、ストランドやヤーンを編み込んで1本のロープにしたものが編みロープ。この編みロープにもいろいろな構造のものがあるが、ストランドを編み込んだ芯を外皮で覆った丸編みロープタイプが一般的だ。登山やキャンプで使われるロープは、ほとんどがナイロン製の編みロープである。

一般に、ナイロン製の編みロープは、縒りロープに比べて強度が高く、柔軟性に富み、扱いやすいという特徴がある。太さやカラーなどの種類も豊富で、値段も安い。また、伸縮率が大きく、引っ張ると伸びるのも特徴。このように伸びる性質のロープを「ダイナミックロープ」という。アウ

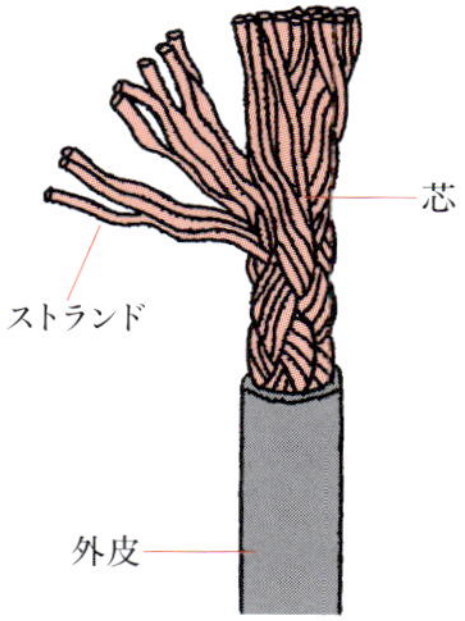

編みロープ

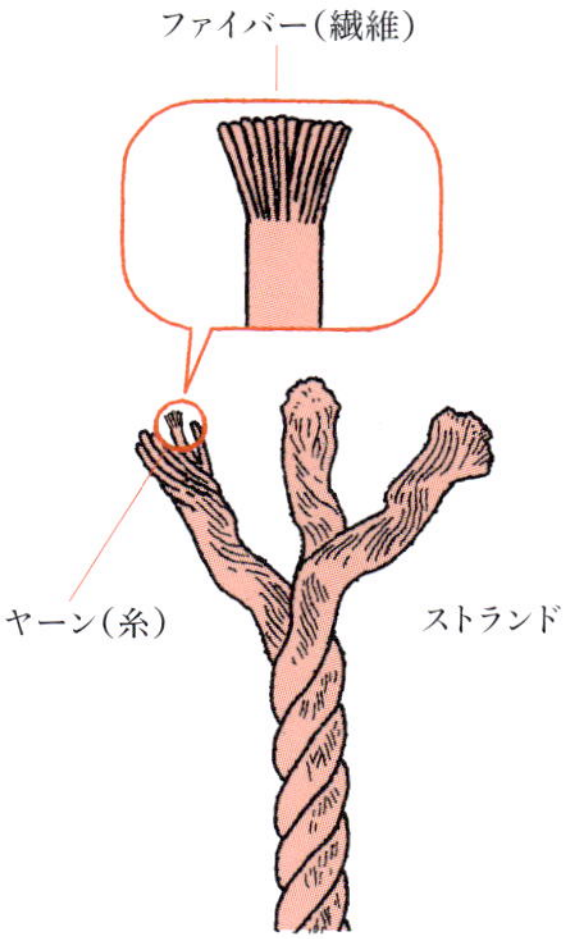

3つ縒りロープ

トドアでダイナミックタイプのロープが主流なのは、荷重がかかったときにロープが伸びて衝撃を吸収してくれるから。クライミングロープのように命綱として使用する場合、ロープが伸びることで衝撃を和らげ、体に大きなショックがかかるのを防いでくれる。

　これに対し、伸び率が小さく、荷重がかかってもほとんど伸びないロープを「スタティックロープ」という。このタイプのロープは、ロープに吊り下がっての作業や、荷物の上げ下げをするのに適しており、高所作業やレスキュー、ケービングなどに用いられている。

　なお、化学繊維が発明されなかった時代、ロープはすべて天然繊維でつくられていたが、今日のアウトドアや日常生活では化学繊維のロープが圧倒的主流となっている。

ロープの各部の呼び名を覚えよう

左のイラストで示したとおり、ロープの各部にはそれぞれ洋名と和名の呼び名がある。

まず、「エンド（索端《さくたん》）」とは1本のロープの両端のこと。そして、それ以外の部分（エンドから続くロープの中央部のほう）が「スタンディング・パート（元）」だ。同じエンド（索端）でも、結びをつくるときに動かす部分を「ランニング・エンド（端、動端、手）」と呼んで区別しているが、動かさない部分は同じスタンディング・パート（元）である。

また、ロープを曲げたり、二つ折りにしたときにできる湾曲部を「バイト（曲がり、曲げ）」、ロープが交差して輪が閉じている部分が「クロッシング・ターン」、ロープが曲がってできた交差していない輪を「ループ（輪）」と呼ぶ。

ただし、輪が閉じていてもいなくても、輪状になった形すべてを「ループ（輪）」と呼んでいるケースが多く、本書でもこれに準ずることにする。

結びを人から教わるとき、あるいは教えるとき、ともすれば「そこ」「ここ」などと言い方が曖昧になって理解しにくくなりがちだが、双方がロープの各部の呼び名を知っていれば混乱せずにすむので、しっかり覚えておきたい。

スタンディング・パート（元）
エンド（索端）
エンド（索端）
ランニング・エンド（端、動端、手）

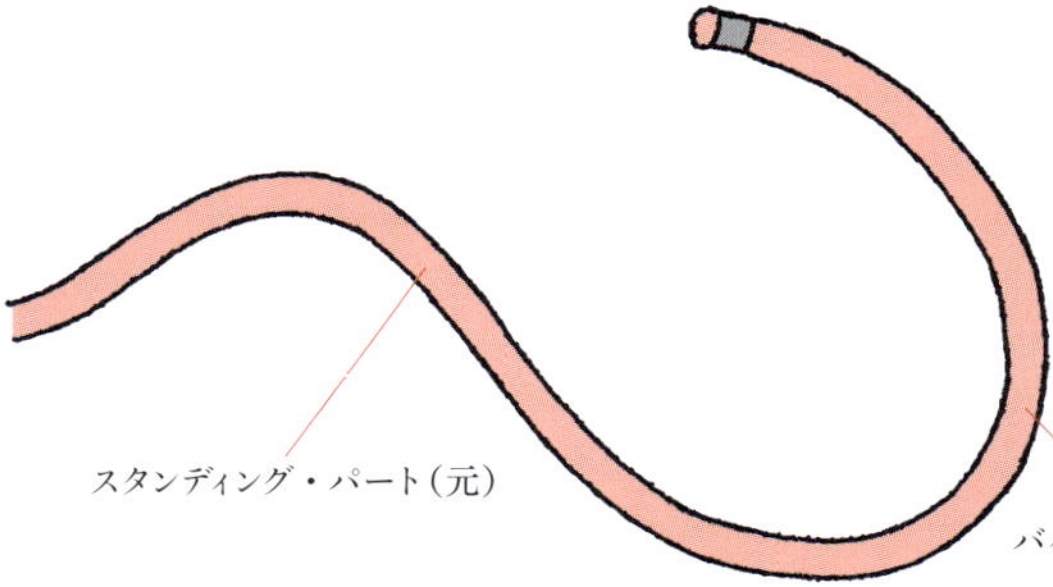
スタンディング・パート（元）
バイト（曲がり、曲げ）

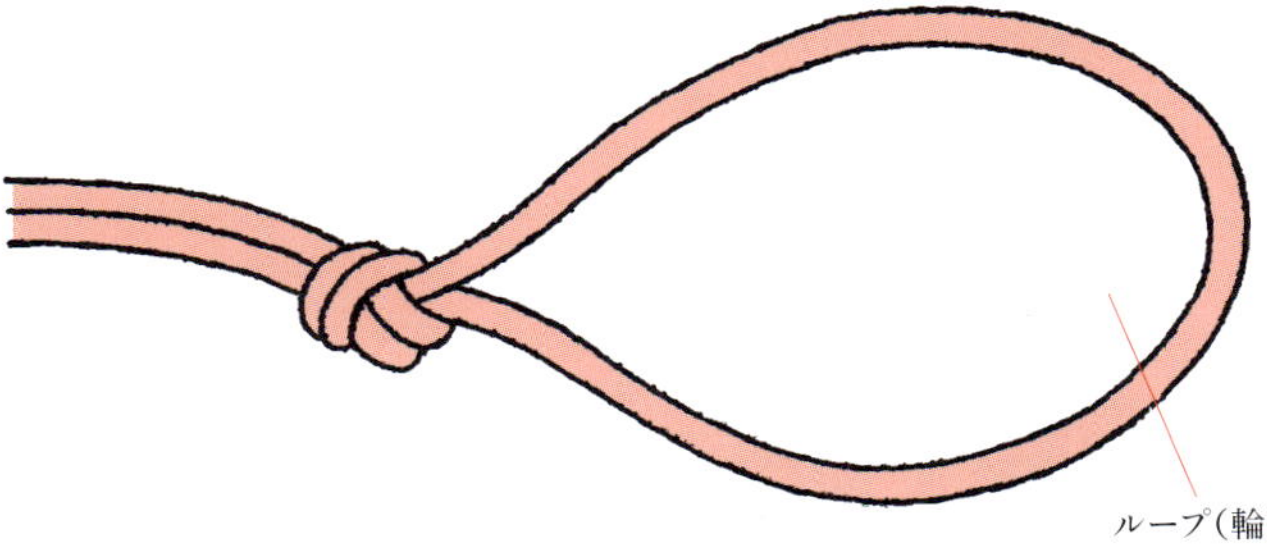
ループ（輪）

用途に適した結びを使おう

数あるロープワークの本をひもといてみると、結びが用途別に紹介されているケースが多いことに気づく。これは、各結びにそれぞれ適した用途があるためで、その用途に合った結びを用いてこそ、ロープワークは成り立っている。では、結びにはどんな用途があるのだろうか。次に、主な5つの用途について解説しよう。

結び目（コブ）をつくる　ロープを穴などに通したときのストッパーとする。また、ロープに結び目をつくっておくと、しっかりとロープを握れるし力も入れやすい。登山中にロープを手がかりにして危険箇所を通過するとき、溺れている人を助けるためにロープを投げ入れるとき、ロープに重いものを結びつけて引っ張るとき、などに用いる。結び目の大きさは、結びの種類によって異なる。

ほかのものに結びつける　ロープをほかの物体に結びつけることにより、モノを固定したりロープを張ったりすることができる。テントやタープを設営するとき、物干し用のロープを張るとき、クライミングロープをハーネスに結ぶときなど、さまざまな状況で用いられ、結びの種類も多い。アウトドアには欠くことのできない、最も重要な用途といえる。

輪（ループ）をつくる　ロープの末端につくった輪を利用して、モノを吊るしたりつなぎ止めたりする。結びの種類によって、輪の大きさが変わらないものと自由に変えられるものがあり、後者は罠としても使える。また、2つ以上の輪ができる結びもある。小物を吊り下げるときやクライミングロープを体に直接結ぶときには、ロープの中間に輪をつくる結びが役に立つ。

ロープとロープを結ぶ　2本のロープをつなぎ合わせ、1本の長いロープとして使用するときに用いる。また、1本のロープの端と端を結んで輪状にするときにも使われる。

縛り合わせる　1本のロープでものを縛り合わせるときに使われる結びがこれ。その代表的な用途が靴ひもを結ぶときだろう。あるいは、丸太などを縛り合わせて、キャンプ用のイスやテーブルなどをハンドメイドするのにも用いられる。

以上が代表的な結びの用途だが、このほか、ロープを束ねる、ロープの末端を止める、ロープを縮める、ロープで飾るなどの用途もある。

ひとつひとつの結びにはそれぞれ適した用途があり、それに従って結びを使いこなしていくことがロープワークの基本原則といえる。ただし、ある結びに適した用途はひとつだけとは限らない。たとえばボーラインは、輪をつくる結びとして知られているが、実際には、ロープをほかのものに結びつける用途にも多用されている。フィギュアエイト・ノットにしても然りだ。

だから、「この用途のときにはこの結び！」と、はなから決めてかからず、いろいろ試してみることも大切だ。そこから結びの可能性が広がっていくかもしれない。

目的を明確にして素早く正確に結ぶ

ロープを使用する場では、どんな状況でどの結びを用いるかがいちばんのポイントとなる。つまりは、前項で述べた「用途に適した結びを使おう」ということだ。

しかし、ひとつの用途に適している結びはいくつもある。たとえば木にロープを結びつける場合、ボーライン、ツー・ハーフ・ヒッチ、クローブ・ヒッチ、ティンバー・ヒッチなどなど、使えそうな結びはいくつもある。さて、このなかからどの結びを選んだらいいのだろうか。

ロープワークにおいて重要なのは、まず目的を明確にすることだ。なんのためにロープを木に結びつけるのか。タープを張るためか、モノを吊るすためか、あるいは危険箇所での安全確保のためか。目的がはっきりしていれば、どれくらいの荷重がどの方向にかかるのか予測できるので、ロープを結びつける木の太さや位置が決まってくるし、適した結びがおのずと取捨選択されるだろう。

もちろん、そのためには、それぞれの結びの長所や短所を理解していることが前提となるので、結びを覚えるときには結ぶ手順だけではなく、その結びの特徴もしっかり頭に入れていただきたい。そうすれば、状況に応じたベストの結びをチョイスできるようになるはずだ。もし選択肢がいくつかある場合は、好みの結びを使えばいい。

用途に適した結びを素早く正確に

また、結ぶときには手順を間違えたり手間どったりしないことも重要だ。正確に、素早く、無駄のない動作で結ぶのもロープワークの基本と心得よう。

なお、理想の結びの条件は、「結びやすい」「強度（信頼性）が高い」「解きやすい」の3つとされている。どの結びがいちばん3つの条件を満たしているのかを判断し、その結びを素早く正確にできるようになっているのが理想である。特に「解きやすい」というのは忘れがちなので、あとで解く必要があるなら、なるべく解きやすい結びを用いるようにしたい。

さらに付け加えると、ロープの選択もポイントのひとつ。用途に耐えうるだけの強度が備わっているか、太さや長さは適切か。これらを考えたうえで、使用するロープをチョイスしよう。

同じ結びでも呼び名が異なることも

登山用語にはドイツ語に由来するものが多い。たとえば、リュックサック、ツエルト、ザイル、アイゼン、カラビナ、ハーケン、シュラフ、シュリンゲ、コッヘルなどなど。現在は英語の読み方に変わってきているものもあるが、ドイツ由来の登山用語もまだまだ広く使われている。

結びの名称もまた然り。「ボーライン」は、かつては「ブーリン」のほうが一般的だったし、クレムヘイスト・ノット（フレンチ・ノット）、フューラー結び（ループ・ノット）などは今も使われているドイツ語の呼び名である。カラビナを使ってビレイをするときに使うイタリアンヒッチ（ムンター・ヒッチ）は「半マスト結び」とも呼ばれるが、これはドイツ語の「Halbmastwurf」（ハーフマスト結び）を日本語に訳した名称だ。

このように、結びには英語、ドイツ語、フランス語、日本語の呼び名がそれぞれあり、一部混同されることもあってちょっとややこしい。また、「クローブ・ヒッチ」は英語名であるが、同じ英語で別名「インク・ノット」とも呼ばれている。これはかつてインク瓶の口を縛るときに用いられていたからだという。この結びの和名は「巻き結び」だが、昔は酒を入れる徳利の口を縛るのに使われたことから「徳利結び」とも呼ばれていた。結びのなかには、その用途や形状などから別の呼

クローブ・ヒッチにもいろいろな呼び名がある

び名がつけられているものも多く、いくつもの名前をもつ結びも決して少なくない。

なお、最近は昔とは違う名称で呼ばれる結びも現れ始めた。たとえば以前は、フィギュアエイト・ノットでロープに輪をつくる結びは「ダブル・フィギュアエイト・ノット」が一般的な呼び名だったが、今は二重にしたロープで結んで輪をつくるのが「フィギュアエイト・フォロースルー」、ロープを物体に結びつける結び方でできた輪は「フィギュアエイト・オン・ア・バイト」と、分けて呼ばれるようになっている。そして今のダブル・フィギュアエイト・ノットは、2つの輪をつくるための結びを指す。

これらの変更によって、それぞれの結びの性質が正確に表わされるようになった。おそらく今後も呼び方が変わる結びが出てくるだろう。

結びにも流行り廃りがある

初めて岩登りを教えてもらった40年ほど前、まず覚えさせられた結びがボーラインだった。当時はロープをハーネスに結びつける際にはもっぱらボーラインが使われており、目をつぶっても結べるようになるまで練習させられたものだった。

ところが、いつのころからかボーラインはまったく使われなくなり、ハーネスへのロープの連結にはもっぱらフィギュアエイト・オン・ア・バイトが使われるようになった。ボーラインは昔から〝結びの王様〟と呼ばれ、非常に信頼度の高い結びだったのだが、後述する「リング負荷」（P82参照）というウイークポイントが指摘されたことで、すっかり敬遠されるようになってしまったのだ。

そのウイークポイントは、誤った使い方をして事故が起きたために明るみになった。そうでなければ、長きにわたって全世界的に培われてきた信頼性が、そうも簡単に否定されるはずはない。しかし、命をロープに託すクライミングでは、たとえ人間側のミスに原因があったとしても、想定されるリスクは事前にできるだけ排除しておくに越したことはない。ちょっとしたミスが生死を左右するだけに、結びに対するクライマーの目はとてもシビアだ。

クライミングで2本のロープを連結するのにも、かつてはダブル・フィッシャーマンズ・ベンド

ハーネスへのロープの連結に昔はボーラインが使われていた

がよく使われていたが、結び目が大きくなるという欠点があり、今はシンプルなオーバーハンド・ベンドが多用されている。また、荷重がかかると結び目が締まってスライドしなくなるフリクション・ノットは、昔はプルージック・ノットぐらいしか知られていなかったが、今はクレムヘイスト・ノットをはじめいろいろな種類の結びが使われている。

それを考えると、結びは時間の経過のなかで徐々に成熟し、膨大な実践の積み重ねによって、今まで見えていなかった長所や短所が露わになっていくものなのだろう。

また、同じ機能をもった結びでも、どの結びを使うかは人によって違う。好んで使う結びによって、その人の個性が表われることもあるから、ロープワークはおもしろい。

ロープワークをマスターするコツは

世に何千種類もの結びがあるなかで、日常生活やアウトドアで頻繁に使われる結びはごくひと握りにすぎない。覚える結びの数は多ければ多いほどいいというものではない。それよりも、本当に重要で役に立つ結びだけを覚えて、的確に使いこなせるようになることをおすすめしたい。

では、どうやって結びを覚えていくかというと、残念ながら近道はない。とにかく〝習うより慣れろ〟、頭で覚えるより手で覚えることだ。それには何度も何度も繰り返して練習するしかない。

まずは、ロープワークの本などを参考にしながら、机上で結んでみることから始めよう。練習用のロープを自宅の居間や仕事場などすぐに手の届くところに常備しておいて、仕事の合間の休憩時間やテレビのCMタイムなど、ちょっとした空き時間を利用して結んでみるといいだろう。ロープをつなぎ合わせたり、同じタイプの結びを見比べたりするために、練習用のロープは適当な太さのものを2本用意しておく。本を見ないでも結べるようになるまで繰り返し練習し、手に覚え込ませてしまえばスムーズに結べるようになる。

意外と役に立つのは、インターネットで見ることができるロープワークの無料動画。たとえばYouTubeにも、たくさんの結びの動画がアップされている。動画なら、本ではわからない手の

ロープワーク講習会に参加して結びを覚えよう

動きなどが一目瞭然なので、活用してみる価値はある。

また、最近は山岳ガイドや山岳団体、登山用具店などが主催するロープワーク講習会も各地で開催されている。これらに参加して覚えるのも手だ。

注意したいのは、頭では結びを理解し覚えたつもりでも、しばらく使っていないと忘れてしまうこと。しかし、手に覚え込ませた結びは、そう簡単には忘れないので、練習あるのみである。

こうして覚えた結びは、日常生活のなかやアウトドアで積極的に使ってみよう。実際に現場で使ってみれば、「こんな場面ではこの結びが最適だ」「ちょっと、こんなときには使えないなあ」といったように、その結びの長所や欠点が体験としてわかってくる。状況に応じて的確な結びを使いこなせるようになるには、実践を通して覚えるのがいちばんだ。

ロープを扱ううえでの注意

野外でのロープワークは、安全第一を心がけなければならない。特にクライミングや救助作業などではロープに命を託すことになるので、結び方を間違うのは論外として、ロープの扱い方を誤ることが、取り返しのつかない結果を招くことにもなりかねない。次に、ロープを扱ううえでの注意点をいくつか挙げておこう。

●使用前にロープを点検する——ロープは消耗品であり、使っているうちにだんだんと劣化してくる。使用する前に必ずロープのチェックを行ない、表面が擦り切れていたりケバ立ちが激しくなっているロープは新しいものと取り換えよう。もちろん傷ついて切れそうになっているロープは絶対に使用してはならない。また、ロープにはキンクというよじれが生じることがある。キンクを起こしている箇所は、強度が低下していて小さな荷重でも切れてしまうことがあるので、ロープを端から手繰り直してキンクを解消する必要がある。

●ほつれ止めを施す——市販されているクライミングロープは処理済みだが、メーター売りのロープを適当な長さに切って使うときには、ロープの両端に必ずほつれ止めをしておくこと（P38参照）。この作業を怠ると、使っているうちにロープの端がほつれてきてしまって危険である。

●ロープを汚さない――汚れはロープを劣化させる要因となり、強度を低下させてしまう。野外ではなるべく汚さないようにする配慮が必要だ。命綱として用いるクライミングロープなどの場合、地面の上に直接ロープを置くと、ごく小さな石がロープの中に入り込んで、内部の細い繊維を切断してしまうことがある。ロープは直接地面に置かず、ナイロンやビニール製のシートなどを広げてその上に置くように。ロープを車で持ち運ぶ際にも、トランク内の油類などがロープにつかないように注意しなければならない。もしロープに汚れがついたら、必ず使用後に落としておこう。

●ロープを濡らさない――濡れもまた、劣化の原因となる。たとえ防水加工がしてあるロープでも、雨の日の使用は避けるなど、むやみに濡らさないようにしよう。水を吸ったロープは重いうえに滑りやすく、大変に扱いにくいものだ。

●ロープの安全使用基準を守る――アウトドアで使われる一般的なナイロンロープには安全使用基準が明記されている。安全使用基準とはロープが耐えられる負荷のことで、ロープの材質や太さ、使用条件などによってそれぞれ違ってくる。この安全使用基準を守ることはもちろんだが、これはあくまで目安と考え、ロープに大きな負担をかけるような使用は避けることだ。ロープを購入する際には、必ず店員に使用目的を話して、それに耐えられる安全なロープを選ぶようにしよう。

●ロープを踏まない――ロープは、踏みつけることによって傷ついたり劣化したりしてしまう。また、靴底に付いていた小石がロープの繊維の中に入り込むと、そのロープに荷重をかけたときに繊維が切れてしまう危険もある。特に雪山では、アイゼンでロープを踏みつけると、一発で使いものにならなくなってしまう。ロープはうっかり踏みつけないように注意しよう。

●鋭利なものにロープを当てない――岩角など鋭利なものにロープの一部が当たっているときに負荷がかかると、その箇所からロープは簡単に切れてしまう。このような状況下では、絶対にロープを使用しないこと。どうしても使用しなければならないときは、鋭利なものにロープが直接当たらないように、タオルを当てるなどして保護しよう。

●ロープに急激な荷重をかけない――ロープへの急激な荷重は、ロープを傷めるだけではなく、ときにロープの切断を引き起こす。外見は傷んでいないように見えても、ショックで内部の繊維が切れていることもあるので、ロープにはなるべく急激な荷重をかけないようにしたい。特に急激に大きな荷重がかかったクライミングロープは要注意。

●熱源のそばでロープを使用しない――ナイロン製ロープは熱に弱く、火を近づけたりするとすぐに切れてしまうので、ストーブや焚き火など熱源のそばではロープを使用しないこと。

●ロープの摩擦熱に要注意――体の一部に接しているロープが引っ張られて勢いよく流れると、ロープによる摩擦熱でやけどを負ってしまう。そのような危険がある場合には、グローブをつける、なるべく肌の露出の少ない服を着用するなどの予防策を講じたい。また、ほかの人にロープが擦れる心配がないか周囲に気を配ることも忘れずに。

岩角に当たるときはタオルなどで保護する

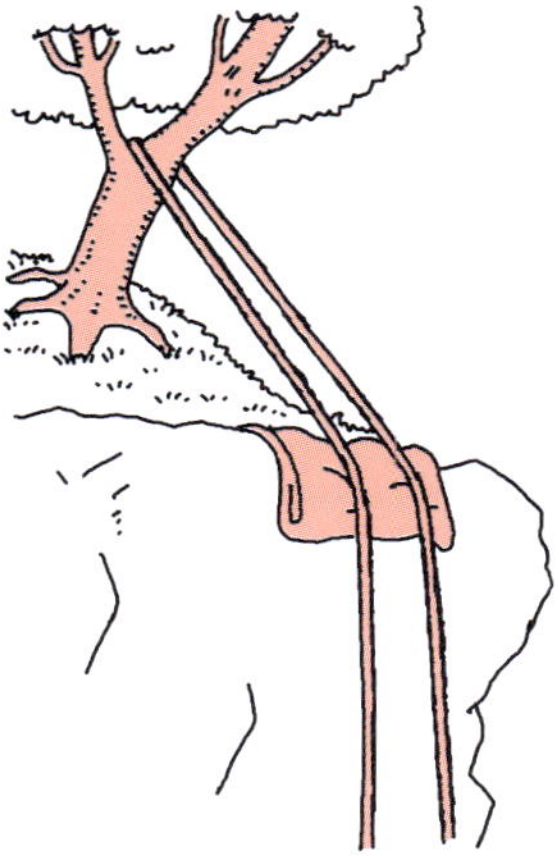

急激に大きな荷重がかかったロープは要注意

踏まない

濡らさない

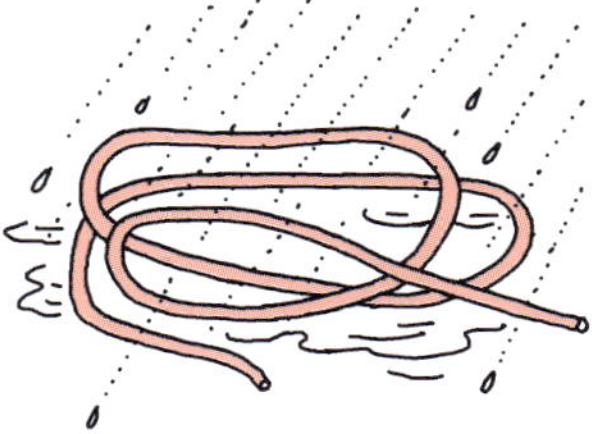

ほつれ止めの処理を忘れずに

使用前に傷みをチェック

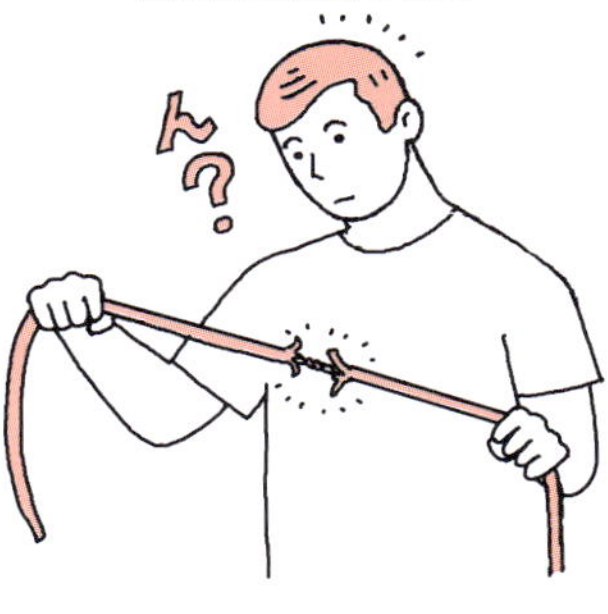

こんなロープを使ってはならない

いわばロープは消耗品。ひとつ買えば一生もつという代物ではない。傷んだロープをそのまま使っていれば、いつかは必ず切れる。危険なロープを使わないためには、ロープが傷んでいないかを常にチェックし、傷んでいればすぐに新しいものと取り換えることだ。

擦り傷や切り傷がついたロープ、磨耗したロープはもちろんのこと、使用頻度にもよるが、2年以上使用したロープは買い替えたほうがいい。クライミングロープの場合、一度でも大きな衝撃を受けたのなら、見た目は傷んでいなくても使用してはならないとメーカーはアナウンスしている。

もう一点、キンクの生じたロープも、荷重がかかったショックで切れるおそれがあるので要注意。キンクとは、ロープにできるよじれのことで、古いロープよりも新しいロープ、編みロープより縒りロープにできやすい。もし、キンクが生じていたら、使用前にロープを端から手繰ってこれを直す必要がある。

もしどうしても傷んだロープを使わなければならない場合は、イラストのようにループ・ノットを用いる方法がある。ただし、これはあくまで応急処置的な手段。命綱としての用途においては、絶対に使ってはならない。

磨耗したロープ、毛羽立ったロープ、擦り傷や切り傷のあるロープ、末端がほつれているロープは使用してはならない

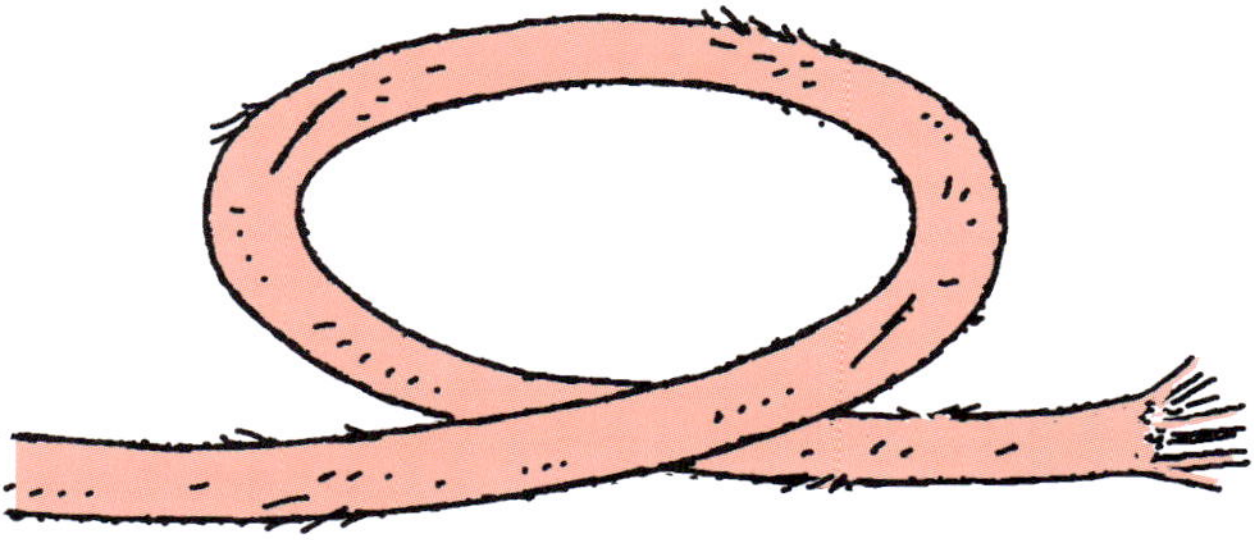

万一、傷んだロープを使用しなければならない場合は、ループ・ノットで結んで傷んだ箇所に負荷がかからないようにする

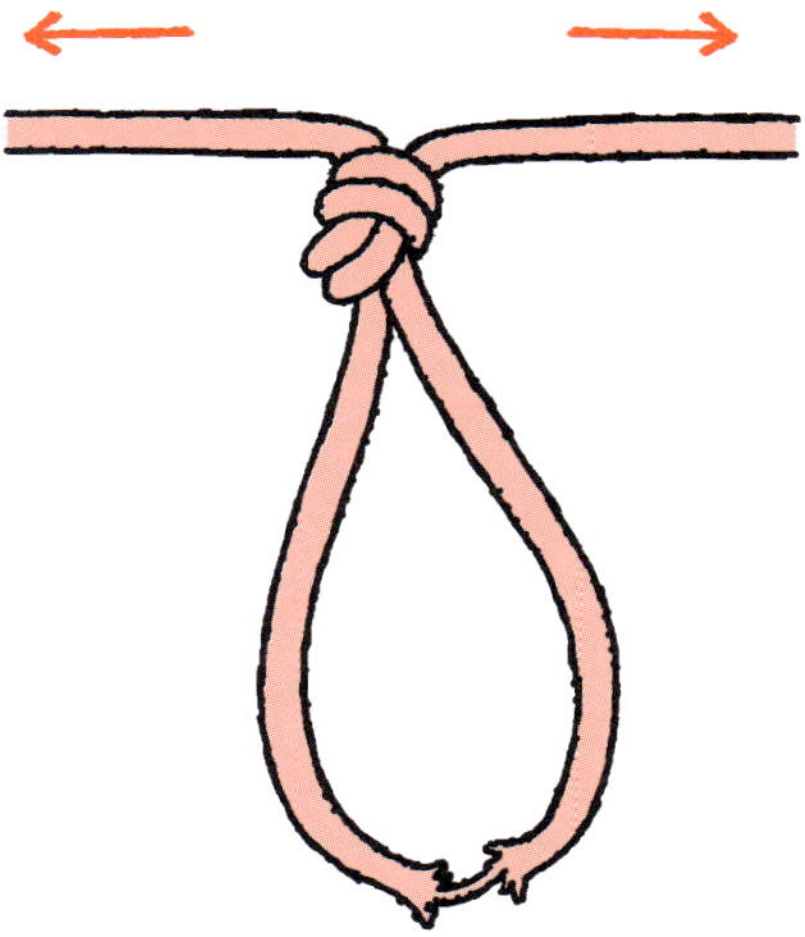

ロープ末端のほつれを止める方法

クライミングロープや補助ロープは別にして、登山用具店などでメーター売りされているロープは、用途に応じた長さに切って使用するのが基本。その際にロープを切ったままにしておくと、すぐに切り口がほつれてきてしまう。そこで行なうのが、ロープ末端のほつれ止めの処理だ。

今のような化学繊維ロープがなく天然繊維ロープだけだった時代、索端止めにはスプライス（縒りをほぐして編み込んでいく方法）やホイッピング（末端に糸を巻きつけて止める方法）と呼ばれる専門的な処理法が用いられていた。しかし、現在アウトドアで主流のナイロン製編みロープは、そうした面倒な処理を行なう必要はない。切り口をライターの火であぶって溶かし、指先で固めておくだけでOKだ。このとき、溶けたナイロンでやけどをしないように注意しよう。

また、切る前にビニールテープを巻きつけておき、その上から切る方法も一時的な索端止めとしてはいい。ただしロープを使用しているうちにテープが剥がれてきてしまうので、あくまで応急的な処理と心得よう。このほか、市販の熱収縮性チューブを使うのも一案。これは、熱によって収縮するチューブを末端に通し、ライターの火であぶって密着させるというもので、化学繊維ロープにも天然繊維ロープにも使うことができる。

ライターで

ナイロン製の編みロープは、切り口をライターの炎などで溶かし、指先で固めておく。やけどをしないよう、指先にツバをつけて固めるといい

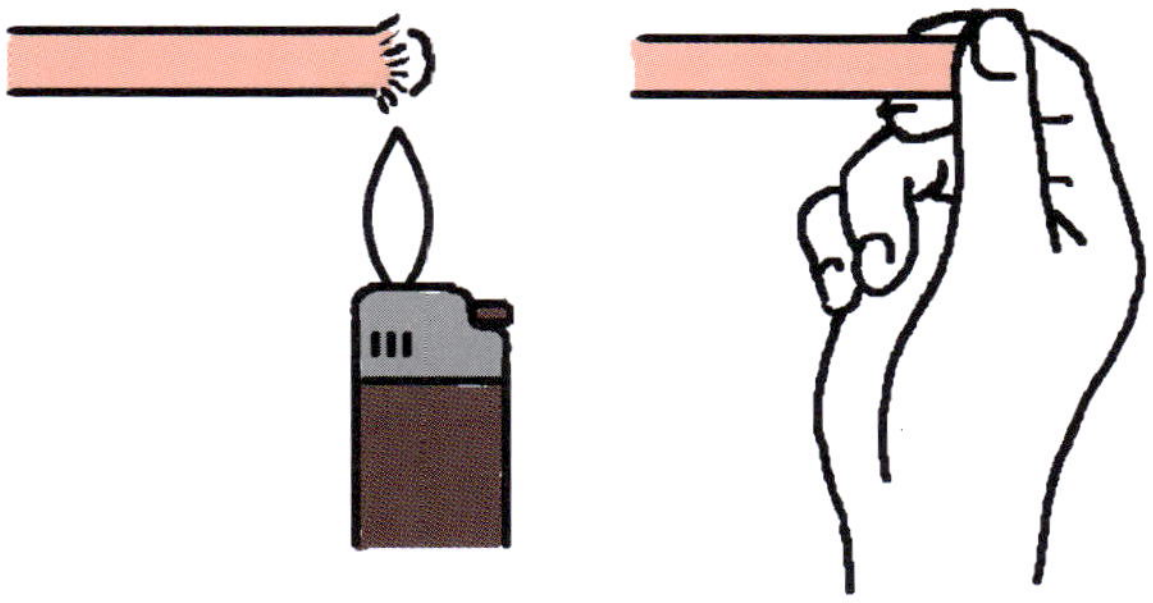

テープで

ライターなどがなければ、応急的に粘着テープを巻いてから切断する。縒りロープの末端処理もこの方法で

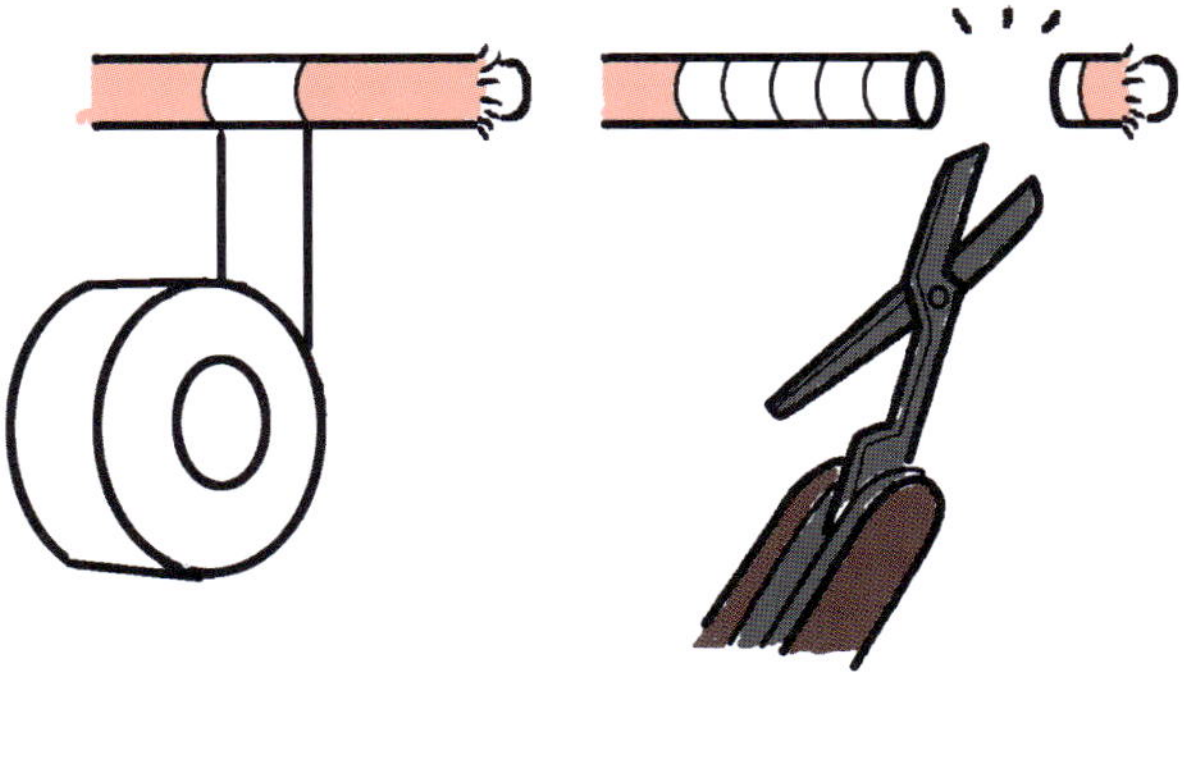

ロープのメンテナンスと保管法

ロープを使用したあとには、きちんとメンテナンスを行なおう。少なくとも、傷んだ箇所がないかどうかをチェックし、汚れを拭き取って陰干しをしてから束ねるぐらいのことは使用するたびに行ないたい。その際にロープにキンクが生じていたら、端から手繰り直してキンクを取っておこう。また、ほつれてきている末端は、その部分を切り落とし、あらためて切り口をライターなどであぶって固めておくこと。

もしロープの汚れがひどいときには、ぬるま湯に浸して中性洗剤で汚れを落とす。クライミングロープなど太くて長いロープを洗うときは、バスタブなどを利用するといい。たわしやブラシを使って汚れを落としたら、排水を捨ててきれいな水ですすぎ、少量の柔軟剤を入れた水にしばらく浸しておく。こうしておくとロープが固くならず、柔軟性を保てる。最後に何度かすすいで洗剤と柔軟剤をしっかり洗い流し、直射日光の当たらない風通しのいい場所で充分に陰干しをしよう。

完全に乾いたら、クライミングロープは、次項で解説する方法できれいに束ねておくが、さっと取り出したい補助ロープなどの場合は、スタッフバッグなどにロープを順次押し入れていく。こうしておけば、使用時にするすると取り出すことができる。

末端がほつれてきたらほつれ止めの処置を

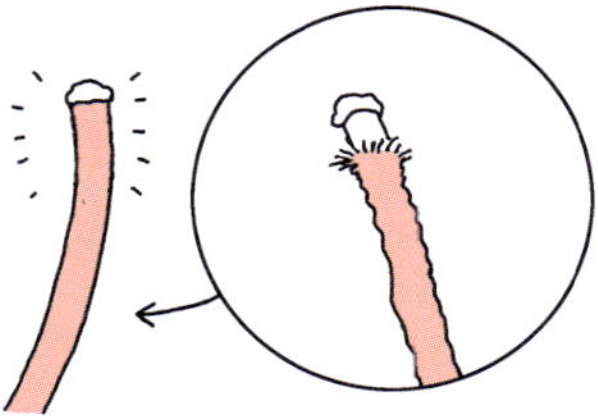

キンクしたロープは使用前にキンクを取る

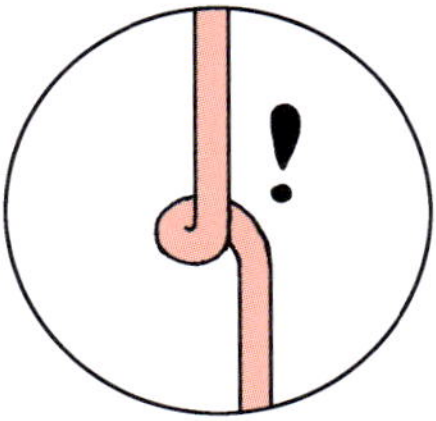

陰干しする

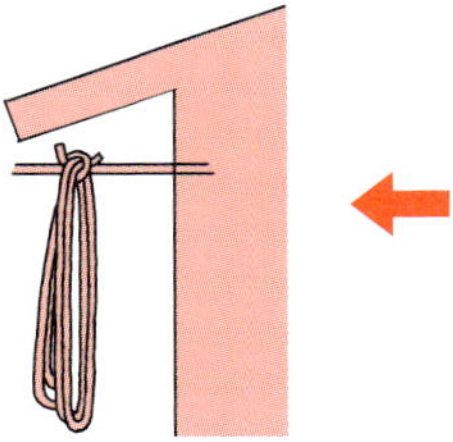

汚れたロープは中性洗剤と
柔軟剤できれいにする

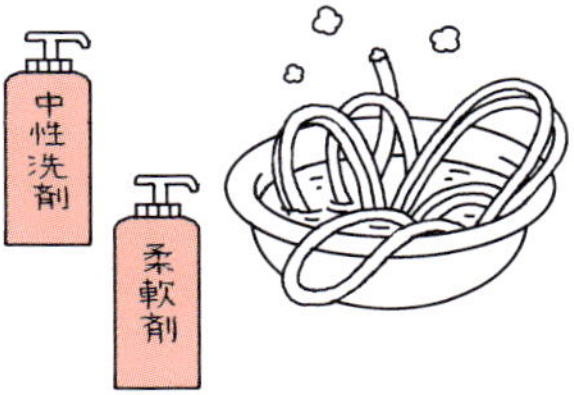

また、ロープの保管場所にも気を配りたい。なによりロープは紫外線を嫌う。長時間、紫外線に当たるとロープが劣化し、強度も低下してしまう。湿気や高温などもロープの性能を低下させる要因となるので、直射日光を避け、なるべく風通しのいいところに保管しよう。張り綱や細引きなど命綱として使わないロープは、スタッフバッグなどに入れて保管してもかまわないが、クライミングロープや補助ロープはスタッフバッグに入れずに保管したほうがいい。

また、キャンプや登山のアプローチにマイカーを利用している人は、くれぐれもロープをトランクの中に放置しないように。ロープにとっては酸もまた大敵のひとつ。トランク内に付着したバッテリー液やオイルに触れると、それだけでロープが傷んでしまうからだ。

ロープの束ね方

アウトドアで使用するロープは、必要なときにすぐ解けるよう、きちんと束ねておこう。ロープの束ね方にはさまざまな方法があり、ロープの長さや太さ、用途などによって束ね方はそれぞれ違ってくる。ここではいくつかの束ね方について紹介する。

最もポピュラーなロープの束ね方は、輪状にまとめていく方法だ。ポイントは輪の大きさが同じになるように束ねていくこと。そのためにはロープの太さや長さに応じて体の一部、手のひらやひじ、ひざなどを使うといい。輪の大きさを一尋《ひろ》(両手を広げたときの長さ)に統一していく方法は、ある程度の太さの長いロープをまとめるのに適しているが、キンクがかかりやすいので注意。

細くて短いロープなら、シェル・コイルがシンプルで束ねやすい。ある程度長さがあるロープは、セーラーマンズ・コイルがおすすめだ。

クライミングロープの場合、やはり一尋の長さでまとめていくが、輪状にせず左右に振り分けて束ねていく方法がとられている。これだとキンクがかからず束ねられ、解くときもスムーズにロープが出せる。ここで解説したのは手に持って振り分けていく方法だが、首にかけて振り分けていけば手が疲れない。ネットの動画サイトなどで紹介されているので参考にしていただきたい。

クライミングロープを肩にかけて束ねる

ロープはきちんと束ねて保管しよう

ロープを輪状にまとめる方法

輪を同じ大きさに統一して束ねる。細くて短いロープは手のひらに、ある程度長いロープはひじやひざを利用して巻くと輪の大きさがそろう。太く長いロープは一尋の大きさで輪状に巻いていく。

手のひらに巻いていく

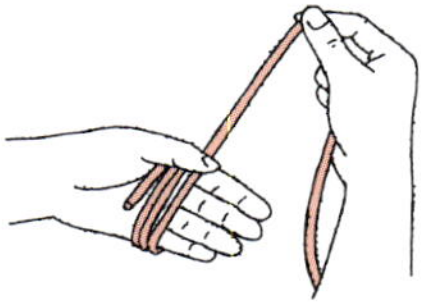

ひじを利用する

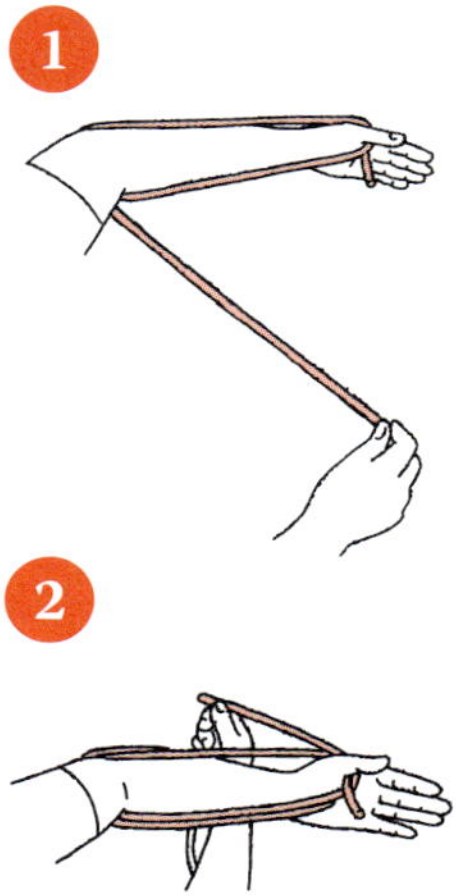

ひざを利用する

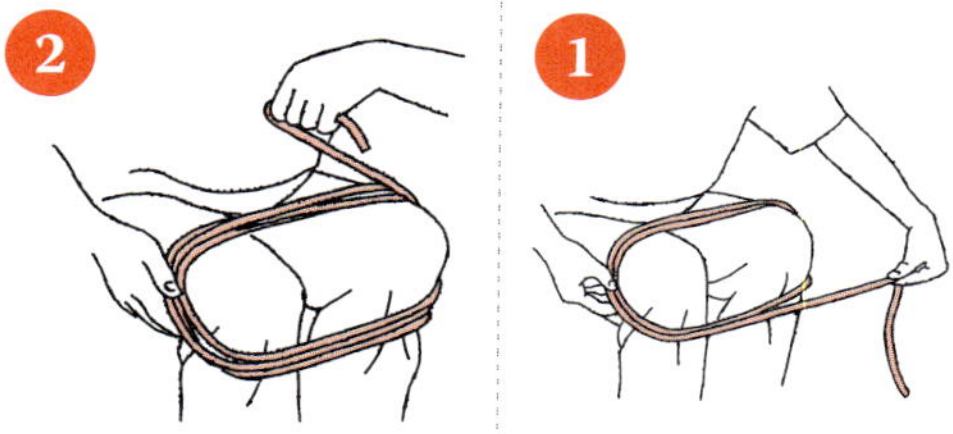

一尋の大きさの輪で束ねる

1 両手を広げてロープを持つ

2 右手に持ったロープを左手に手渡して輪をつくる

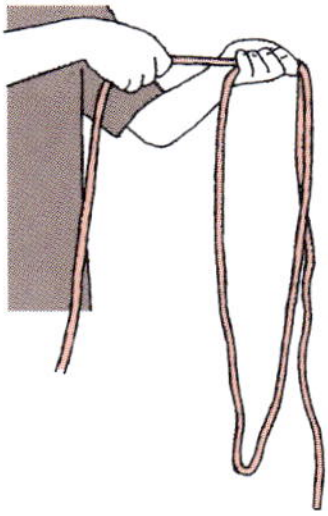

3 右手をロープにスライドさせて両手を広げる

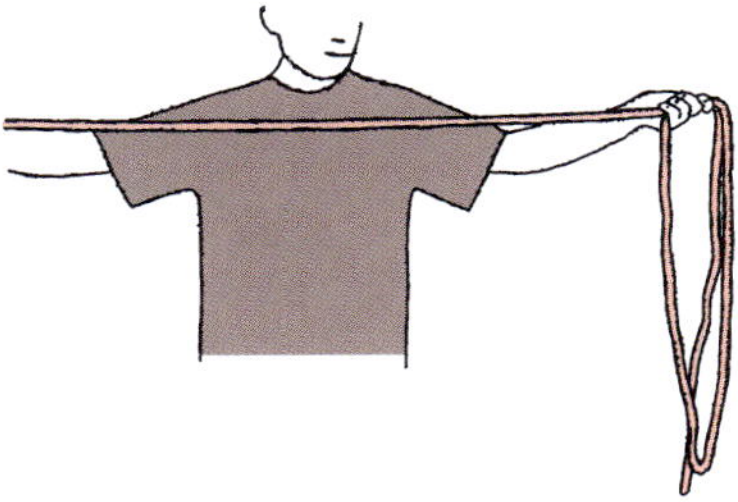

4 同様にして輪状に束ねていく

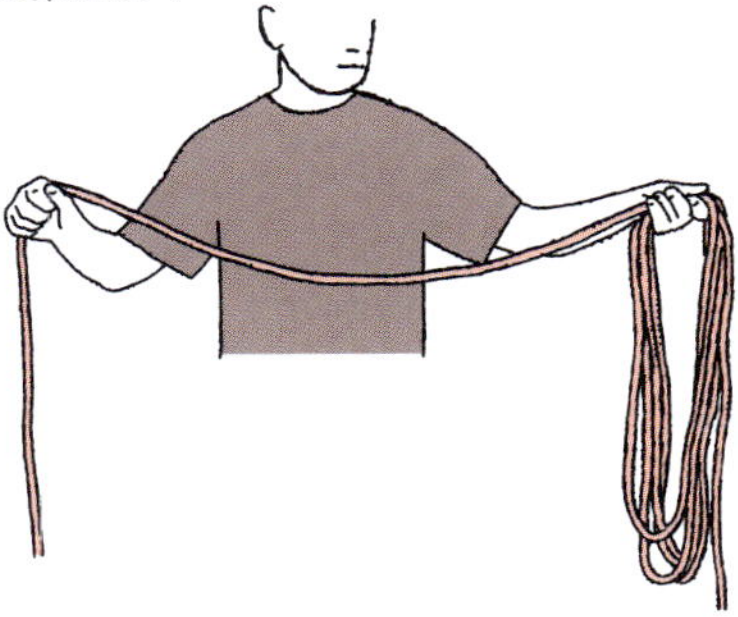

シェル・コイル

細く短い細引きは、手のひらにさっと巻きつけて束ねる「シェル・コイル」がコンパクトにまとまるのでおすすめ。最後に末端を止めるのも簡単。手のひらから束を抜くときは形を崩さないように注意。

1 イラストのように、手のひらにぐるぐる巻きつけていく

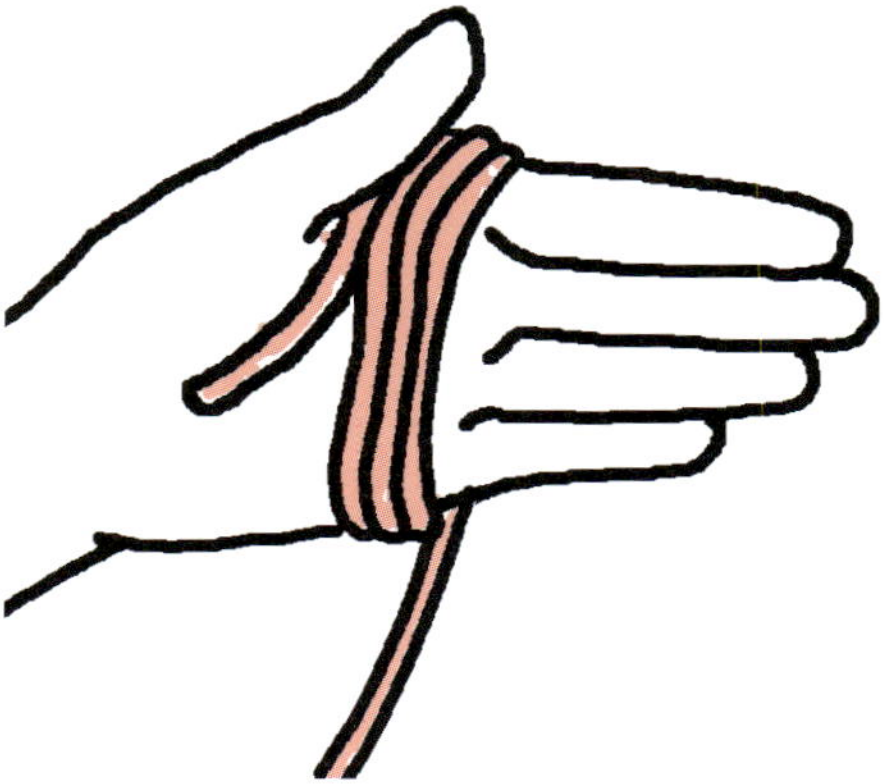

2 ある程度の末端を残し、巻きつけた束を手のひらから抜く

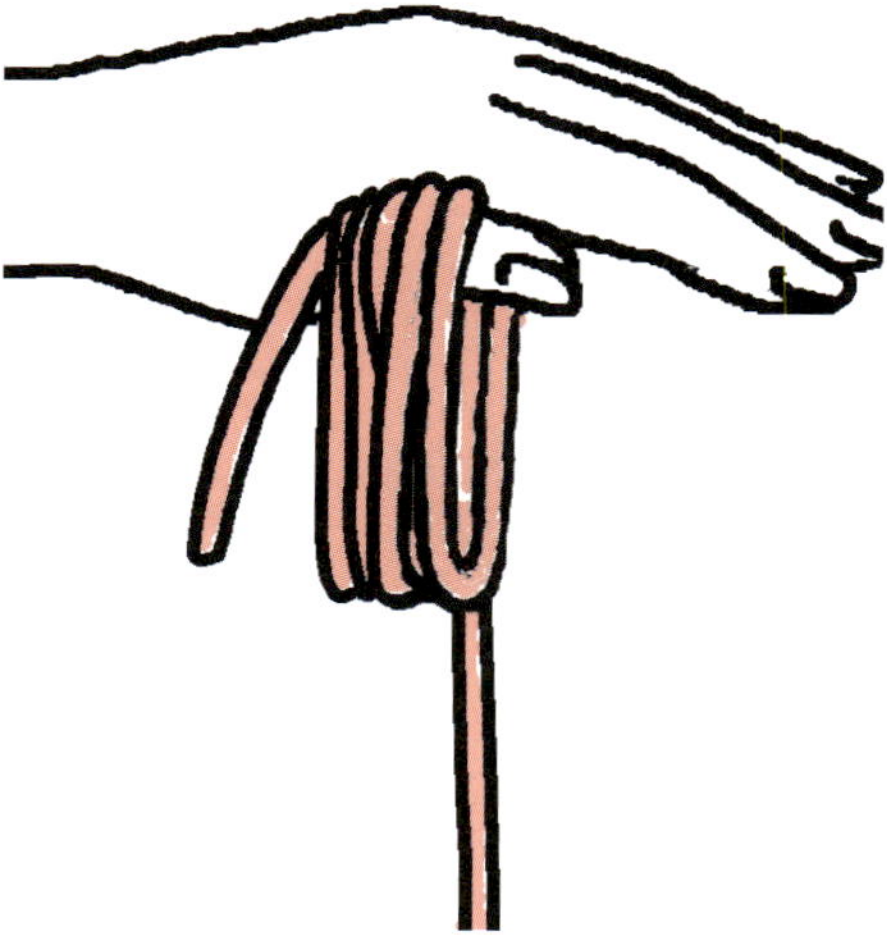

3 束を崩さないように、余った末端を束に数回巻きつける

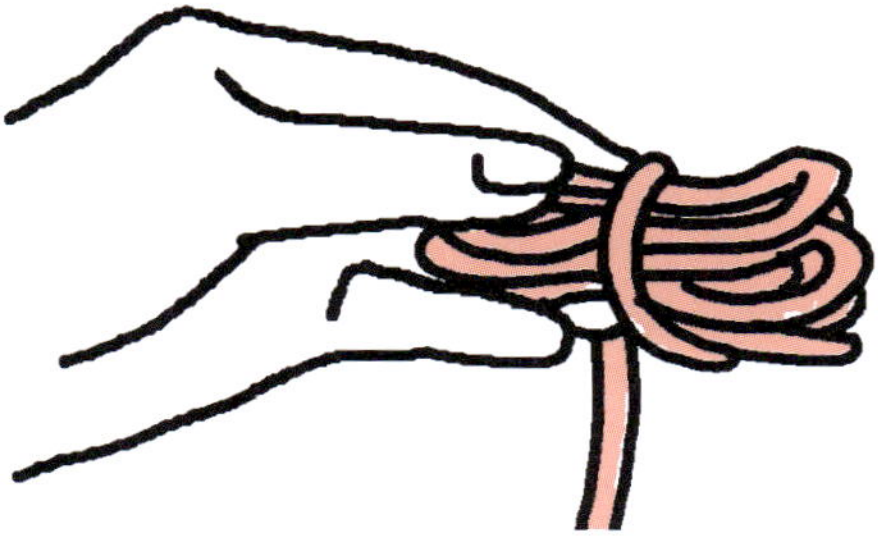

4 巻きつけたところに、矢印のようにして末端を通す

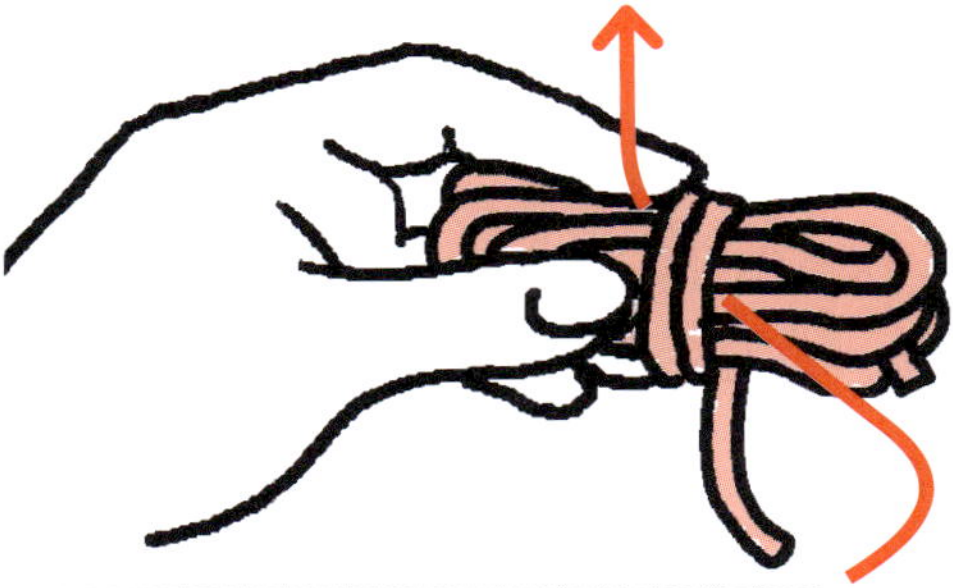

5 末端を強く引いて結び目を締める。これで完成

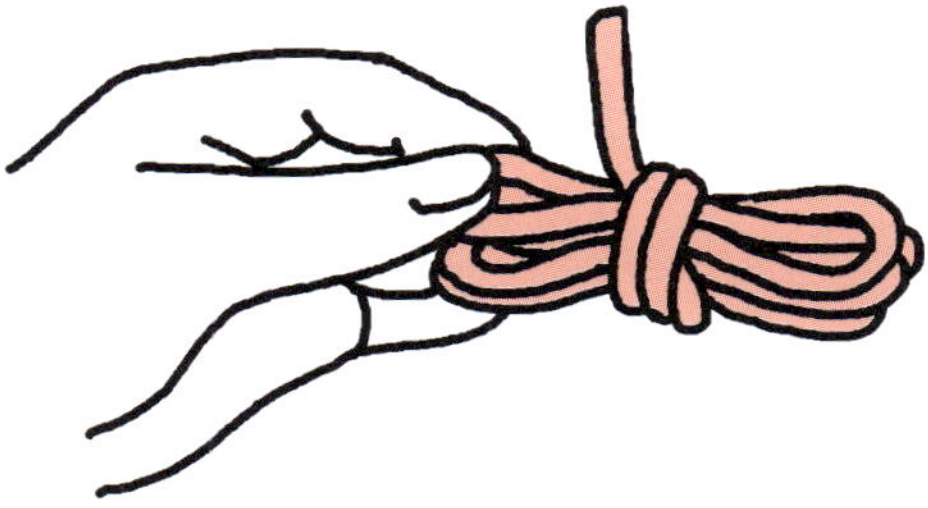

セーラーマンズ・コイル

ある程度太くて長いロープを束ねるのに適しているのが「セーラーマンズ・コイル」。最後に末端を折り返して二重にして止めれば輪ができるので、ロープを吊り下げて保管することができる。

1 ロープを均一の大きさの輪状にして束ねる

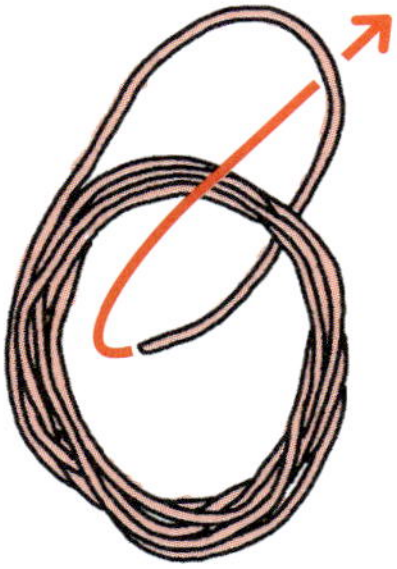

2 ロープの末端を、イラストのように束にひと巻きする

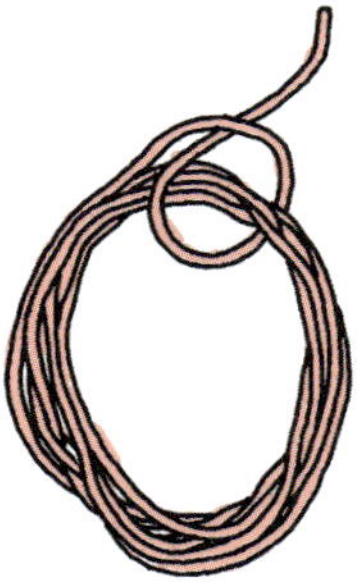

3 輪を締める

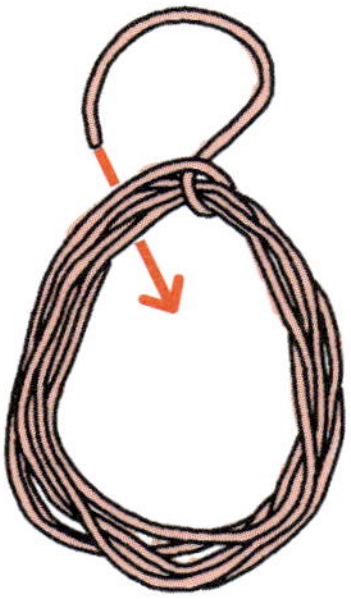

4

さらに末端をイラストのように絡ませ

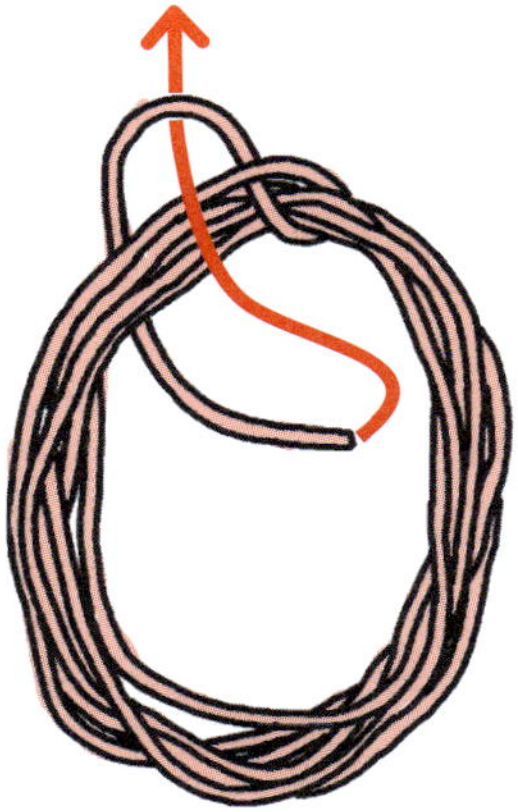

5

もう1回巻きつける

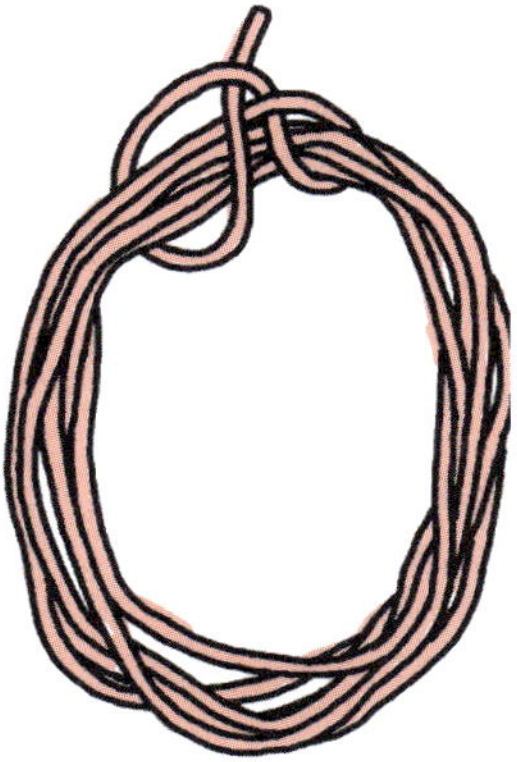

6

結び目をしっかり締めて完成

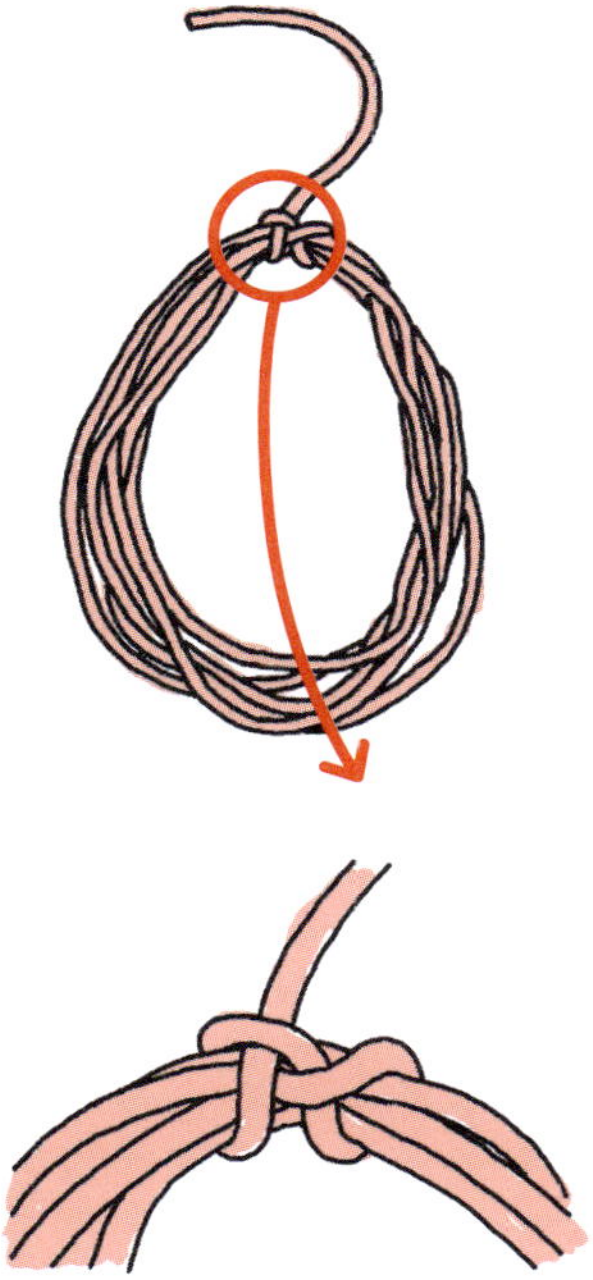

ロープを振り分けて束ねる

クライミングロープのような太くて長いロープは、左右に振り分けて束ねていく。一尋ごとにロープを折り返して左右交互に振り分けていくのがコツ。この方法は輪状に束ねるよりもキンクが生じにくい。

1

両腕を使って、ロープを左右に振り分けていく。両手を広げた長さが1回分になる

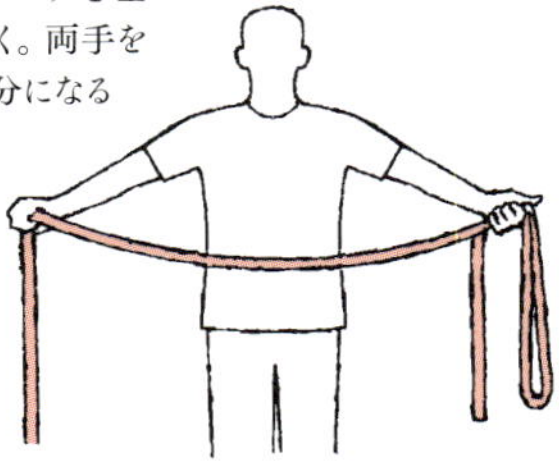

2

このように、左手で持つロープを1回ごとに左右に振り分ける

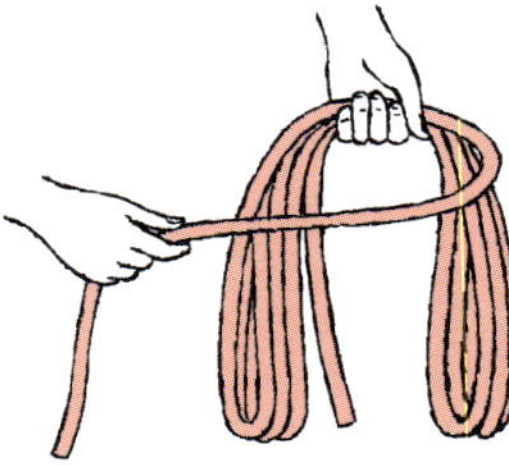

3

束ね終えたら、イラストのようにロープの一端を折り返す

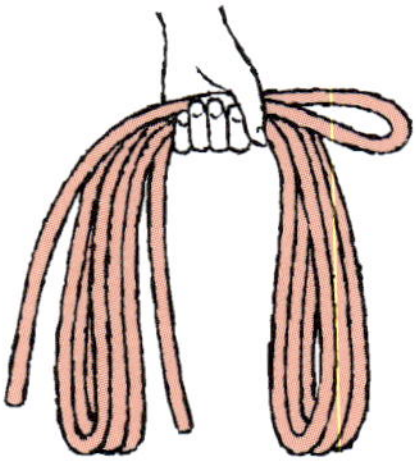

4

もう一端を束の中心に巻きつけていく

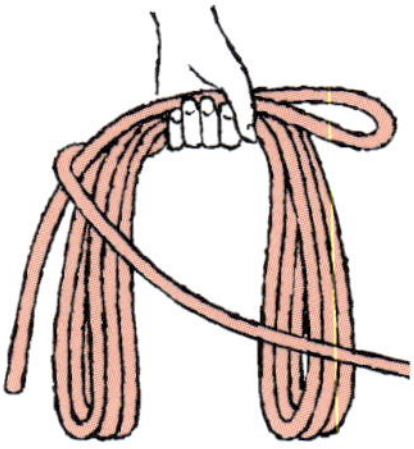

5 5～6回巻きつける

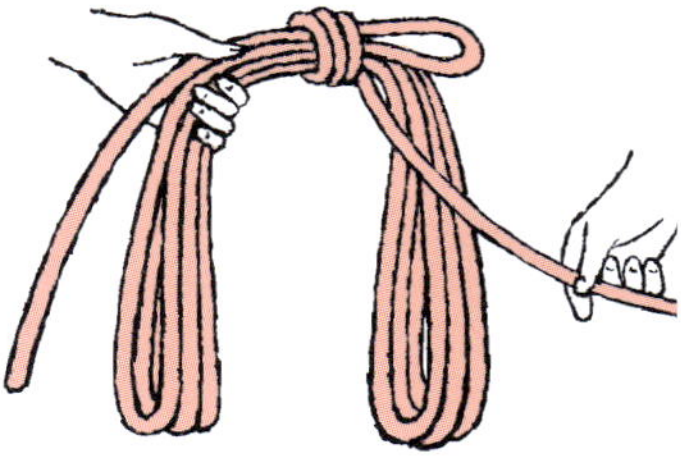

6 巻きつけたら、
折り返した輪の中に
先端を通す

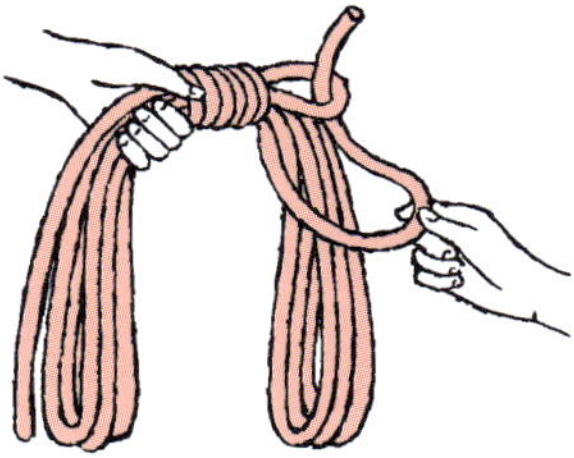

7 両端を引いて輪を締める

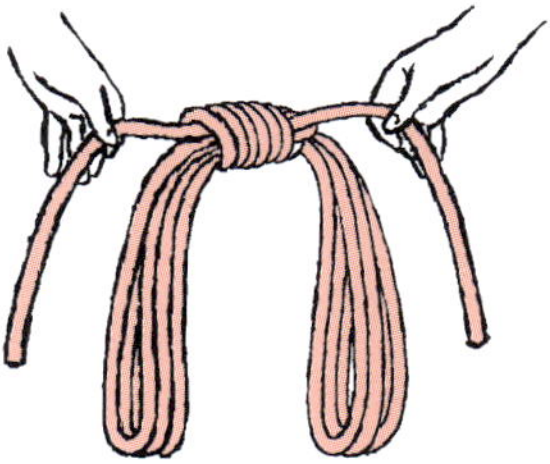

8 最後にほどけないように
リーフ・ノットで結んで止める

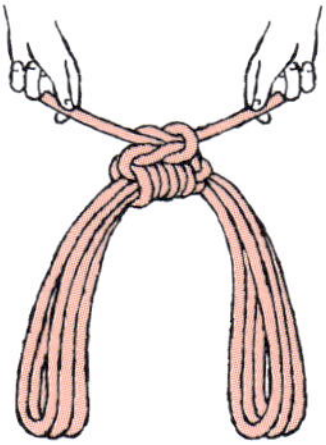

ノット、ヒッチ、ベンドの違い

結びは「〜ノット」「〜ヒッチ」「〜ベンド」と名づけられているものが多い。この違いは、結びの用途（目的）による。

ノット（knot）というのは結び目や輪をつくるための結びで、コブをつくる結びを「ストッパー・ノット」、輪をつくる結びを「ループ・ノット」、物体を縛り合わせるための結びを「バインディング・ノット」（2本以上の丸太を縛り合わせる類いの結びは「ラッシング」という名で区別されている）と呼んでいる。

また、ヒッチ（hitch）はロープをほかのものに結びつけるための結びの総称で、ベンド（bend）はロープとロープをつなぎ合わせるための結びのことを指す。

ただし、名称による分類は厳密ではなく、必ずしもこれに当てはまらない結びもある。たとえば2本のロープをつなぐフィッシャーマンズ・ノット。この結びは長らく「ベンド」ではなく「ノット」と呼ばれてきた。最近はそうした曖昧さを是正しようという流れになっており（本書もできるだけそれに準じている）、フィッシャーマンズ・ノットも「フィッシャーマンズ・ベンド」と呼ぶようになってきている。

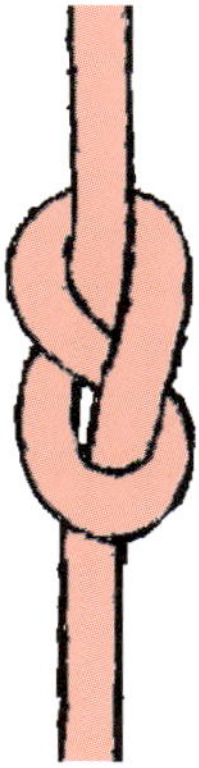

ノット（knot）

結束（結び目）をつくるための結び。コブをつくるストッパー・ノット、輪をつくるループ・ノットなどがある。

ヒッチ（hitch）

ロープを物体に結びつけるための結び。クローブ・ヒッチ（イラスト）、ツー・ハーフ・ヒッチなどが有名。

ベンド（bend）

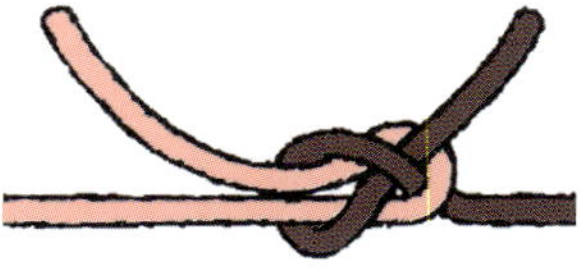

2本のロープをつなぎ合わせるための結び。シート・ベンド（イラスト）、リング・ベンドなどが知られる。

第2章

ロープワークの基本8

ロープワークは少数精鋭主義で

一説によると、世界中には3000種以上もの結びがあるといわれている。3000という数字が正確なものかどうかは不明だが、とにかく膨大な数の結びが存在することだけは確かだ。しかし、もちろんわれわれがそのすべての結びをマスターするのは不可能であるし、たとえマスターできたとしても、ほとんどの結びは一度も使う機会のないまま忘れ去られていくだろう。

――たくさんの結びを覚える必要はない。4つか5つ、たとえばボーライン、シート・ベンド、クローブ・ヒッチ、フィギュアエイト・ノットなどの結びを覚えておけば、いろいろな状況に充分対処できるのである――

セーリングや釣り、キャンプ、クライミングなどに使われる結びを網羅した『The Century Guide to Knots』(1988年刊行)というイギリスのロープワークの本の冒頭には、このようなことが書かれている。

日常生活やアウトドアで本当に役立つ結びというのは、そう多くはない。たったひとつの結びでも、工夫次第ではさまざまな場面に応用できるようになる。多くの結びを覚えることに時間をかけるよりは、ひとつの結びを徹底的に使いこなせるようになったほうがよっぽど実用的というものだ。

ひとつの結びの長所も短所も知りつくすことによって、それをさまざまなシチュエーションに活用できるようになるだろう。

ことロープワークに関しては、「広く浅く」より「狭く深く」、少数精鋭主義を心がけたほうが賢明といえよう。

というわけで、この章ではアウトドアで多用される基本の結び8種類とそのバリエーション、さらにいくつかの便利な結びについて解説する。このような構成にしたのは、基本となる結びとそのバリエーションをセットで覚えるようにするのが早道だと考えたからだ。

基本の結びにひと手間加えるだけで、結びの強度が格段に上がったり、まったく別の用途に用いられる結びになったりする。たとえば、コブをつくるための最もシンプルな結び、オーバーハンド・ノットと呼ばれる結びがある。これを二つ折りにしたロープに結べばループ・ノットとなり、ロープに輪をつくるための結びに変わる。また、ロープの末端と末端をオーバーハンド・ノットで結べばオーバーハンド・ベンドとなって、2本のロープを継ぎ足したり、1本のロープを輪状にすることができるようになる。

これがロープワークのおもしろさであり、奥深さでもある。少なくともここで取り上げた結びさえしっかりマスターしておけば、アウトドアや日常生活のほとんどのシーンに対応できるはずだ。そのうえで余裕があるのなら、ほかの結びを覚えていくといい。

基本1　オーバーハンド・ノットとそのバリエーション

誰でも知っている、ロープにコブをつくるための最もシンプルな結びがオーバーハンド・ノット。結び目が、人が腕を組んだ形になるところからその名がついたという。日本では「止め結び」と呼ばれ、日常生活はもとよりさまざまな場面で多用されている。

この結びは、ロープを滑車や穴に通したときにストッパーの役目を果たすほか、ロープを引っ張るときの握り手の滑り止めとしても用いられる。また、ロープの末端に結ぶことで、一時的なほつれ止めとして使用されることもある。ただし、結び目がきつく締まったり濡れたりしたときに、解きにくくなるのが欠点だ。

オーバーハンド・ノットは、ロープの絡みは1回だけだが、絡みを2回、3回と増やすことで、より大きな結び目（コブ）ができる。この結びを「マルティプル・オーバーハンド・ノット（固め止め結び）」という。

また、二重にしたロープにオーバーハンド・ノットを結んだのが「ループ・ノット（二重止め結び）」。固定した輪をつくるための、最も簡単な結びだ。前述したように、この結びは傷んだロープを使用しなければならないときに、応急処置的に用いられることも多い。

ストッパーとして用いられるオーバーハンド・ノット

さらにロープの末端と末端を重ねていっしょにオーバーハンド・ノットで結んだのが「オーバーハンド・ベンド（止め継ぎ結び）」。同じ太さの2本のロープを継ぎ足したり、1本のロープを輪状にするときなどに用いる。

そしてもうひとつのバリエーションが「ウォーター・ノット（ふじ結び）」で、「リング・ベンド（テープ結び）」とも呼ばれている。その異名どおり、主に平べったい1本のテープを結び合わせてスリングをつくるときに用いられる。

これらのほか、1本のロープに等間隔でオーバーハンド・ノットの結び目をつくると「シリーズ・オブ・オーバーハンド・ノット（連続止め結び）」になる。ロープを手がかりにして上り下りするときの滑り止めとなる結びで、危険箇所を通過するときや緊急脱出時に使われる。

オーバーハンド・ノット
マルティプル・オーバーハンド・ノット

オーバーハンド・ノットは、ロープにコブをつくるための最も単純な結び。絡ませる回数を2回、3回と増やしていけばマルティプル・オーバーハンド・ノットとなり、より大きなコブができる。

オーバーハンド・ノット

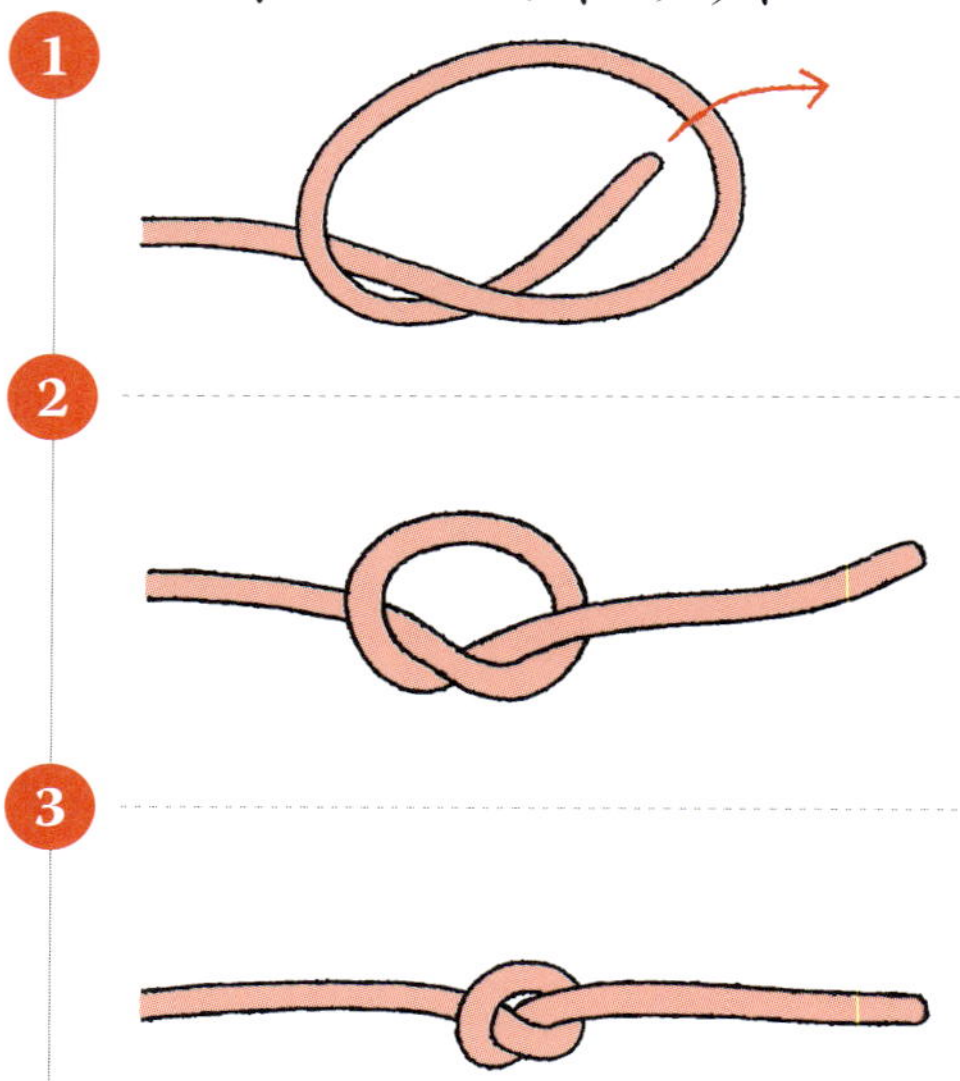

マルティプル・オーバーハンド・ノット

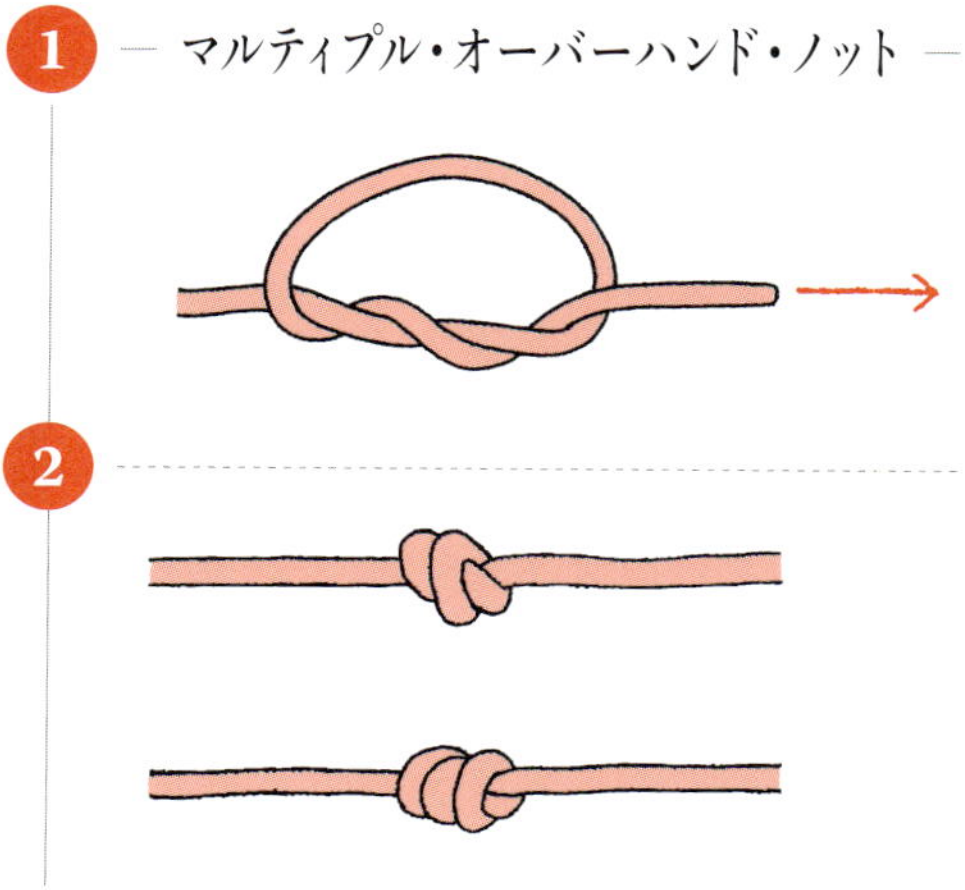

オーバーハンド・ベンド ループ・ノット

2本のロープを手っ取り早く継ぎ足すには、末端同士を重ねてオーバーハンド・ノットで結ぶオーバーハンド・ベンドが便利。ロープを2つ折りにてオーバーハンド・ノットで結んだのがループ・ノット。

オーバーハンド・ベンド

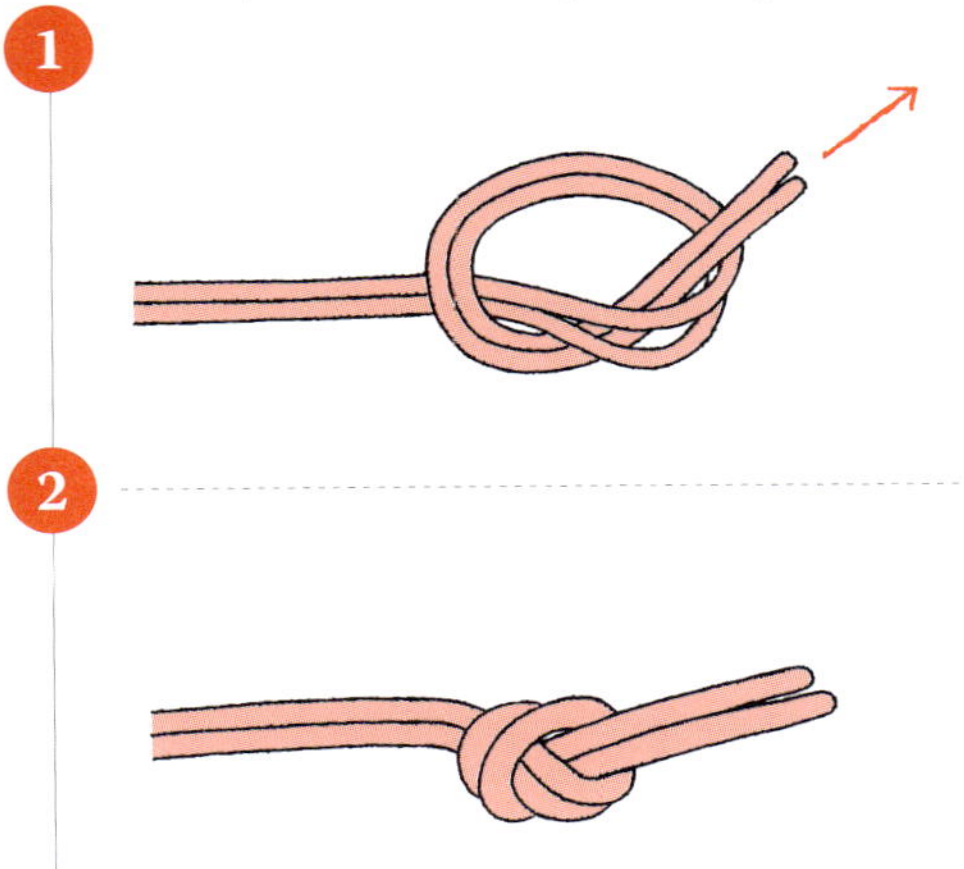

ループ・ノット

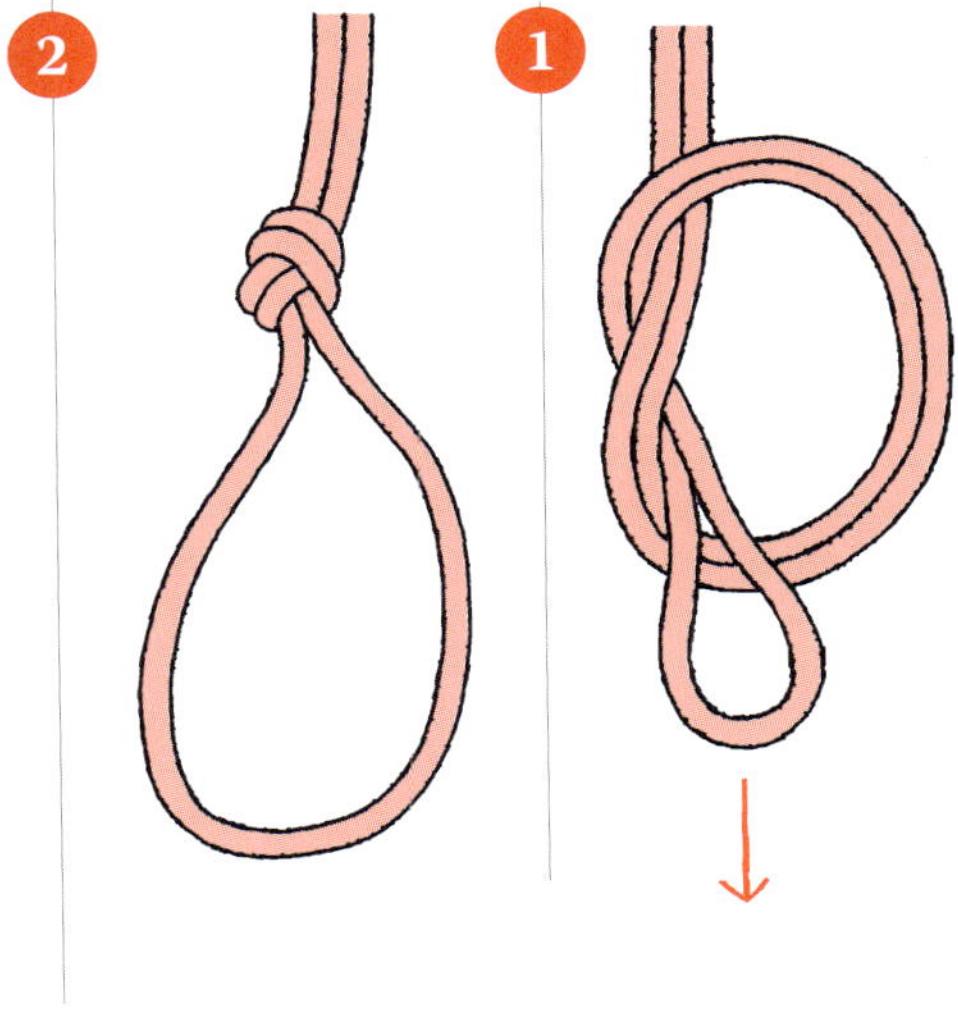

ウォーター・ノット

平べったいテープでスリングをつくるための結び。テープの一端にオーバーハンド・ノットをゆるめに結び、その結び目を逆からなぞるようにもう一方の端を通していく。末端が短くならないように注意

1 一端でオーバーハンド・ノットをゆるめに結ぶ

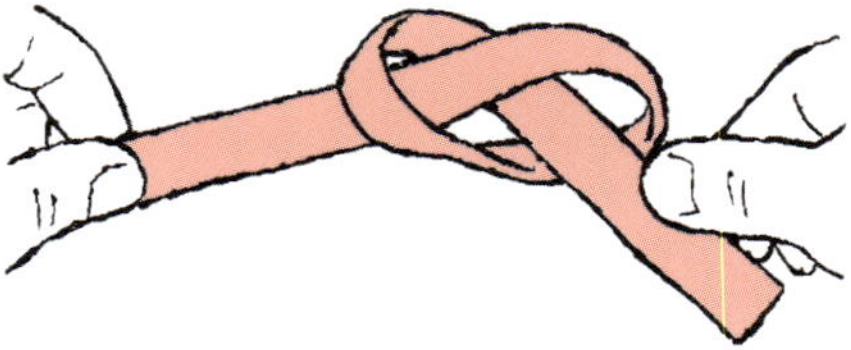

2 オーバーハンド・ノットの結び目を逆からなぞるようにして、もう一端を通していく

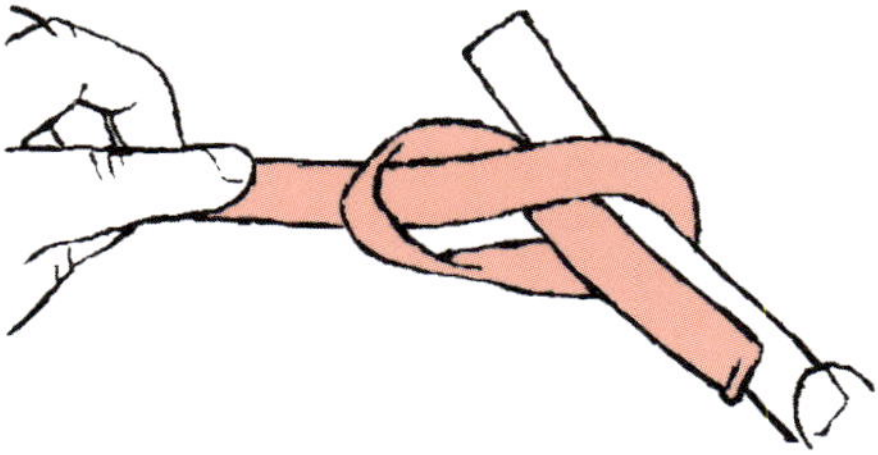

3 結び目の外側に沿って通していこう

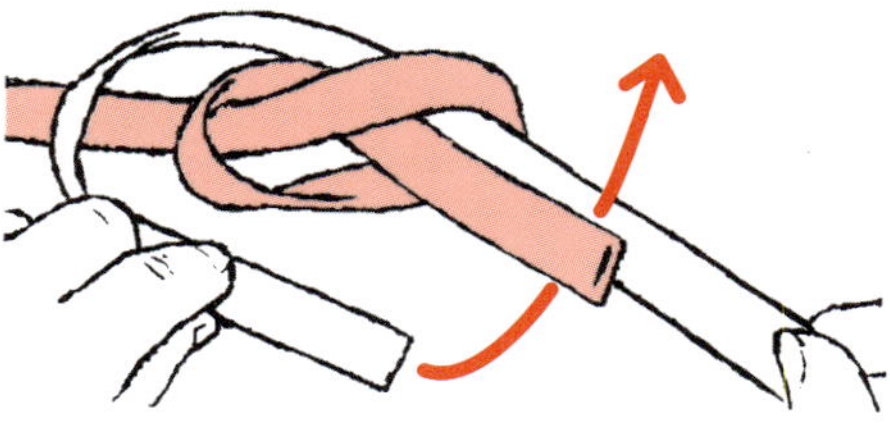

4

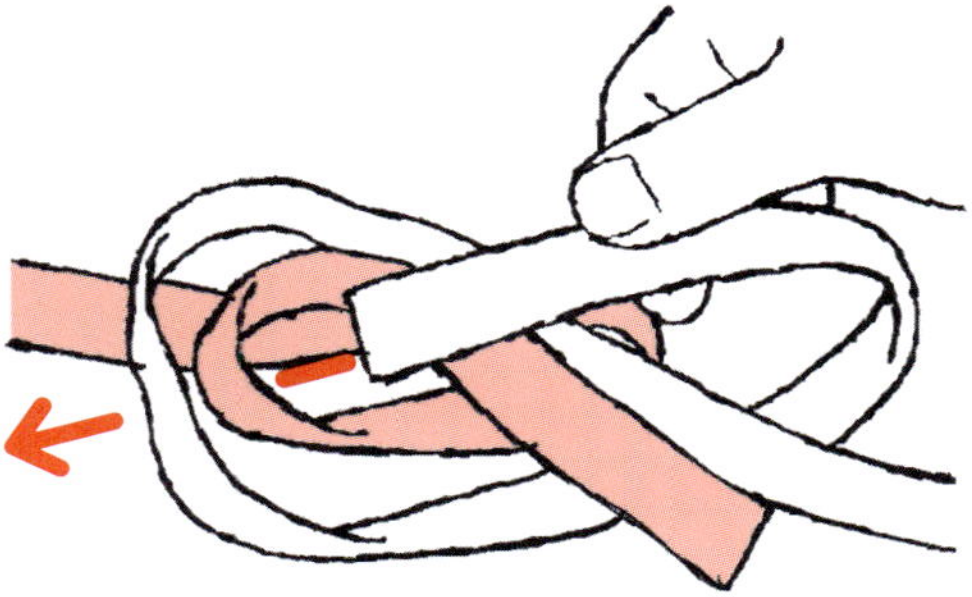

5

通し終わったら、形が崩れないように気をつけながら結び目を締める

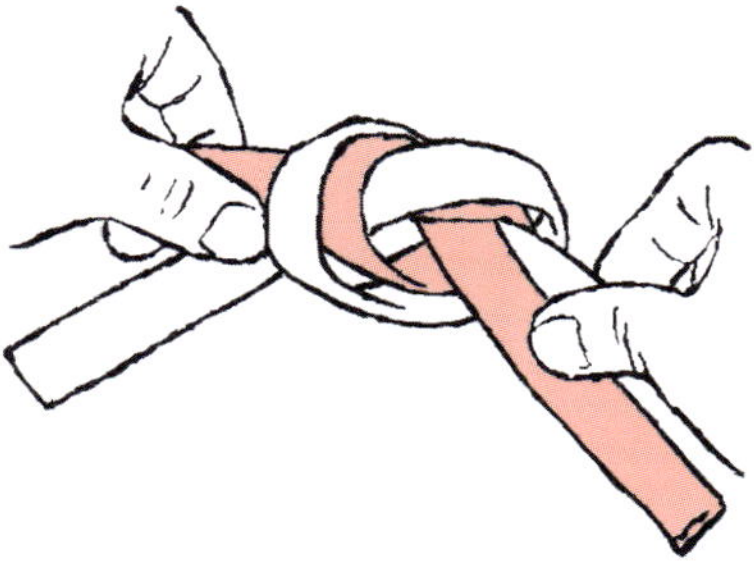

6

末端は充分に余らせること

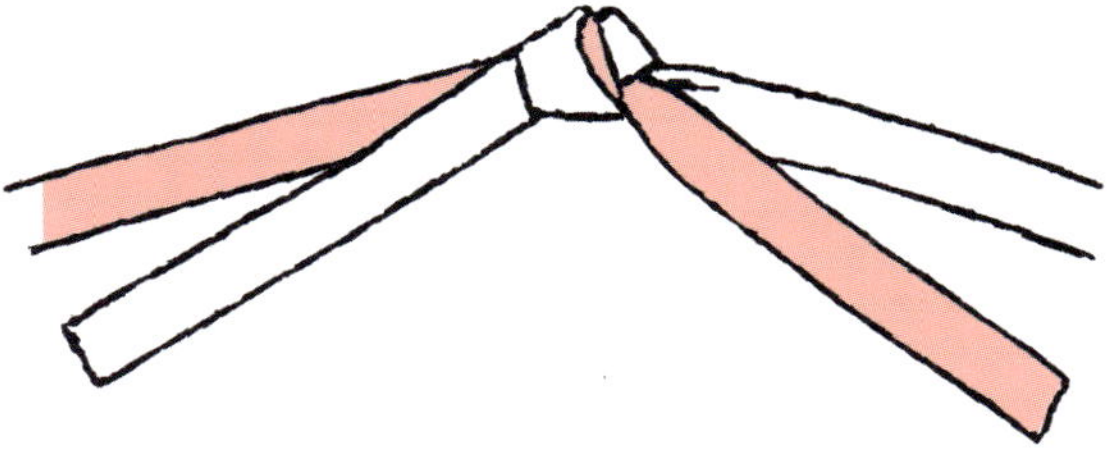

基本2　フィギュアエイト・ノットとそのバリエーション

「8の字結び」の和名でよく知られているフィギュアエイト・ノットは、その名のとおり結び目が8の字を形づくることから命名された。もっとも、イタリアではサボイ・ノットとも呼ばれるらしい。というのは、この結びの形がサボイ地方の家系の紋章を表わしているからだとか。それはまた、誠実な愛と永遠の友情のシンボルでもあり、ラヴ・ノット（愛の結び）と呼ばれることもある。

フィギュアエイト・ノットは、オーバーハンド・ノットよりも大きなコブをつくるための結びである。ロープの抜け落ちを防ぐためのストッパーや、ロープを引っ張るときの握り手として利用される。手順が簡単で覚えやすく、結び目がきっちり締まっても楽に解けるのが特徴だ。以下、紹介するように2通りの結び方があり、ロープの太さによって使い分けるといい。

海の男たちにとっては、ボーラインと並んで絶対に欠かすことのできないフィギュアエイト・ノットも、クライミングの世界ではそのバリエーションである結びのほうが多用されている。それが前章でもちょっと触れた、「フィギュアエイト・フォロースルー」と「フィギュアエイト・オン・ア・バイト」だ。

フィギュアエイト・フォロースルーは、二つ折りにしたロープにフィギュアエイト・ノットを結

フィギュアエイト・ノットでロープに握り手をつくる

んで輪をつくる結び。フィギュアエイト・オン・ア・バイトは、ロープの途中にフィギュアエイト・ノットを結び、その結び目を逆からなぞるようにしてロープの末端を通していって物体に結びつけるものである。完成形は同じ形の結び目になるので、以前はどちらも「ダブル・フィギュアエイト・ノット」と呼ばれていたが、最近では結び方によって呼び名を変えて区別されるようになっている（ただし、まだ充分には浸透しておらず、今もダブル・フィギュアエイト・ノットと呼ばれることもある）。

なお、シリーズ・オブ・オーバーハンド・ノット同様、1本のロープに等間隔でフィギュアエイト・ノットを結ぶと「シリーズ・オブ・オーバーハンド・ノット（連続8の字結び）」となり、縄梯子などに利用される。

フィギュアエイト・ノット 結び方1

ロープの末端を元の部分に1回半巻きつけて結び、オーバーハンド・ノットよりも大きなコブをつくる。その名のとおり、結び目が数字の8の字の形になるので、まず結び方を間違えることはない。

1 ロープの末端を折り

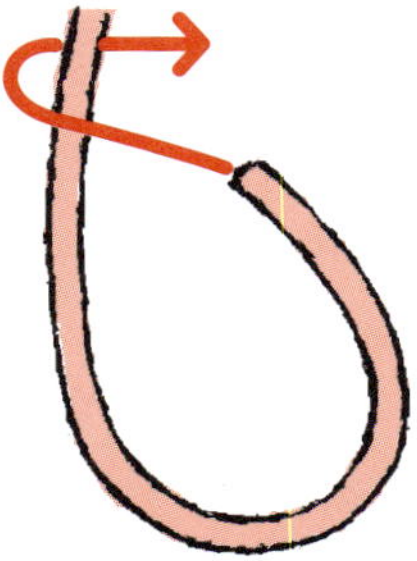

2 数字の8の字形に絡ませる

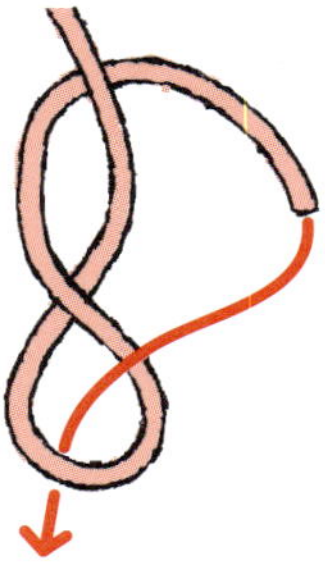

3 末端を輪の中に通す

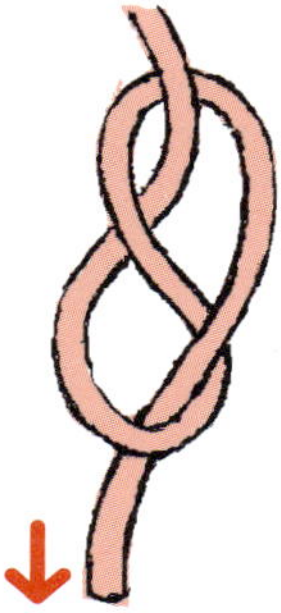

4 結び目を締めて完成

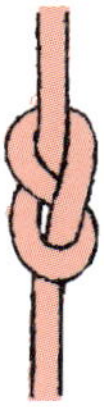

注

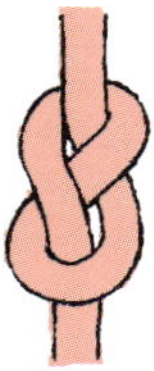

絡ませ方を違えると完成形も違う形になる

フィギュアエイト・ノット 結び方2

細いロープを結ぶときには、この結び方のほうが素早く結べる、できたコブは、ロープの握り手や抜け落ち防止のためのストッパーとなる。結び目が固く締まっても、容易に解くことができる。

1 ロープの端を2つ折りにして矢印のようにねじる

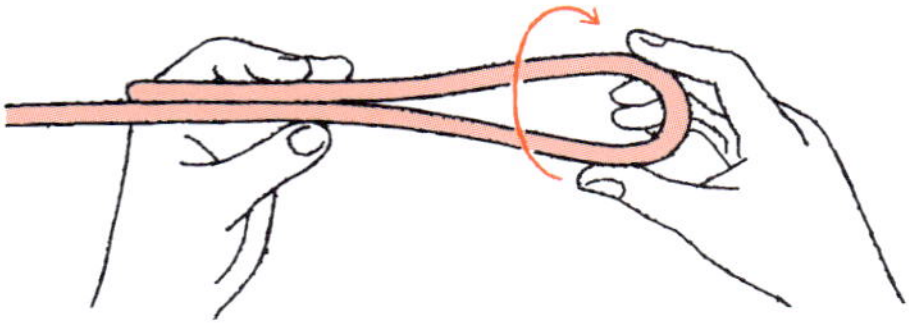

2 もう1回ねじる

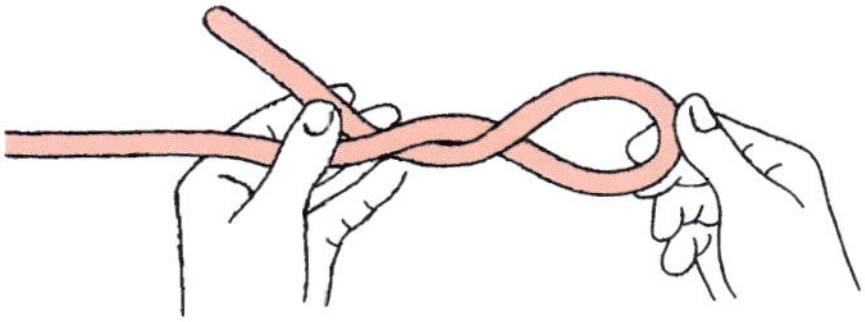

3 末端をできた輪の中に通す

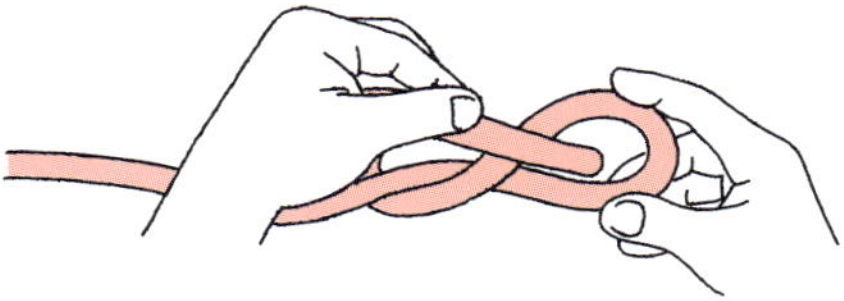

4 末端を引っ張って結び目を締める

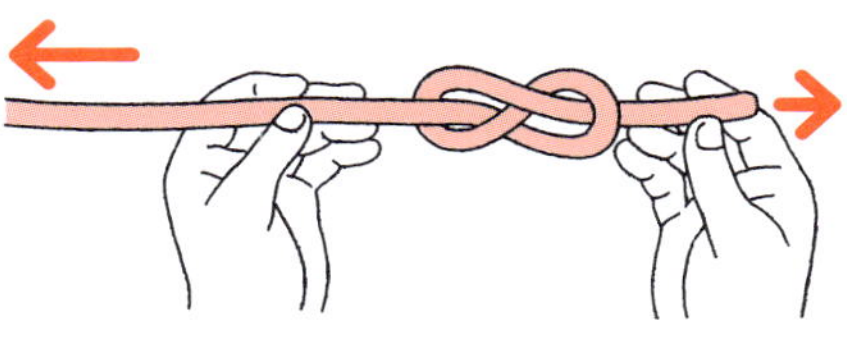

フィギュアエイト・オン・ア・バイト

輪をつくるための結びで、ロープを二つ折りにしてフィギュアエイト・ノットを結ぶ。最後に結び目をきれいに整えるのがポイント。大きな荷重がかかって結び目が固く締まると解きにくい。

1

ロープを二つ折りにして

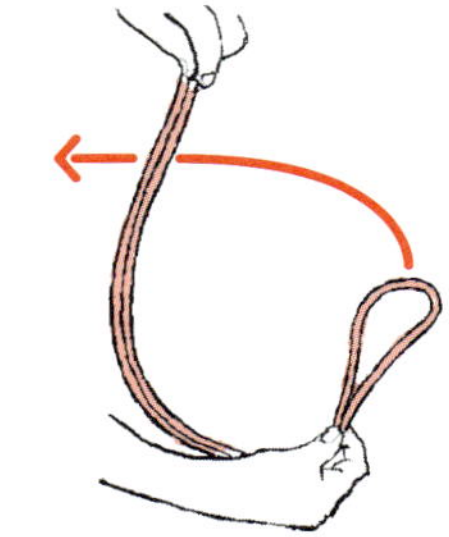

2

交差させる

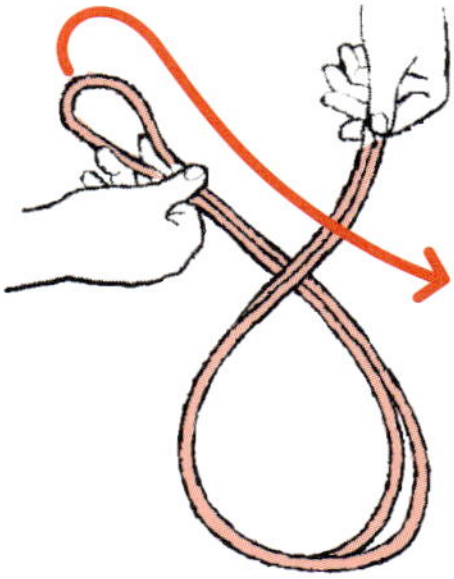

3

さらにイラストのように絡ませる

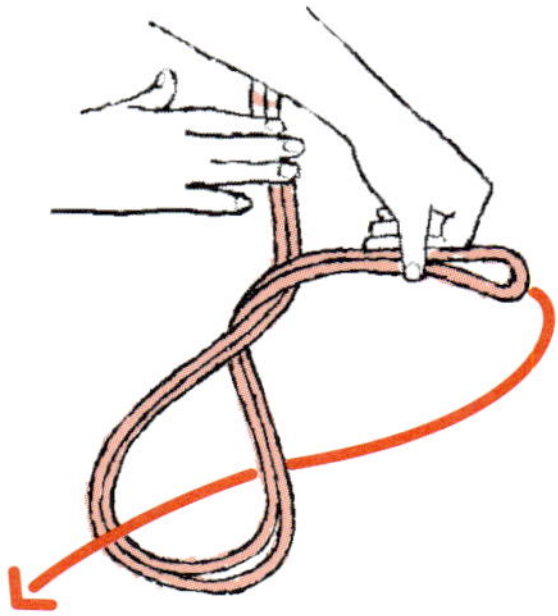

4

二つ折りにした部分を
輪の中に通し

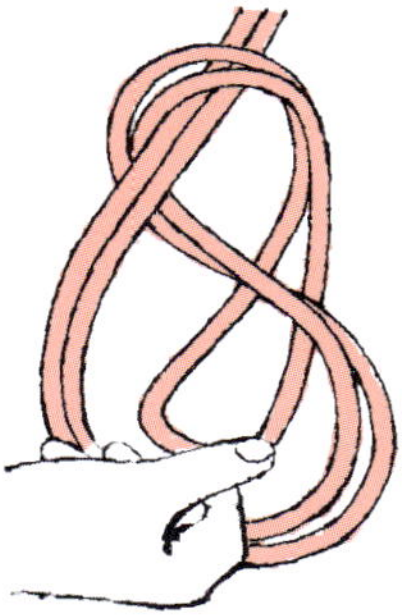

5

引き出す

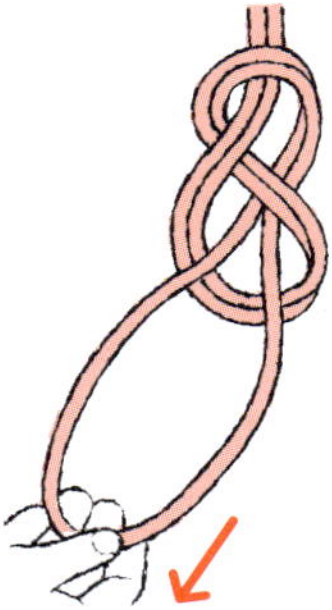

6

結び目をしっかり締める

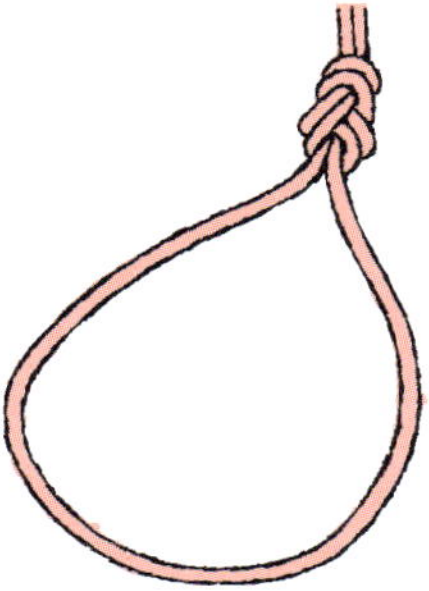

フィギュアエイト・フォロースルー

ロープの途中にフィギュアエイト・ノットを結び、物体にかけたロープの末端を結び目に逆から通していって、ロープを物体に結びつける。完成形はフィギュアエイト・オン・ア・バイトと同じ。

1 ロープの途中にフィギュア・エイト・ノットを結ぶ

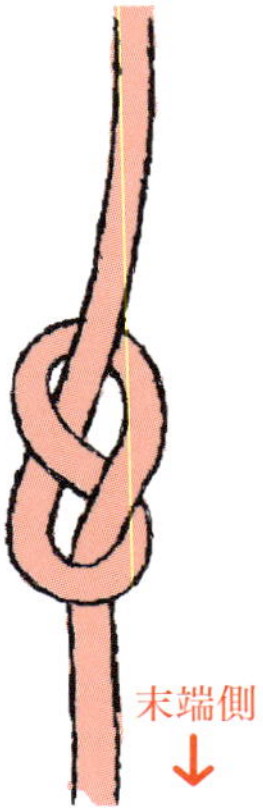

2 イラストのように末端をA部の左側に通す

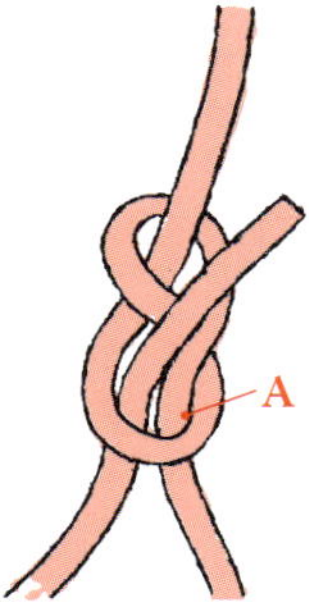

3 結び目を逆からなぞるようにして、末端を通していく

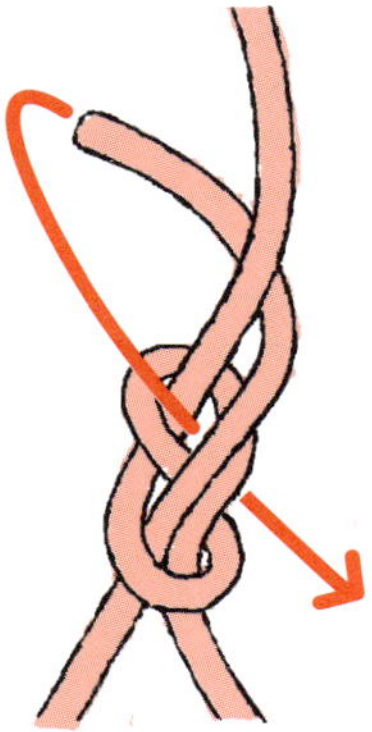

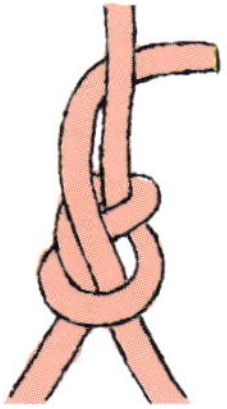

最初のフィギュア・エイト・ノットがP64注の形だったら、このように通す

4

結び目に沿って
忠実に通していこう

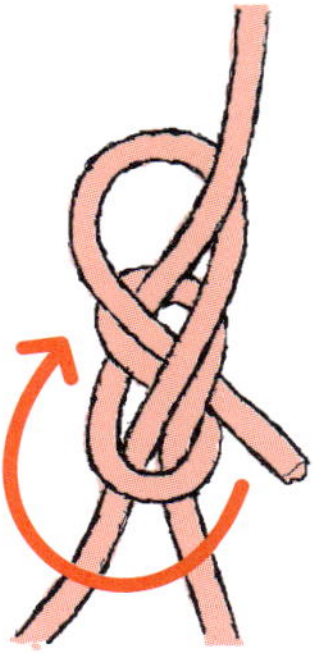

5

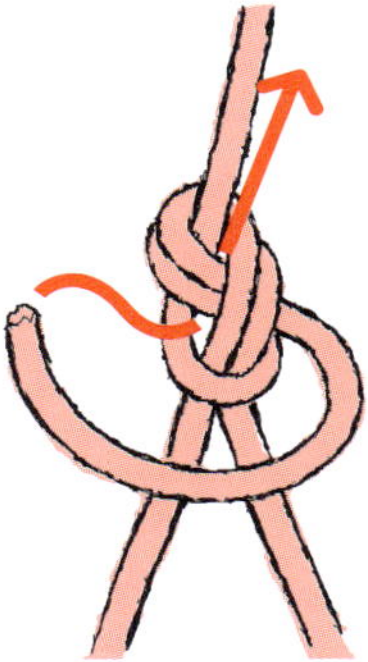

6

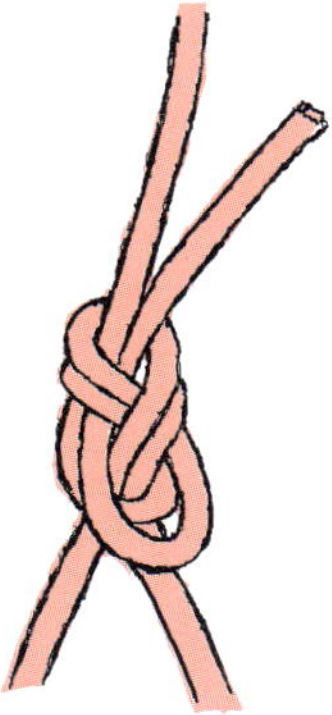

7

結び目の形を
きれいに整えて完成

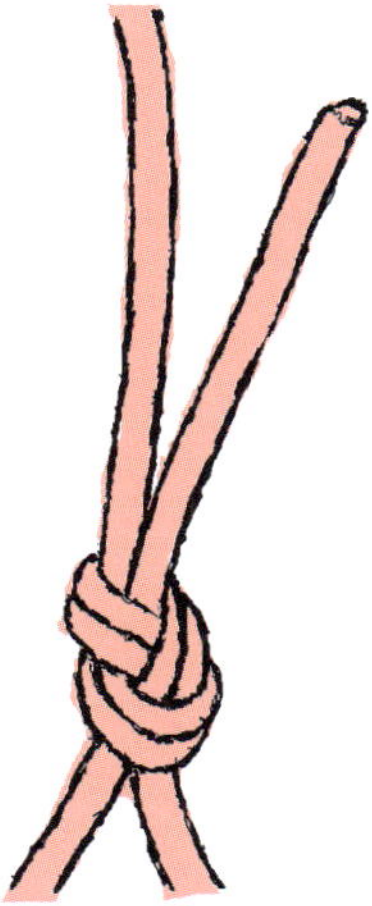

基本3　ボーラインとそのバリエーション

日本では「もやい結び」、かつての山男たちの間では「ブーリン」と呼ばれたボーラインは、そもそもは海の世界で生まれた結びだ。ボーラインの「ボー（ｂｏｗ）」には「船首、舳先」という意味があり、マストを張るためのロープを船首側に結びつけるときに、この結びが用いられたことから命名されたという。また、日本名のもやい結びの由来は、船をもやう（船を杭につなぎ止める、または船と船とをつなぎ合わせる）ときに使われたことによる。

その昔から「キング・オブ・ノット（結びの王様）」と称され、世界で最もポピュラーな結び方として広く知られているボーライン。なぜこの結びが「キング・オブ・ノット」と呼ばれるのかというと、「結ぶのも解くのも簡単」「信頼性・安全性が高い」「さまざまな状況に活用できる」といった特徴があるからだ。また、ボーラインを基本としたバリエーションの結びも豊富で、さらに応用範囲を広げられるというメリットもある。

ボーラインは、輪をつくるための結びであるとともに、ロープをほかの物体に結びつけるための結びでもある。登山やキャンプでは、ロープを木に結びつけるなどの目的で使われることが断然多い。その結び方もいくつかあるので、状況に応じていちばん適した結び方で結べるようにしておき

〝結びの王様〟と呼ばれているボーライン

たい。特に立ち木などの物体にロープを結びつける方法と、緊急時などに自分で自分の体にロープを結ぶ方法はいろいろと役に立つので、しっかり覚えておきたい。

ただし、ボーラインも使い方によっては結び目がゆるんでくる危険がある（P82参照）。決して誤った使い方をしてはならない。このウイークポイントが指摘されて以来、命綱にボーラインを使用することはほとんどなくなったが、万一使うことがあったとしたら、必ず末端処理を施しておくことだ。

なお、数あるボーラインのバリエーションのなかで、ここでは2つの輪をつくる「ダブル・ボーライン（二重もやい結び）」と「ボーライン・オン・ア・バイト（腰掛け結び）」を紹介しておく。

オーソドックスな結び方

輪をつくるための最も基本的な結び方。最初にロープの途中に輪をつくり、その中へロープの末端を通していく。命綱に用いる場合は、末端が長く余るように結んでから、必ず末端処理を行なっておく。

1 ロープの途中にイラストのような輪をつくる

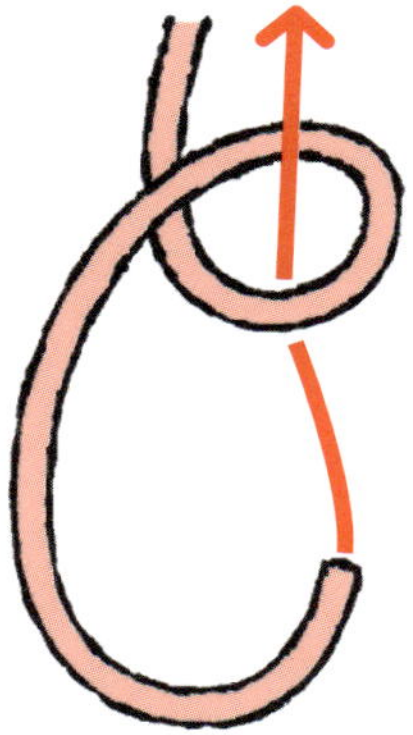

2 ロープの末端を下から輪に通し、矢印のように絡める

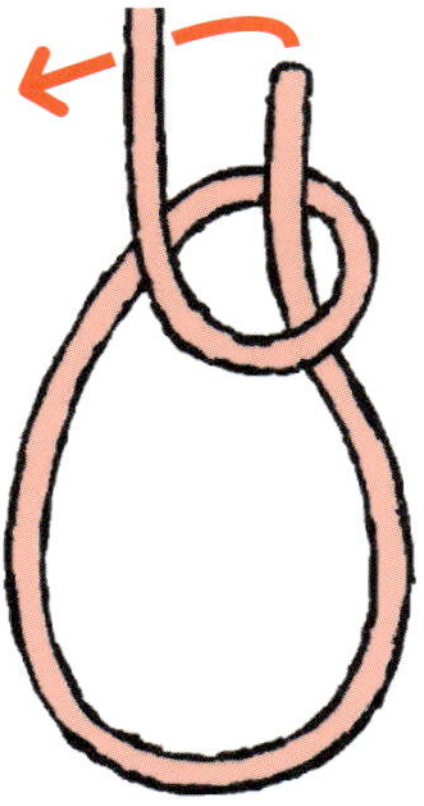

3 今度は末端を上から輪の中に通す

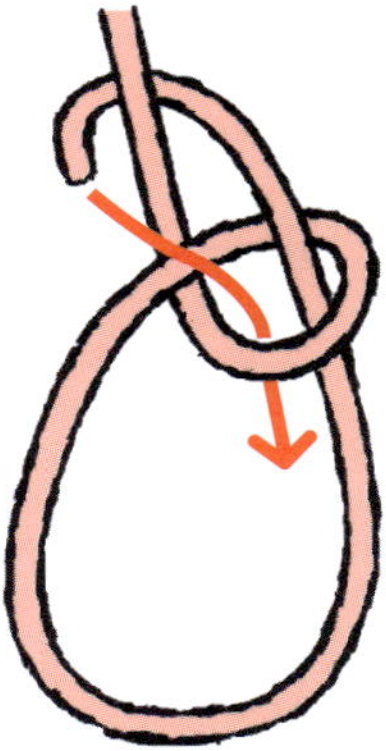

4 結び目をしっかり締める

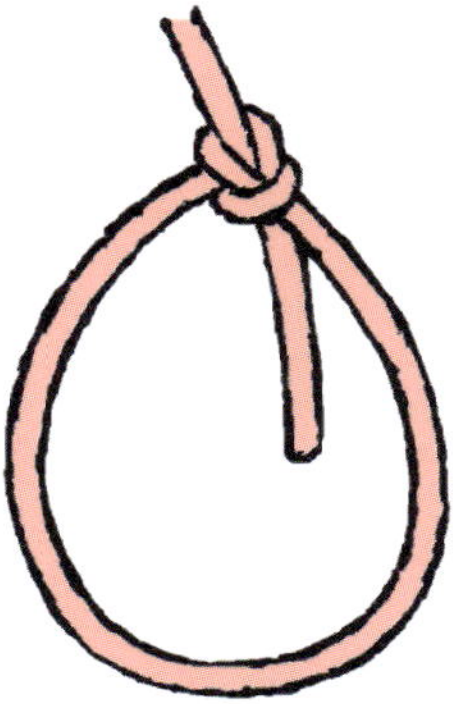

5 命綱に結ぶ場合は、末端が長く余るように結び、末端処理を行なっておく

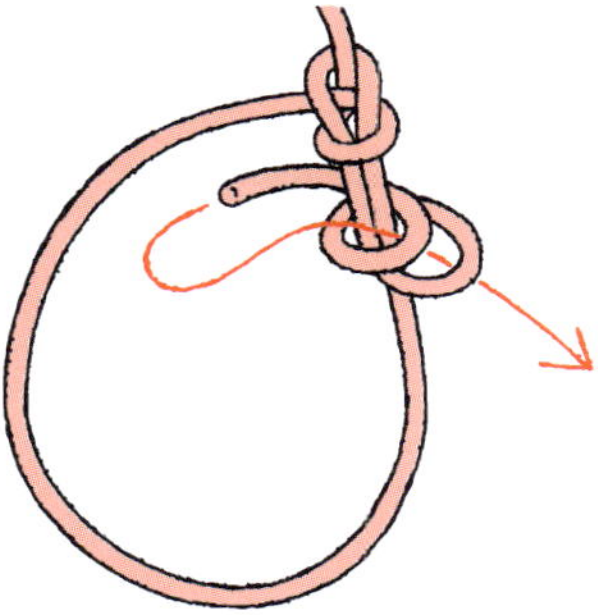

6 結び目をくっつけて締める

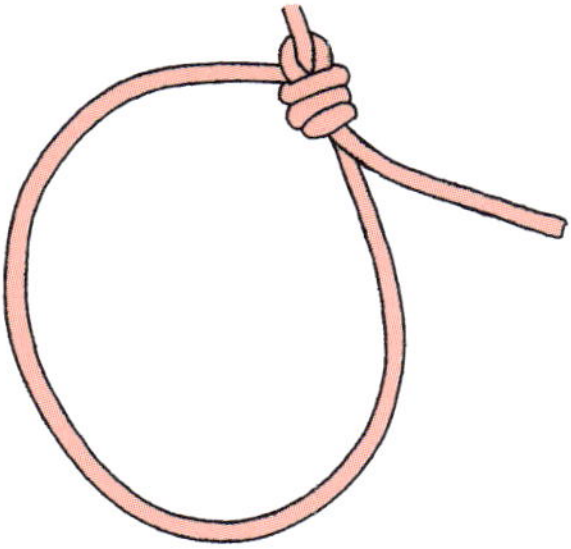

ほかのものに結びつける方法

ロープを結びつける物体にかけて結んでいく方法。絡ませたロープを強く引っ張って、結び目を反転させるのがポイント。最初のロープの絡ませ方によって末端の通し方が違ってくる。

1 結びつける物体にロープの末端を回す

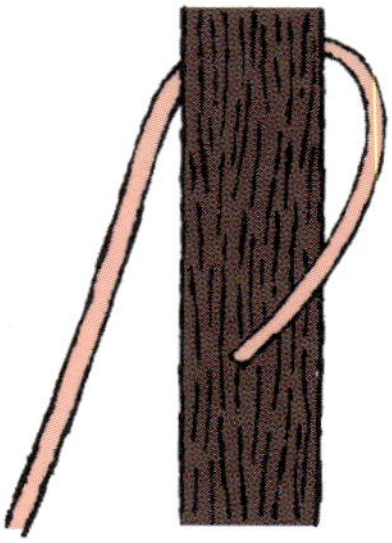

2 ハーフ・ヒッチを結び、末端を矢印方向に強く引っ張る

3 結び目が反転してイラストのような形になったら

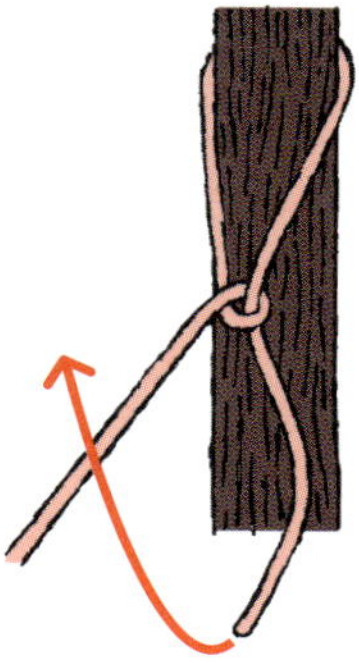

4 矢印のように結んでいく

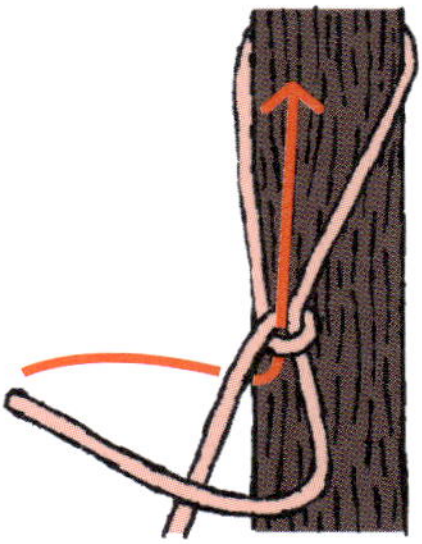

5 末端を輪の中に通し

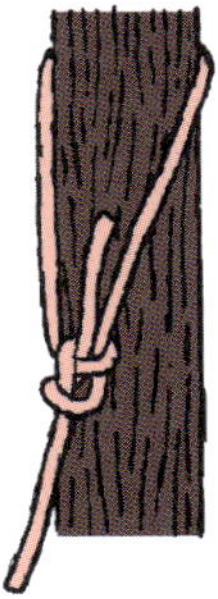

6 結び目を締めて完成

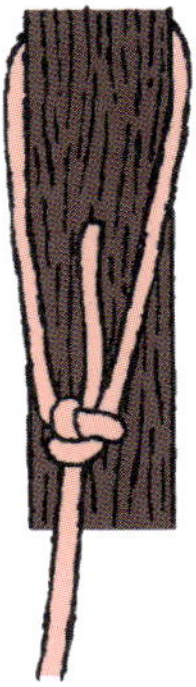

自分の体に結びつける方法

ロープを自分の体に回してボーラインで結びつける方法。ほぼ右手だけを使って結んでいく。緊急時など、いざというときに覚えておくと役に立つ。末端処理（P73参照）を忘れずに。

1 自分のウエストにロープを回して末端を右手でつかむ

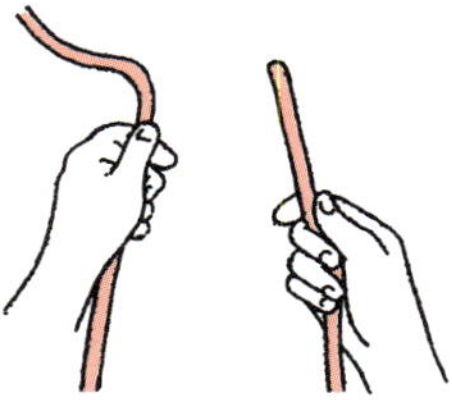

2 ウエストの前でロープを交差させる

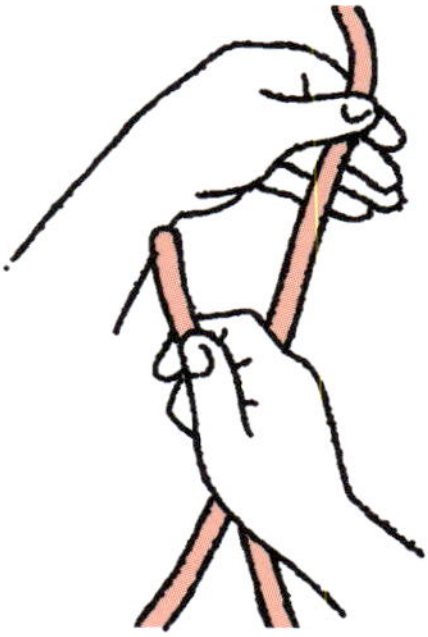

3 端を持ったままイラストのように右手を絡ませる

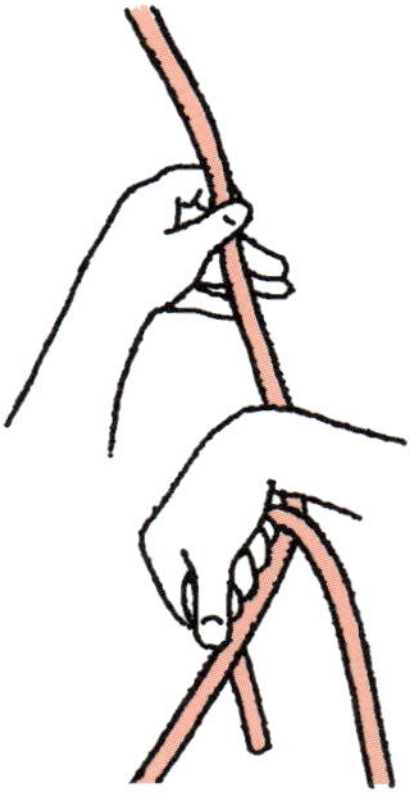

4 手首を返すとこのような形になる

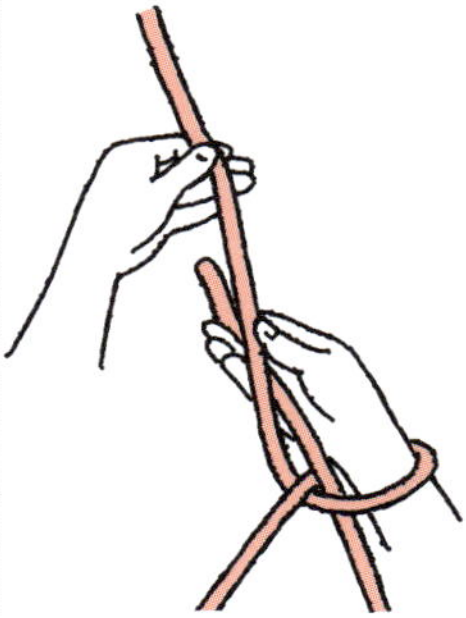

5 指先を使って末端を元の部分に下側から回し

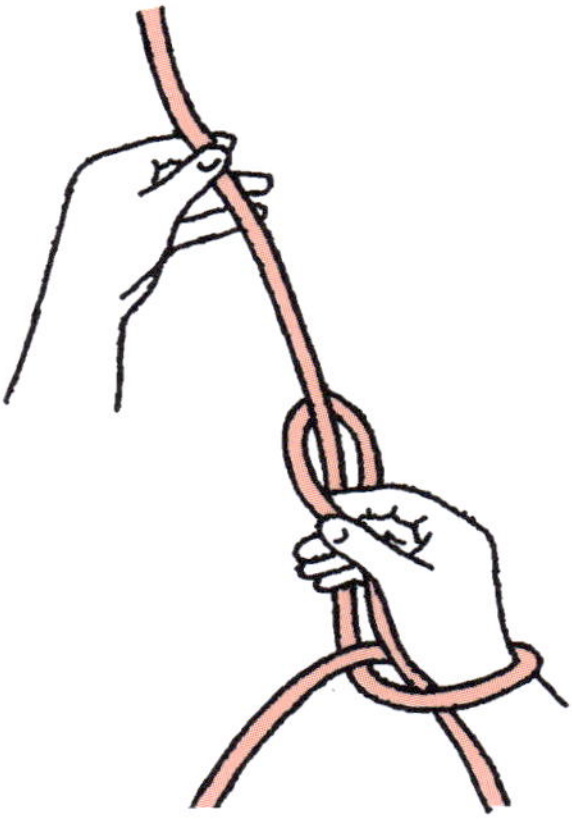

6 末端を持ったまま右手を輪の中から引き抜く

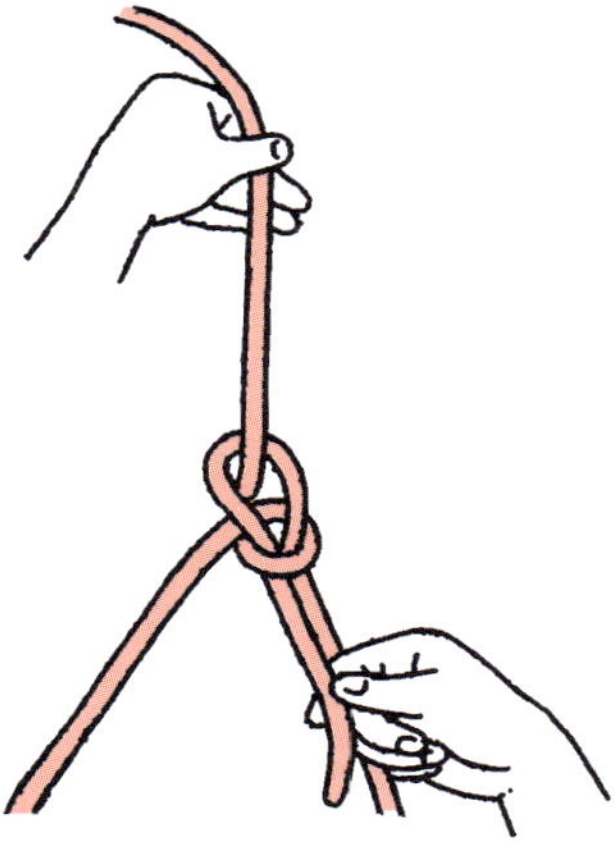

7

ダブル・ボーライン

ロープを折り返して二重にし、ボーラインと同じ結び方で結んでいくと、2つの同じ大きさの輪ができる。輪が大きくなるように結び、できた2つの輪に体を通して吊り下がることも可能。

1

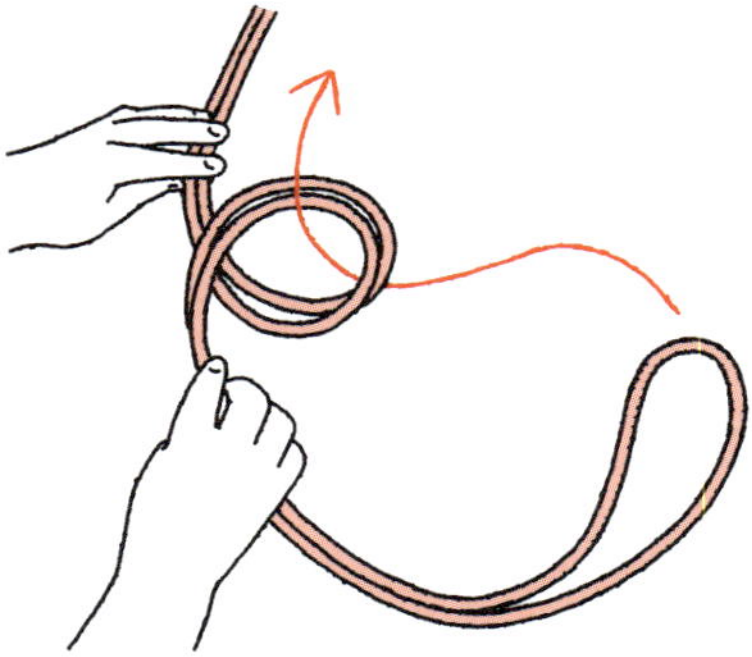

2

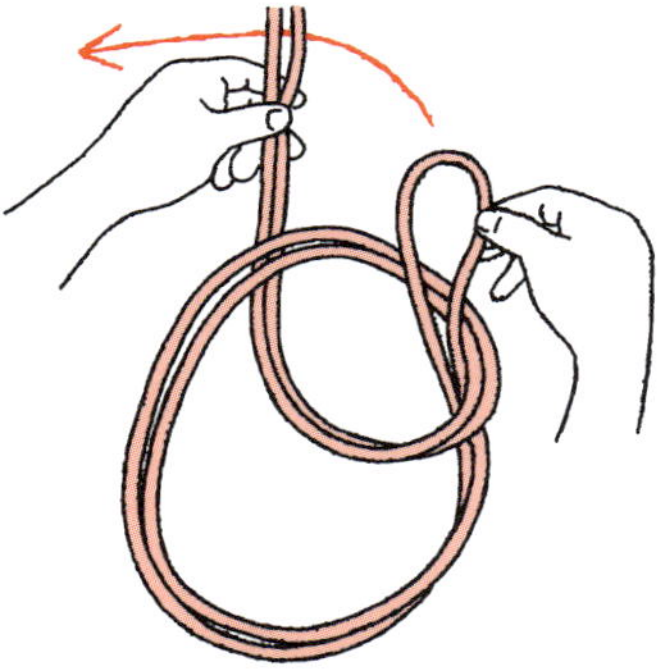

3

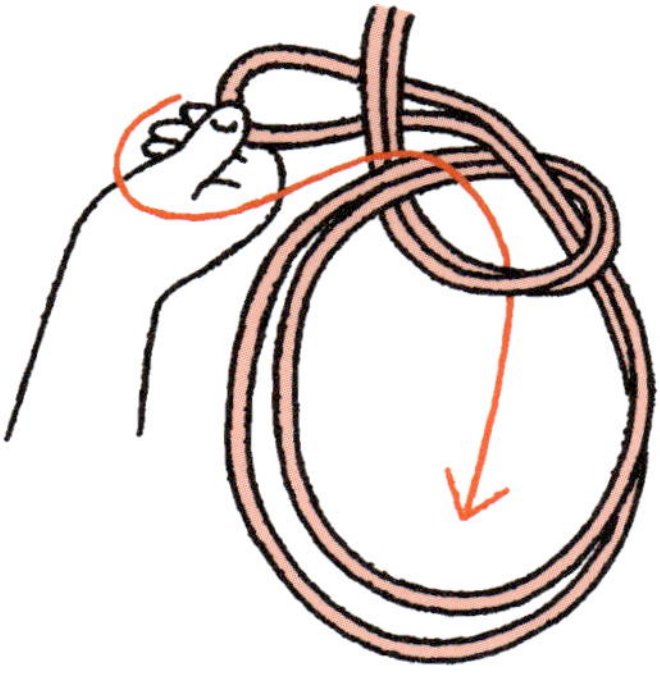

4

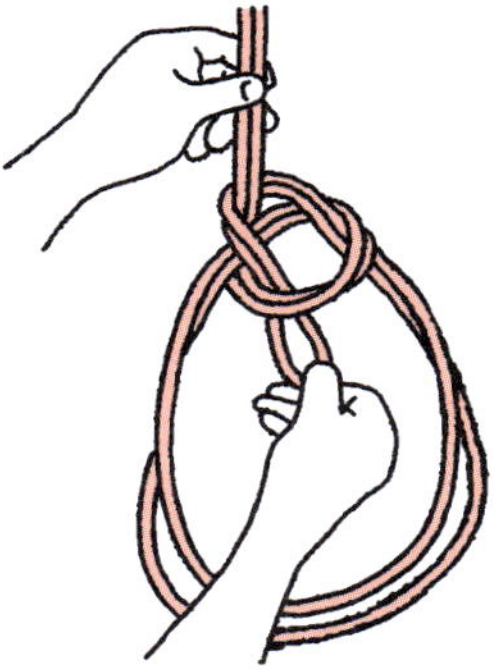

5

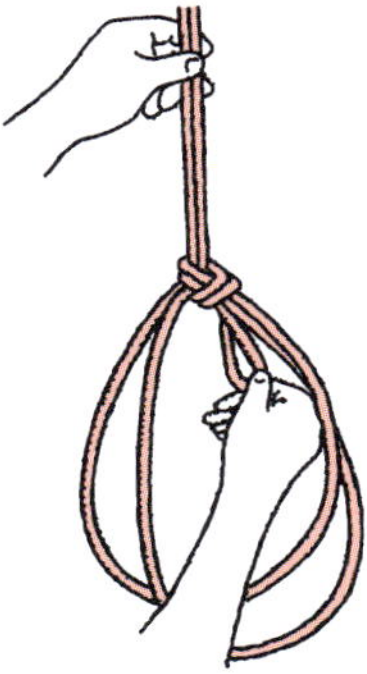

6

ダブル・ボーラインの完成形。○印の輪は結び方によって大きさが変えられる

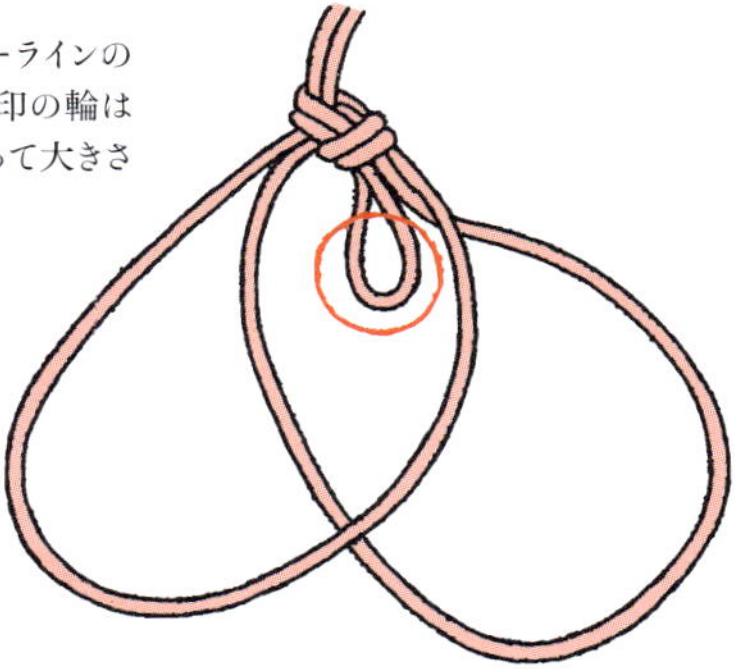

ボーライン・オン・ア・バイト

2つの輪をつくるための結び。用途に応じて輪の大きさを変えられる。大きいほうの輪に両足を入れて腰かけ、小さいほうの輪を背中から両脇に回せば、ロープに吊り下がることできる。

1

二つ折りにしたロープを矢印のように輪の中に通す

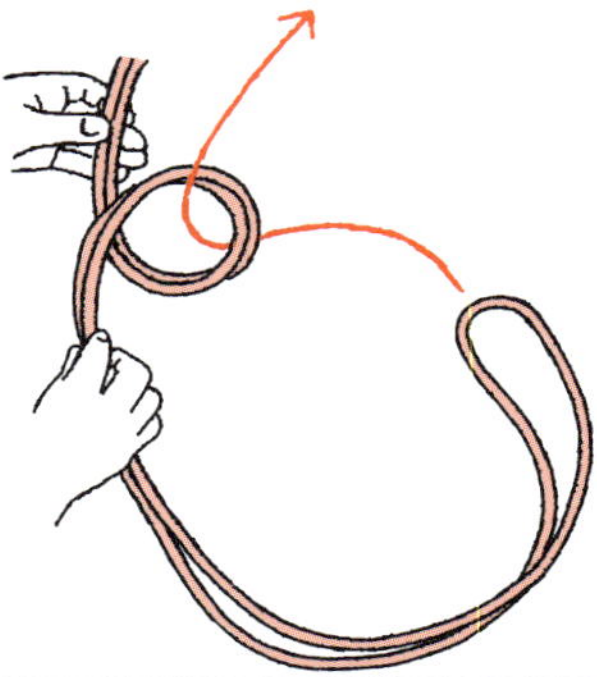

2

輪を大きく引き出し

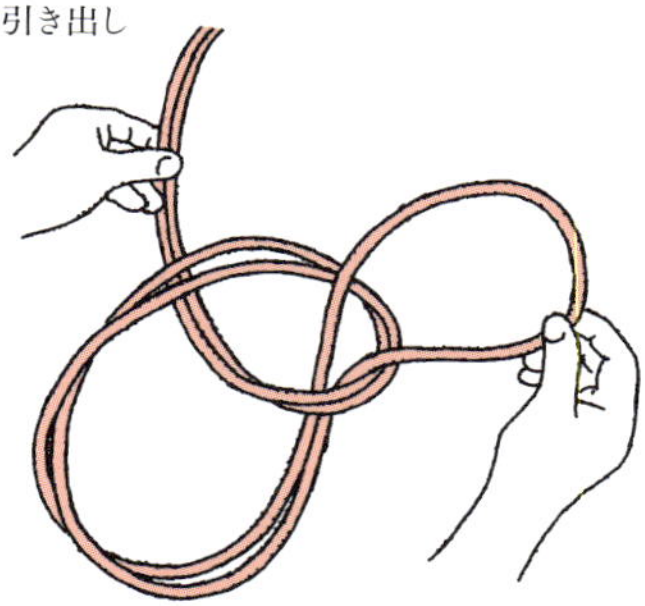

3

手前に折り返してから、下の2つの輪にくぐらせる

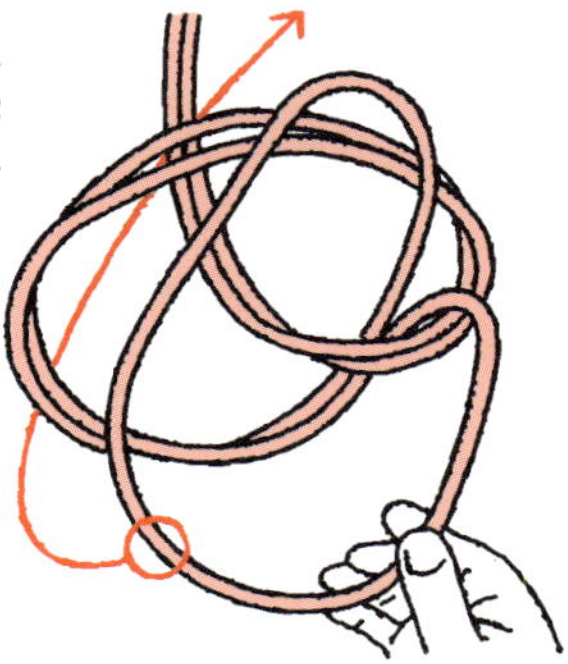

4
このような形にして

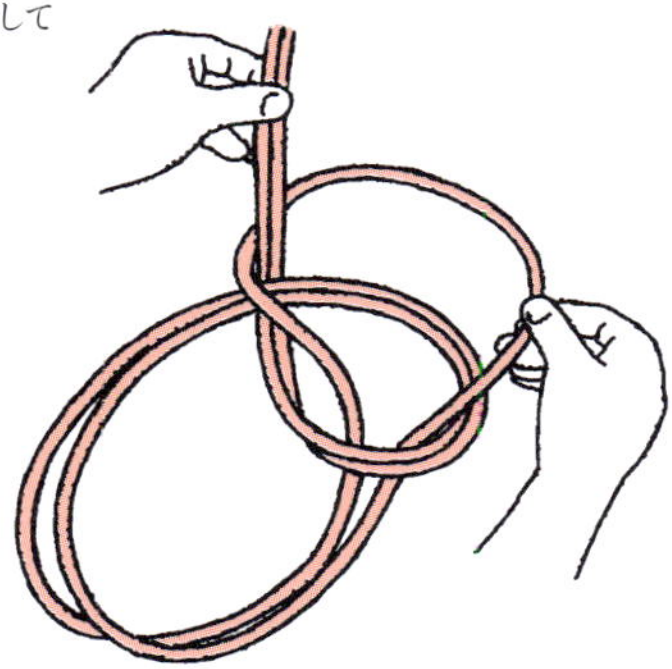

5
結び目を締める

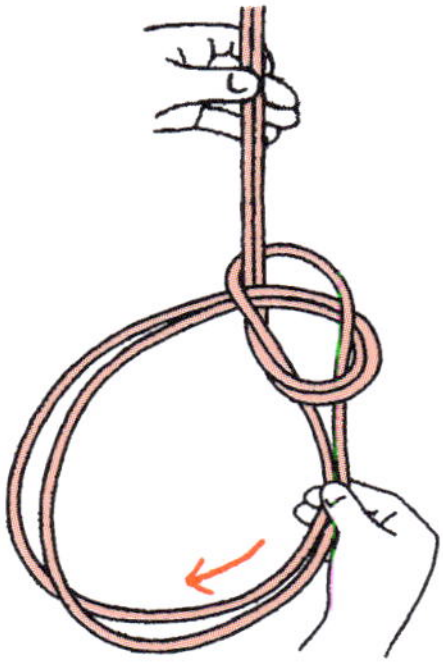

6
一方の輪を大きくすると、
もう一方の輪は小さくなる

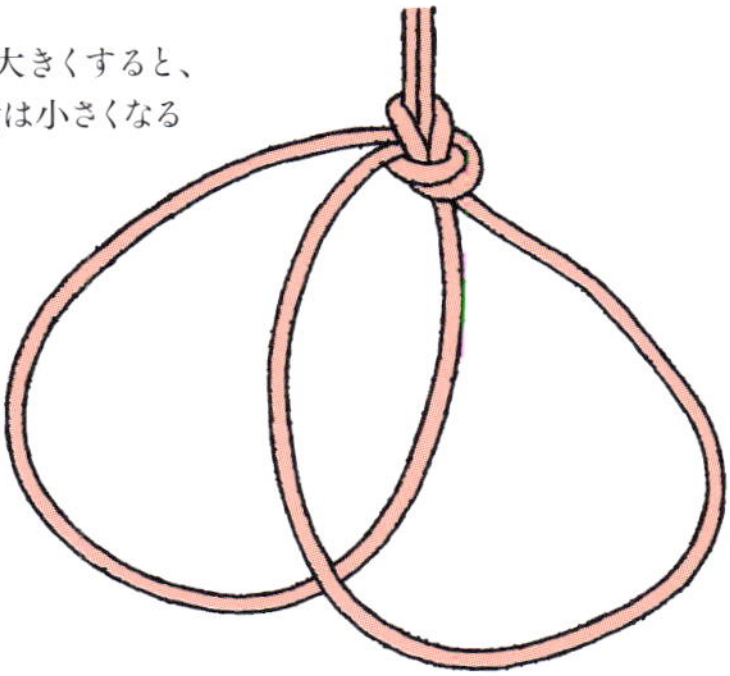

ボーラインのウイークポイント

「キング・オブ・ノット」と呼ばれるボーラインも、決して完璧な結びではない。シチュエーションによってはボーラインが結べないことだってある。たとえば、荷重がかかっているロープにボーラインを結ぼうとしても結べない。また、ボーラインで結んだロープに荷重がかかっているときは解けない。ボーラインにもこのような欠点があることも、頭に入れておいていただきたい。

しかし、なにより注意しなければならないのは、「リング負荷」というウイークポイントだ。これは、ボーラインを結んでできた輪に負荷がかかると、力の方向によっては結び目が簡単に解けてしまうことを指す。その危険性については、『生と死の分岐点』(ピット・シューベルト著・山と溪谷社)という本でも、いくつかの事例を挙げて指摘している。

かつて、クライミングにおいてロープをハーネスに連結させるときにはもっぱらボーラインが用いられていたが、「リング負荷」の危険が明らかになり、以降、フィギュアエイト・フォロースルーが使われるようになっている。

野外でのロープワークでボーラインを結ぶ場合、それが命綱であろうとなかろうと、絶対にこのような使い方をしてはならない。

ボーラインのリング負荷は絶対に行なわないように

そしてボーラインにとってもうひとつ不幸だったのは、昔のクライマーが「手元を見ずに目をつぶってでも結べるようになれ」と教え込まれたことではないだろうか。これがアダとなってしまったのだと思う。無意識的に結べるようになったことで油断が生じ、自分ではしっかり結んだつもりなのに正確に結ばれておらず、そのチェックも行わなかったので、クライミング中に結び目が解けてしまうというわけだ。過去には実際にこうした事故も報告されている。

ロープワークは頭ではなく指先で覚えるものだと前に述べたが、慣れてしまうことでうっかりミスも生じやすい。ボーラインに限らず、命綱に結びを用いる際には、間違いなくしっかり結ばれているかどうかチェックを怠らないことが重要である。

基本4 クローブ・ヒッチとそのバリエーション

今から250年前ほど前の本に紹介されていたという古典的な結び。現在でも船乗りはもとより、キャンパーやクライマーなど、世界中のアウトドアマンに愛用されている。最も使用頻度が高い必須の結びといっても過言ではないだろう。

日本名は「巻き結び」で、昔は徳利の口を縛るときに使われたことから「徳利結び」とも呼ばれた。古い山ヤの間では「インク・ノット」という呼び名のほうが通りがいい（インク瓶の口を縛るのに用いたのが名の由来）。

このクローブ・ヒッチはロープをほかのものに結びつけるときに用いられるが、金属などの滑りやすいものにも適用でき、結ぶのも解くのも簡単。さらに安全性にも優れているなどの特徴がある。また、状況に応じて結び方をいろいろ使い分けられるという点で、最も実用的な結びといえる。ここでは2種類の結び方を紹介しておいた。

よく使われるシーンは、ロープを立ち木に結びつけたり、長いものをまとめて縛ったりするときなど。クライミングでは、ロープの途中につくった2つの輪をカラビナに通してセルフ・ビレイをとる方法が多用されている。結びつける物体に輪を通すことができる場合は、この結び方が便利だ。

ロープを物体に結びつけるときに便利なクローブ・ヒッチ

ただし、輪のつくり方によって重ね方が違ってくるので、それを間違えると結べない。自分なりの輪のつくり方、重ね方を習得しておくことをおすすめする。

クローブ・ヒッチは特にロープの両端に均等な力がかかる場合に効果的だが、ロープの一方だけに力が加わると、結び目が回ってしまったり若干ゆるんだりするのが難点。そのようなケースでは、クローブ・ヒッチを結んだあとにハーフ・ヒッチやツー・ハーフ・ヒッチで末端を結んでおくといい。より確実にロープを固定したいのなら、巻く回数を増やしたダブル・クローブ・ヒッチ（二重巻き結び）が役に立つ。

実にシンプルな結びゆえ、不注意による結び間違いをしないように、しっかりと結び方をマスターしておきたい。

クローブ・ヒッチ結び方1

ロープの末端を、結びつける物体に巻きつけていくオーソドックスな結び方。末端の通し方がポイントになる。立ち木などにロープを結びつけたり、長い棒状のものをまとめたりするときはこの方法で。

1 結びつける物体にロープの末端をかける

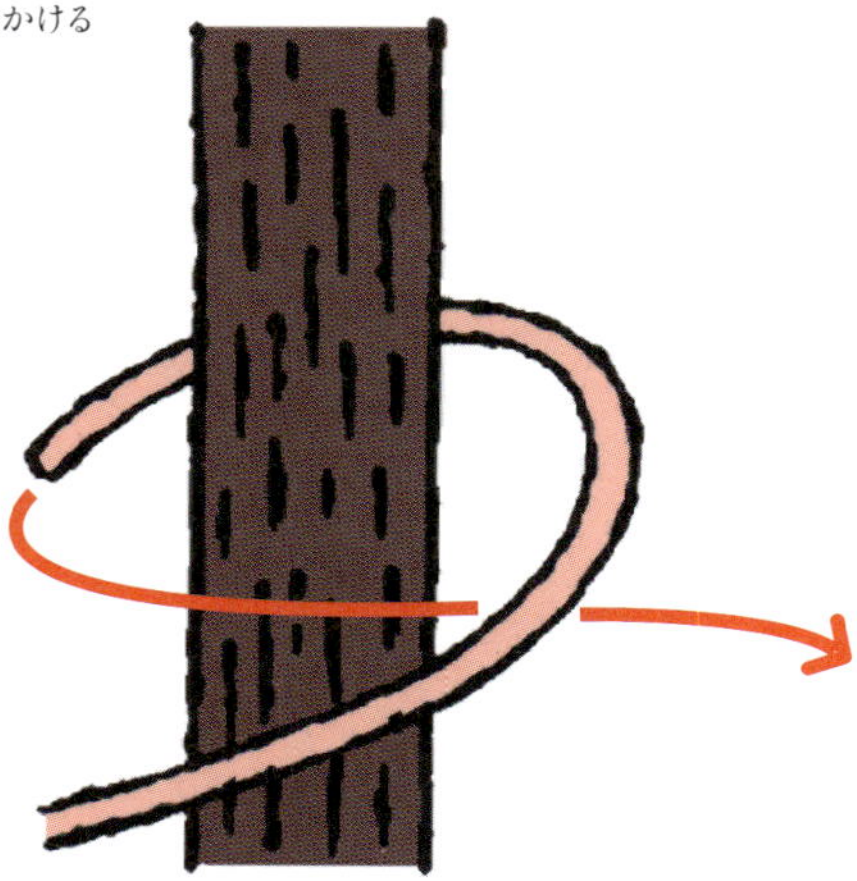

2 イラストのようにひと巻きする

3 さらにもう1回巻きつけて

4 矢印のように通す

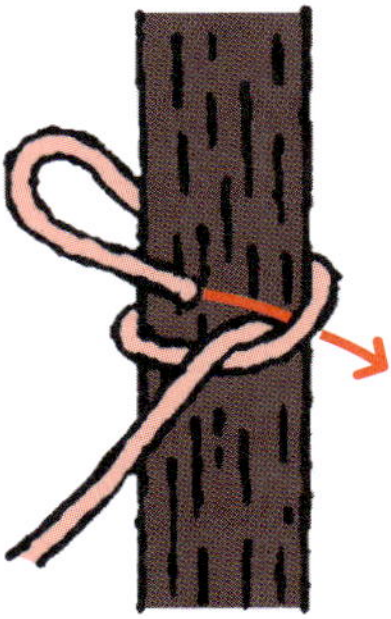

5 結び目をしっかり締める。末端は充分に余らせておくように

クローブ・ヒッチ結び方2

ロープの途中につくった2つの輪を重ね合わせて物体に通す結び方。ロープをカラビナに固定するとき、杭などにロープを結ぶときなどによく使われる。輪の重ね方を間違えると結べない。

1 ロープの途中に輪をつくる

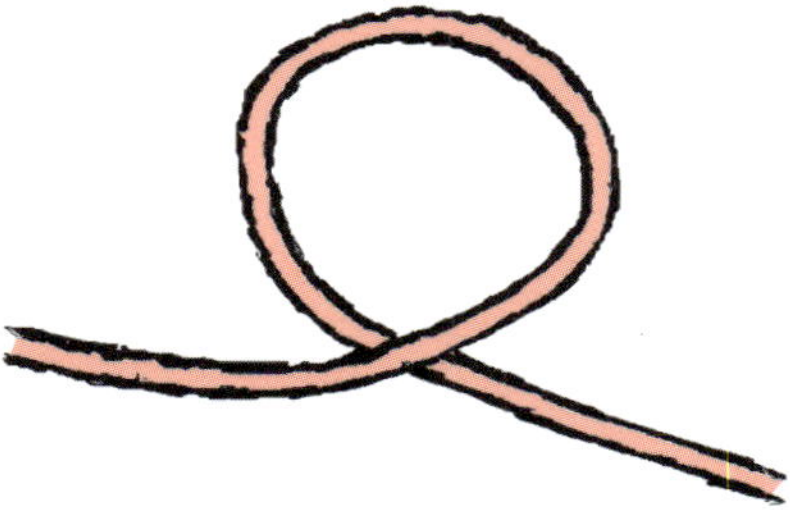

2 その隣にもうひとつ輪をつくる。どちらの輪も交差部の上下を間違えないように

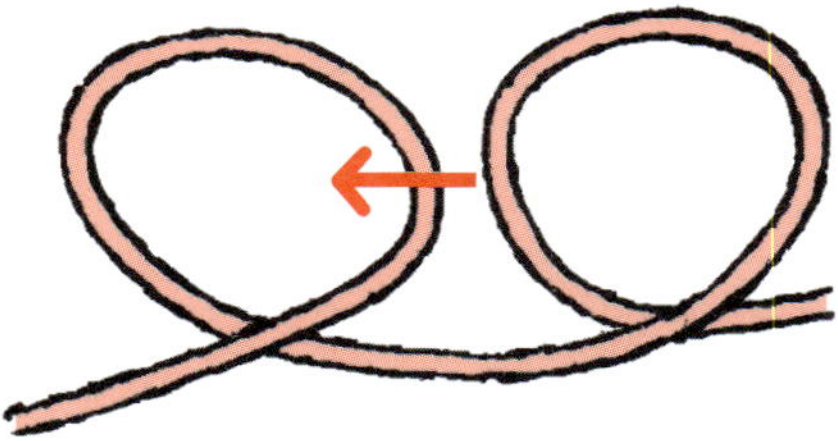

3 右の輪を左の輪の上に重ねる

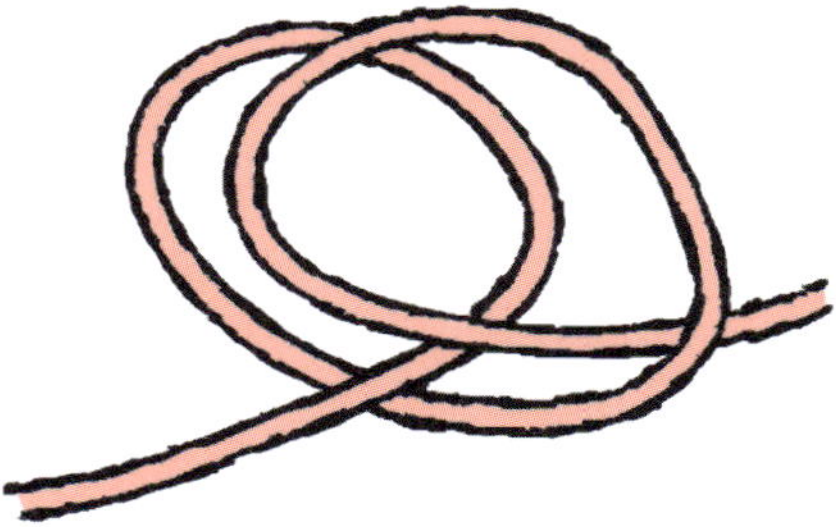

4 重ねた2つの輪を結びつける物体に通す

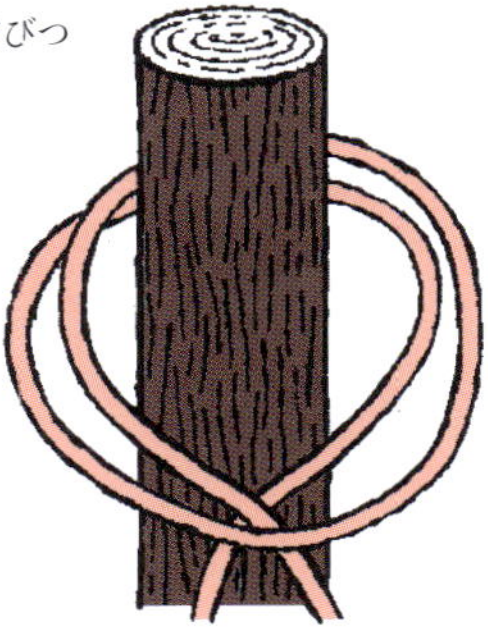

5 ロープの両側を引っ張って結び目を締めると、クローブ・ヒッチで結ばれている

ダブル・クローブ・ヒッチ

強度を高めるために、クローブ・ヒッチを結んでから、さらにもう一回ロープを巻きつけるバリエーション。クローブ・ヒッチを結ぶときと同様、末端を巻きつけていく方法と、輪を通す方法がある。

巻きつける場合

1

クローブ・ヒッチの末端を、矢印のようにもうひと巻きしていく

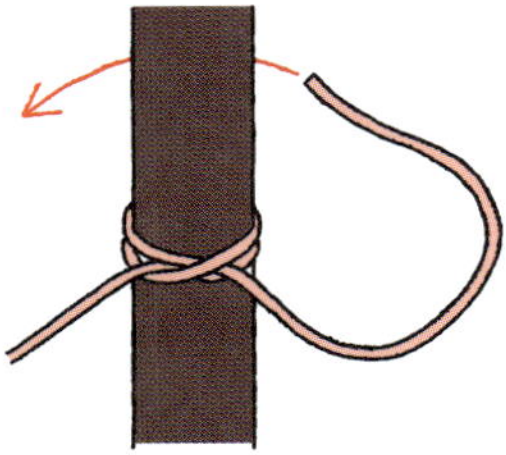

2

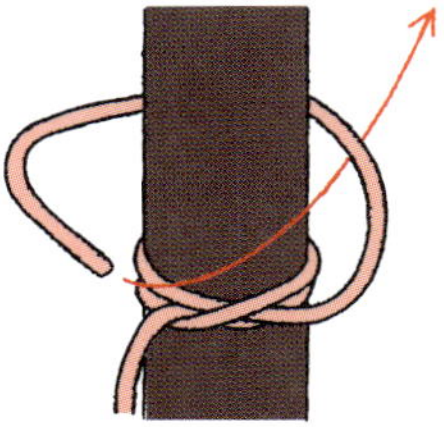

3

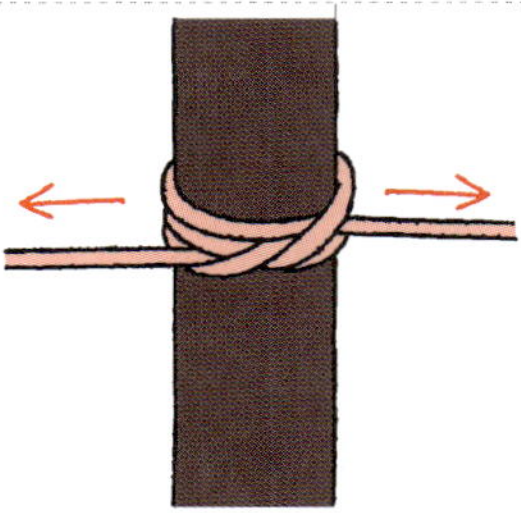

4

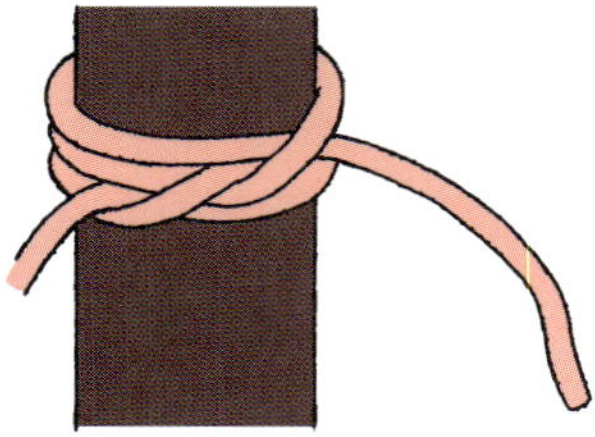

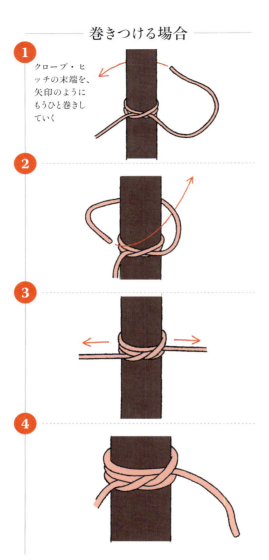

物体に通す場合

1

クローブ・ヒッチの末端でイラストのような輪をつくり、物体に通す

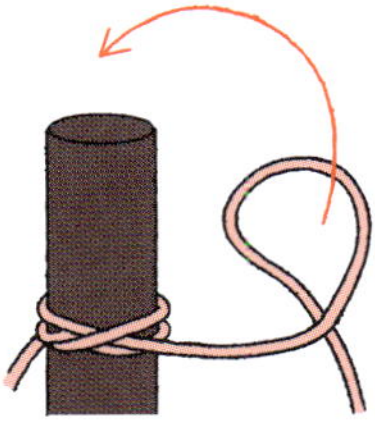

2

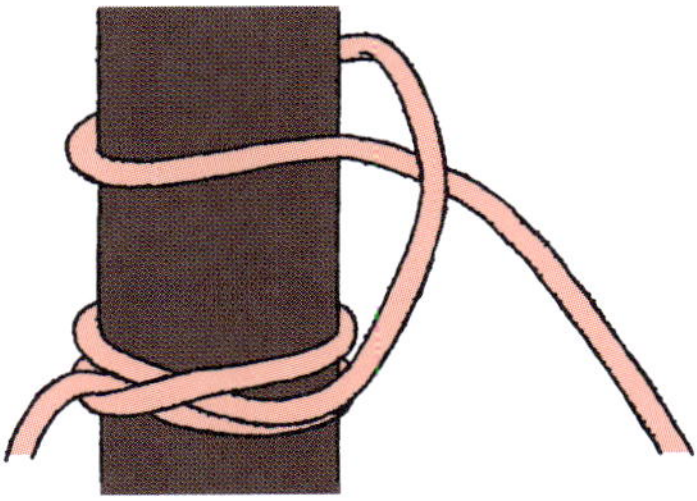

3

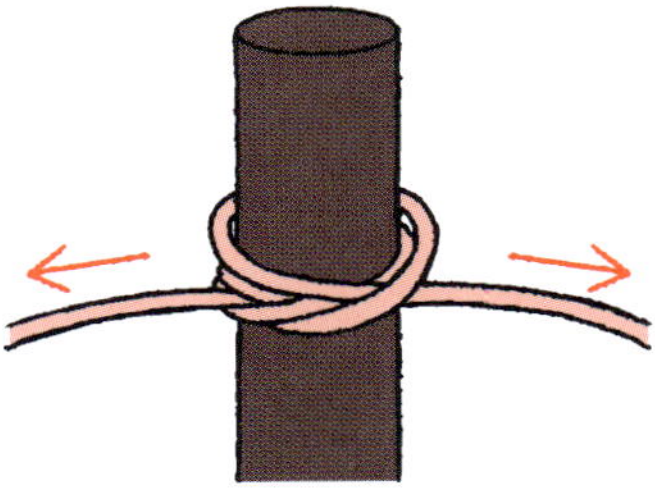

4

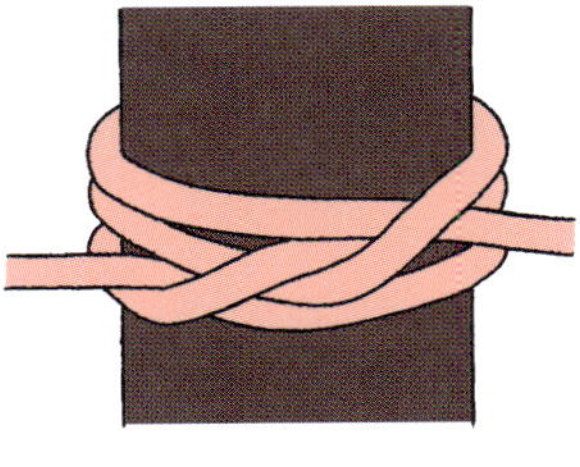

基本5　ハーフ・ヒッチとそのバリエーション

ハーフ・ヒッチは、ロープをほかの物体に縛りつけるための最もシンプルな結びだ。日本名は「ひと結び」。角材など角があるものには適さず、木の幹など円柱状のものに対して用いる。とはいえ強度は非常に低く、引っ張るとすぐに解けてしまうので、単独で使用されるケースはあまりない。あるとすれば、ロープを仮に止めておくときぐらいだろうか。

しかし、これをベースに成り立っている結びは数多く、また、ある結びをつくったあとにハーフ・ヒッチをひと巻きすれば、結びの強度を高めることもできる。たとえばハーフ・ヒッチにもう1回ハーフ・ヒッチを加えると、強度は飛躍的に高まり（結び目の形は前述のクローブ・ヒッチと同じになる）、いろいろな用途に使えるようになる。それがツー・ハーフ・ヒッチ。日本名では「ふた結び」という名前で知られている結びだ。

シンプルな構造のツー・ハーフ・ヒッチは結ぶのも解くのも簡単で、しかもゆるみにくいという特徴があり、汎用性は非常に広い。特にロープを木に結びつけることが多い登山やキャンプでは、この結びが非常に重宝する。木だけではなく、ロープを石やタープのグロメットなどに結びつけるときにも、ツー・ハーフ・ヒッチが用いられている。

仮止めとして用いられることが多いハーフ・ヒッチ

ツー・ハーフ・ヒッチは、ふつうに結んでもある程度ロープをぴんと張ることができるが、もっと強く張りたい場合は、テンションをかけながらロープを物体ふた巻きほどしたのちにツー・ハーフ・ヒッチを結ぶといい。この方法は「ラウンドターン&ツー・ハーフ・ヒッチ」と呼ばれている。

そのほかのハーフ・ヒッチのバリエーションとしては、ロープをぴんと張ったりゆるめたりするのが簡単にできるトートライン・ヒッチ（自在結び）、ハーフ・ヒッチを結んだあとに末端を2～3回巻きつけるティンバー・ヒッチ（ねじり結び、立木結び）などがある。いずれもロープを立ち木などに結びつけるための結びだが、アウトドアでは使う機会が多いので、状況によって使い分けるようにしたい。

ハーフ・ヒッチ

ロープを物体に回して1回絡ませただけのシンプルな結び。強度はほとんどなく、ロープを引っ張るとすぐに解けてしまう。主にロープを一時的に仮止めしておくときに使われる。

1 結びつける物体にロープを回し、ハーフ・ヒッチで結ぶ

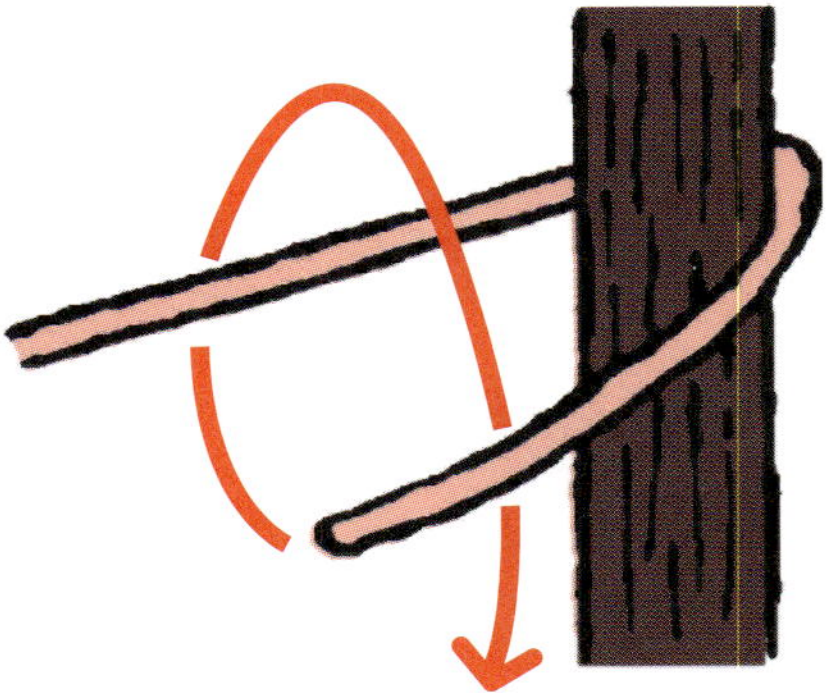

2 結び目は物体にぴったりつけること

ツー・ハーフ・ヒッチ

ハーフ・ヒッチを2回連続して結ぶだけのシンプルな結び。最初のハーフ・ヒッチを結びつける物体に密着させるのがコツ。ロープをピンと張りたいときは張力を保ちながら結んでいく。

1

ハーフ・ヒッチの形からさらにもう1回、
ハーフ・ヒッチで結ぶ

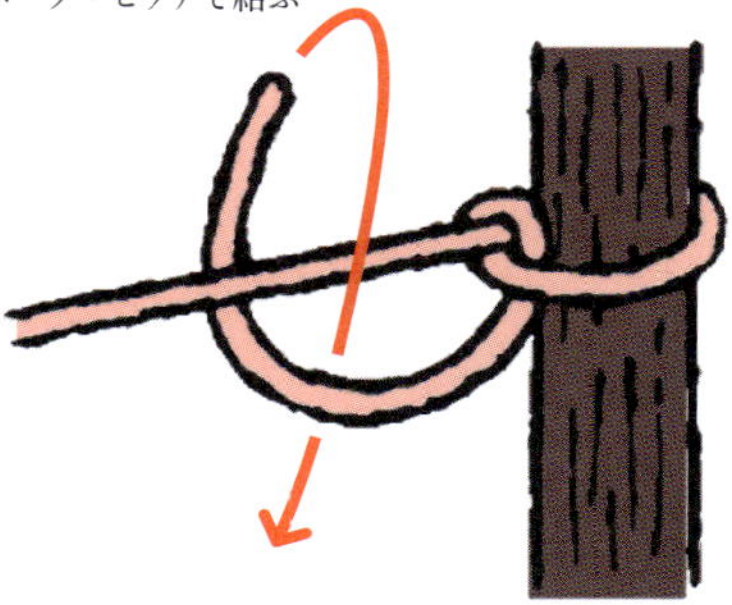

2

3

結び目を整えながらしっかり締める

ラウンドターン＆ツー・ハーフ・ヒッチ

一端を結びつけたロープのもう一端を、立ち木などに2回ほど巻きつけて強く引っ張り、ロープをピンと張る。ロープがゆるまないように注意しながらツー・ハーフ・ヒッチを結んでいく。

1

ロープを物体に回して強く引っ張りながら2回ほど巻きつける

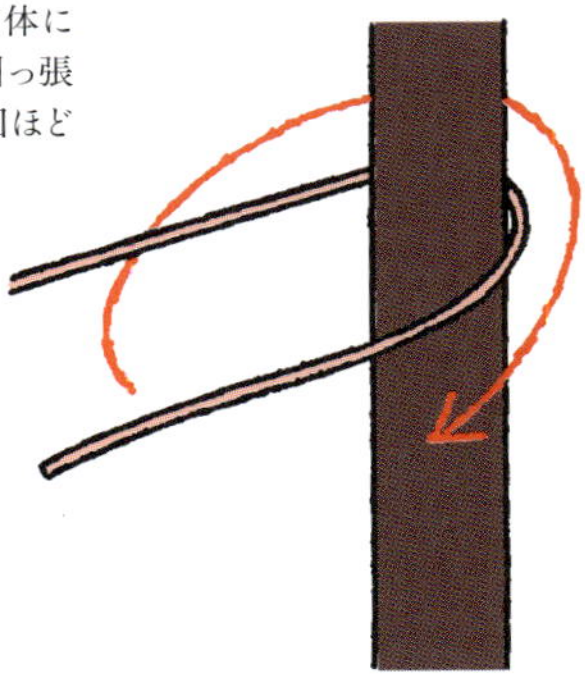

2

ロープがゆるまないように注意しながらツー・ハーフ・ヒッチを結ぶ

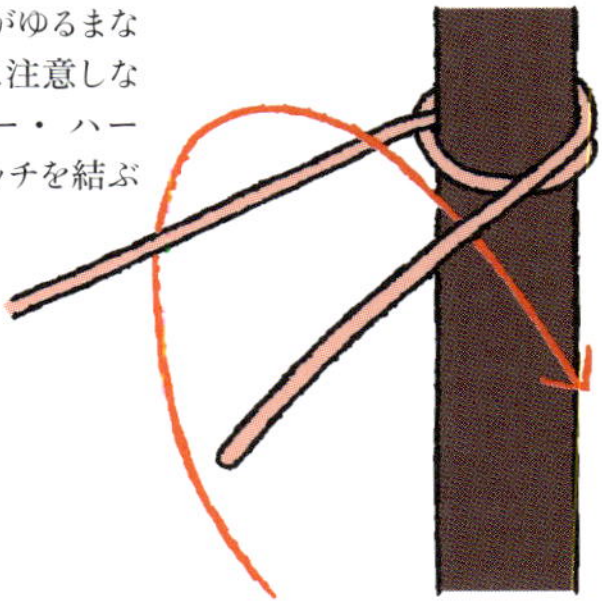

3

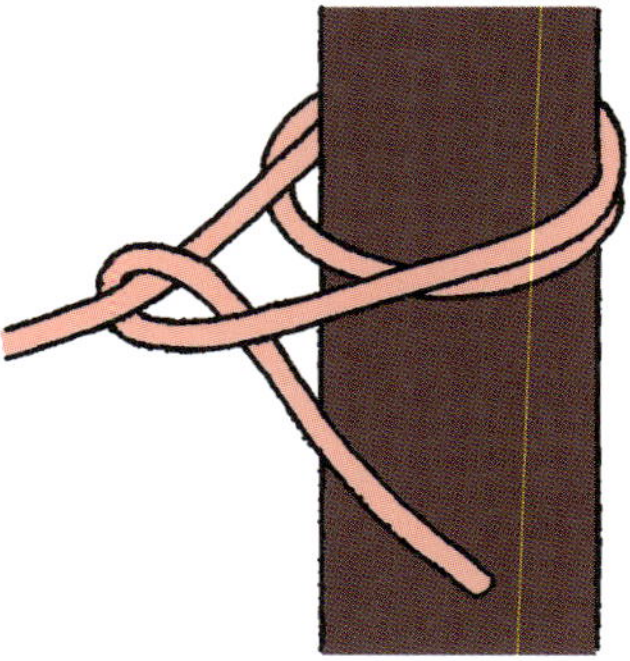

4

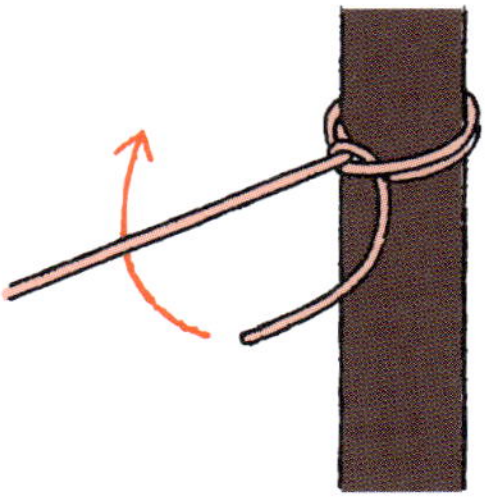

5

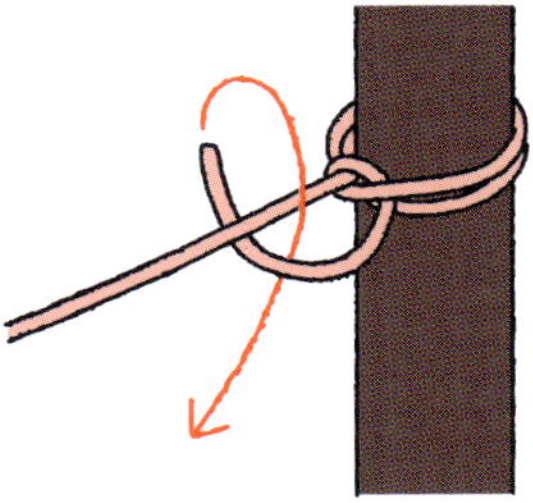

6

7

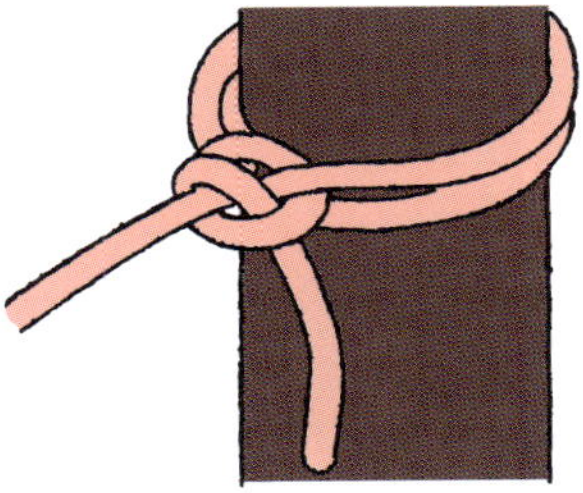

トートライン・ヒッチ

複雑そうに見えるが、ハーフ・ヒッチを数回連続して結んだだけの単純な構造の結び。結び目をスライドさせることによって、ロープの張り具合を調整できる。テントやタープの張り綱を結ぶのに多用される。

1 ロープを物体に回し

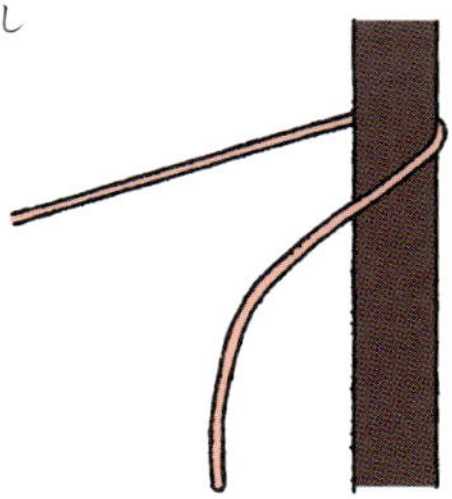

2 ハーフ・ヒッチを結ぶ

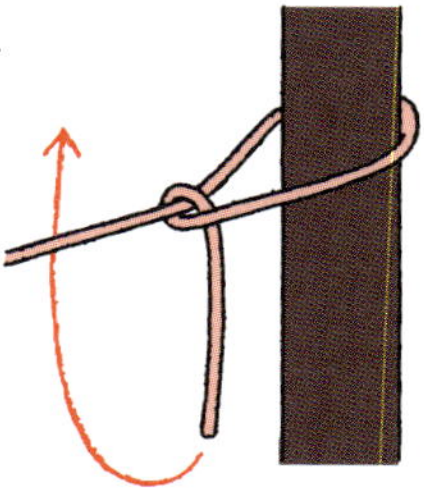

3 さらに矢印のように末端を巻きつけていく

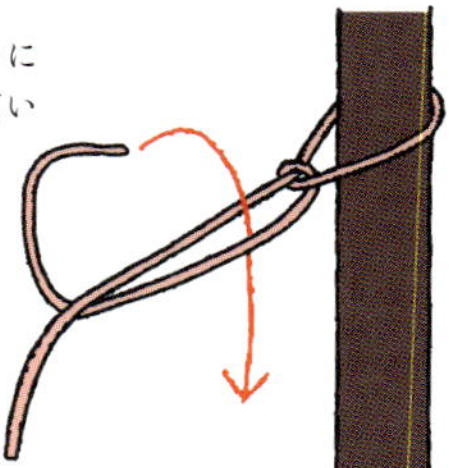

4

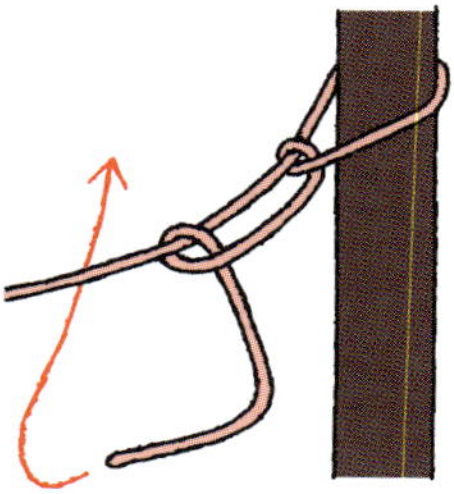

5

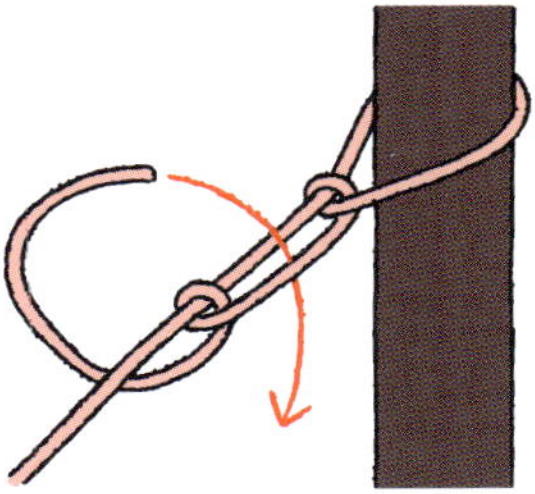

6

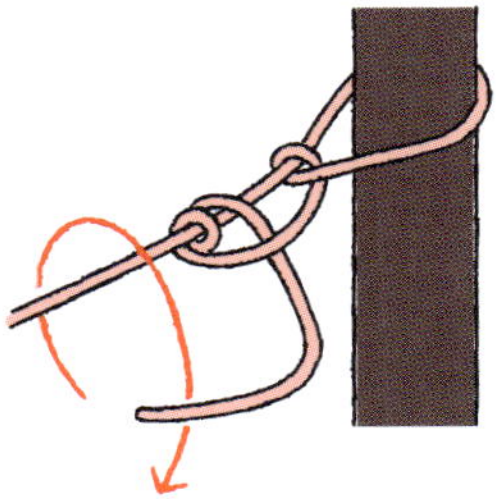

7

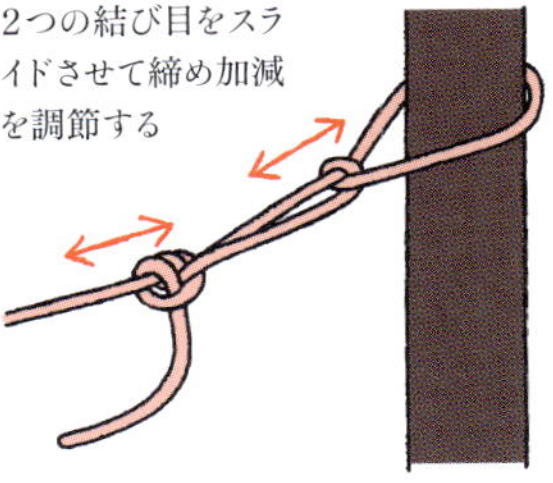

2つの結び目をスライドさせて締め加減を調節する

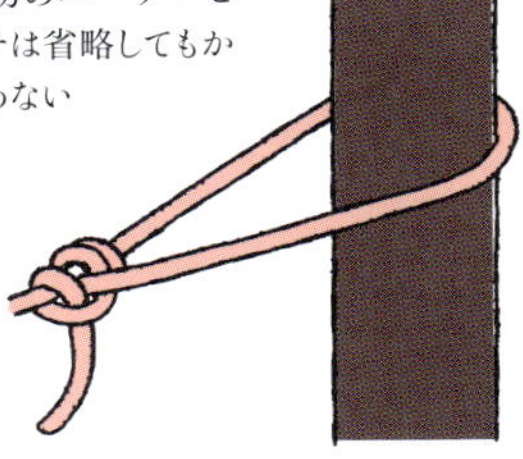

最初のハーフ・ヒッチは省略してもかまわない

ティンバー・ヒッチ

細めのロープを立ち木などに結びつけるときに用いられる。最初のハーフ・ヒッチをゆるめに結んでから末端を2、3回絡ませ、最後に結び目をしっかり締めるのがコツ。

1

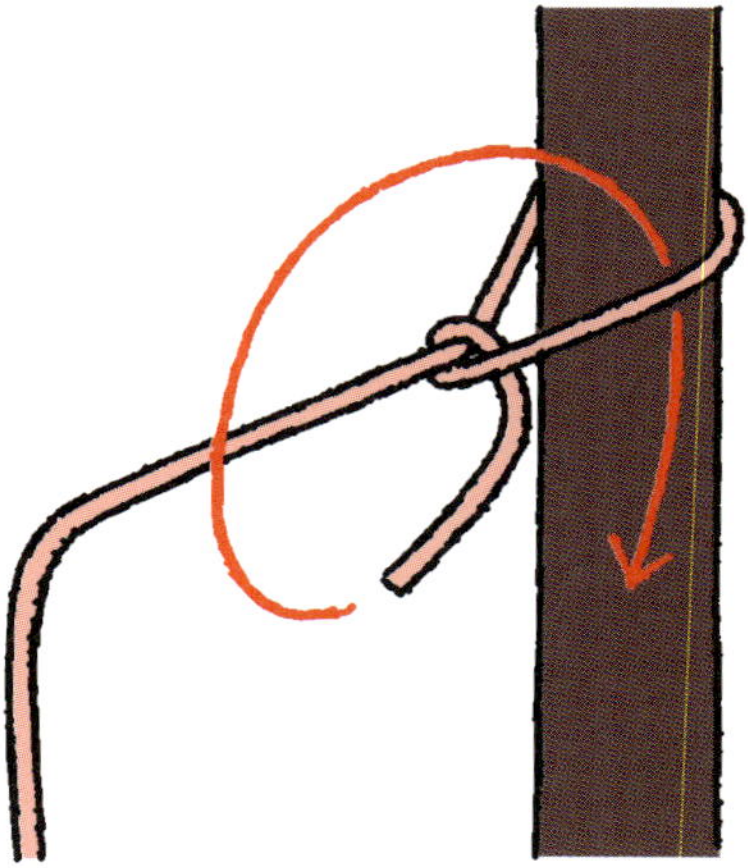

2

矢印のように2、3回巻きつける

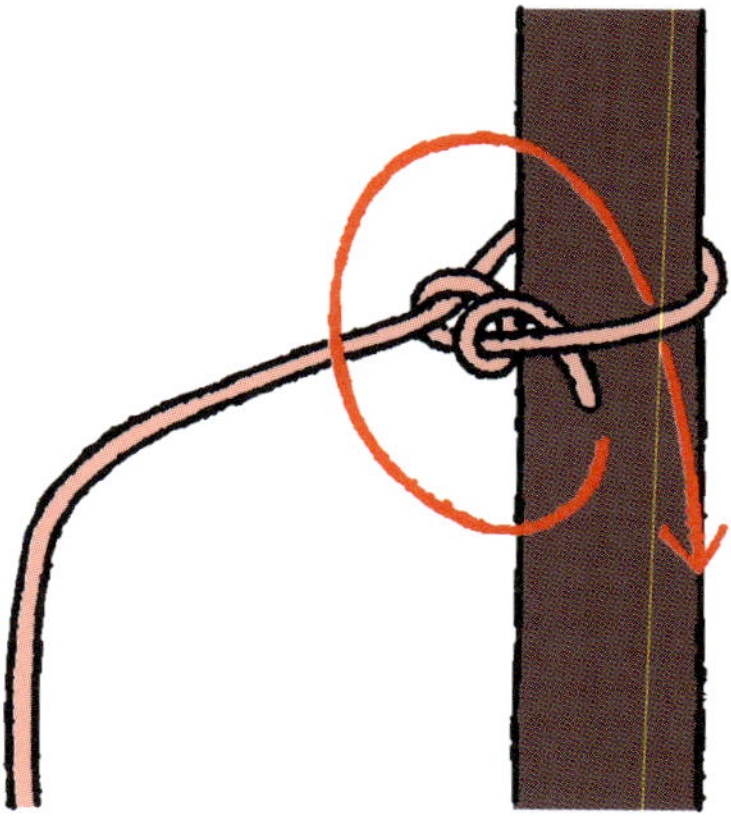

3

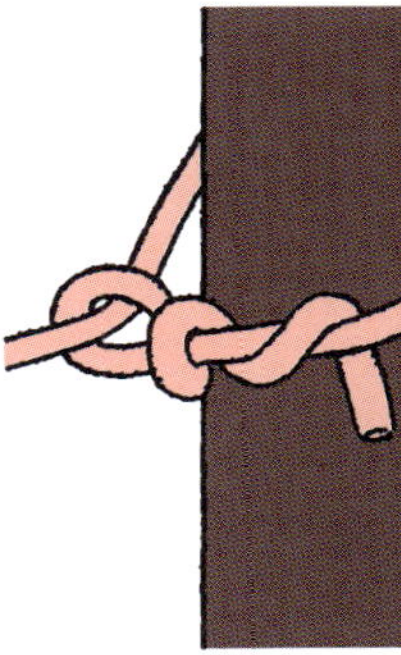

4

結び目をしっかり
締めて完成

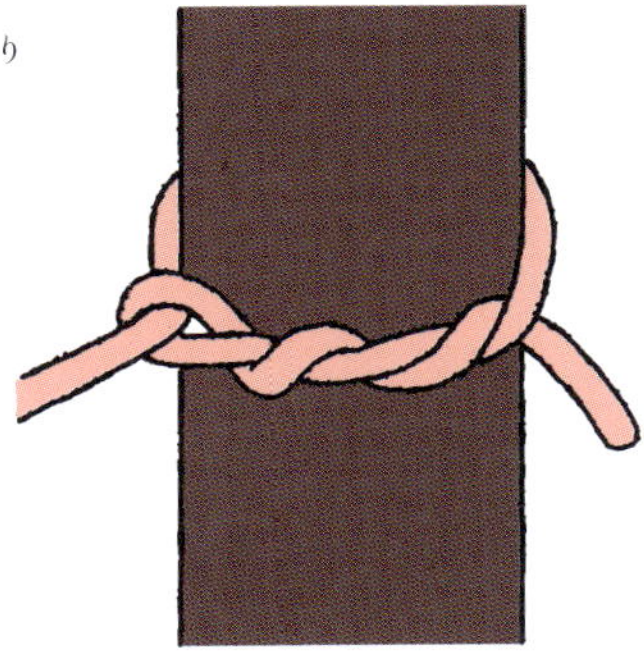

丸太など重くて長いものを引っ張るときは、
イラストのようにティンバー・ヒッチで結んだ
あと、引っ張る方向にハーフ・ヒッチを結ぶ

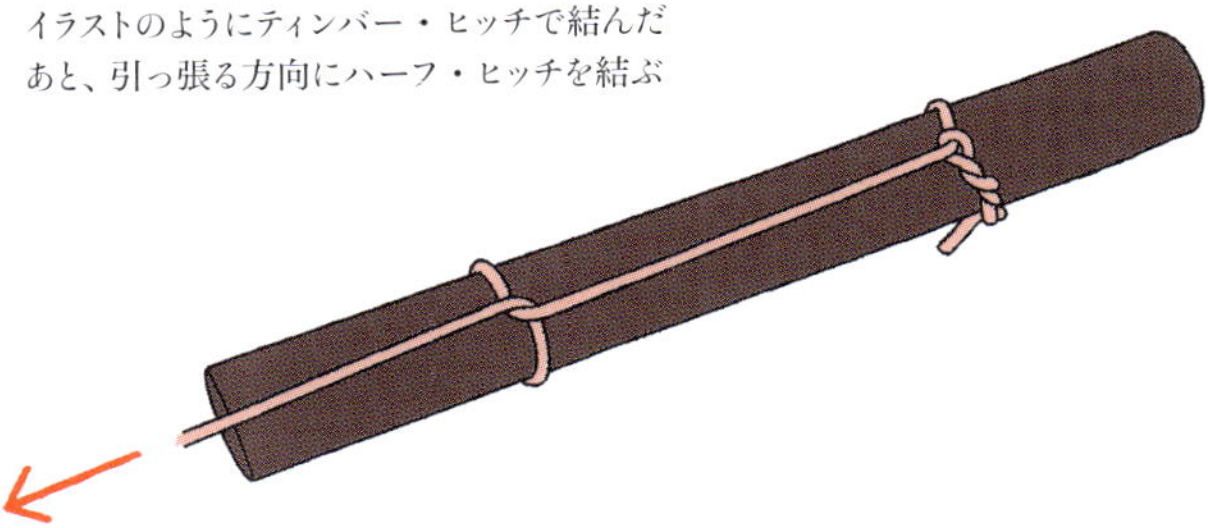

基本6　シート・ベンドとそのバリエーション

シート・ベンドはロープとロープをつなぎ合わせるための結びで、主に船の綱（シート）を結ぶときに使われることからその名がついた。「シンプル・ベンド」「オリディナリィ（普通の）・ベンド」「コモン（一般の）・ベンド」「シングル・ベンド」、あるいは単に「ベンド」とも呼ばれるが、これらの異名はシート・ベンドが基本中の基本の結びであることを示している。ちなみに日本名は「一重継ぎ」である。

この結びの最大の特徴は、手順が簡単なので素早く結べるうえに、太さや材質の異なるロープでも結び合わせられること。ロープの太さが異なる場合には、太いほうのロープを固定し、それに細いロープを結びつけるようにする。

登山やキャンプでは、テントやタープの張り綱を継ぎ足したり、2本のスリングを連結させて長くして使ったりするときに重宝する。また、ハト目が付いていないシートを張りたいときには、四隅をシート・ベンドで結び、ロープにテンションをかけて固定すればいい。同じ要領で、2枚のシートの隅と隅を縛り合わせることもできる。

強度はかなり高く、海の世界では船を牽引する場合にも用いられるほどである。そして、どんな

2本のスリングをシート・ベンドで連結する

に張力がかかっても容易に解けるというのもメリットだ。ただし、荷重と抜重が何度も繰り返されると、結び目がゆるむ可能性がある。

結び方には2通りの方法があり、一般的には、末端を二つ折りにしたロープにもう一方のロープの末端を通していく方法がとられている。しかし、P106で紹介した結び方も覚えておいて損はない。これは機織り職人が使う方法で、より素早く結ぶとき、あるいは細いロープを結ぶときに適している。

バリエーションの結びとしては、ロープの絡みを二重にしてより強度を高めたダブル・シート・ベンド（二重継ぎ）を覚えておきたい。大きな荷重がかかるときはこちらを使ったほうがいい。荷重と抜重が繰り返されても、結び目がゆるむ心配はほとんどない。

シート・ベンド結び方1

一方のロープの末端を折り返し、そこにもう一方のロープの末端を巻きつけていく。ロープの太さが異なるときには、太いほうのロープに細いロープを巻きつけていくようにする。

1 一方のロープの端を折り返す

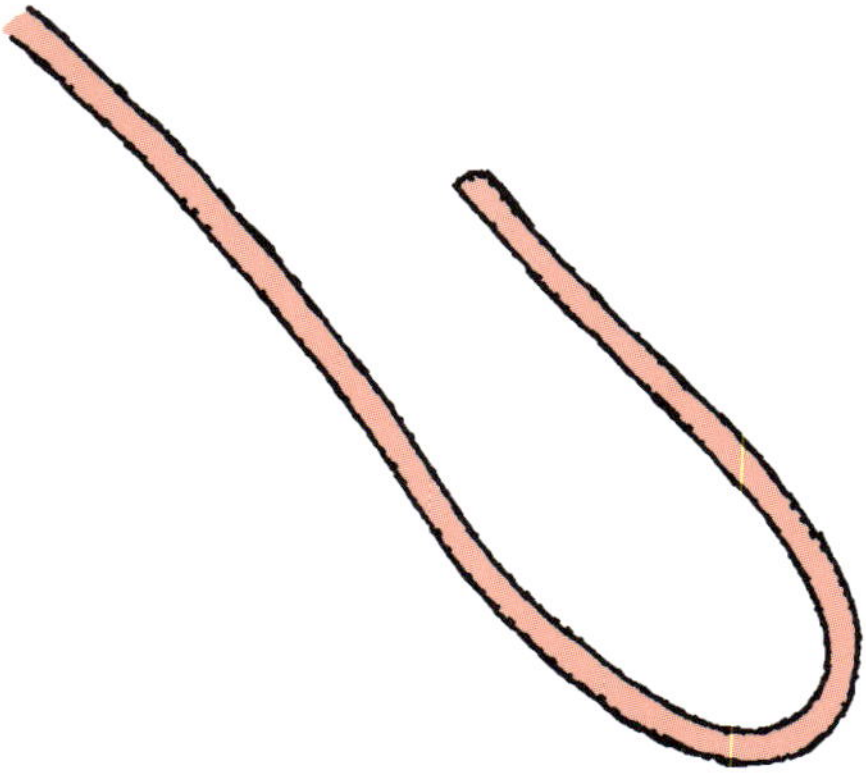

2 もう一方のロープを矢印のように絡めていく

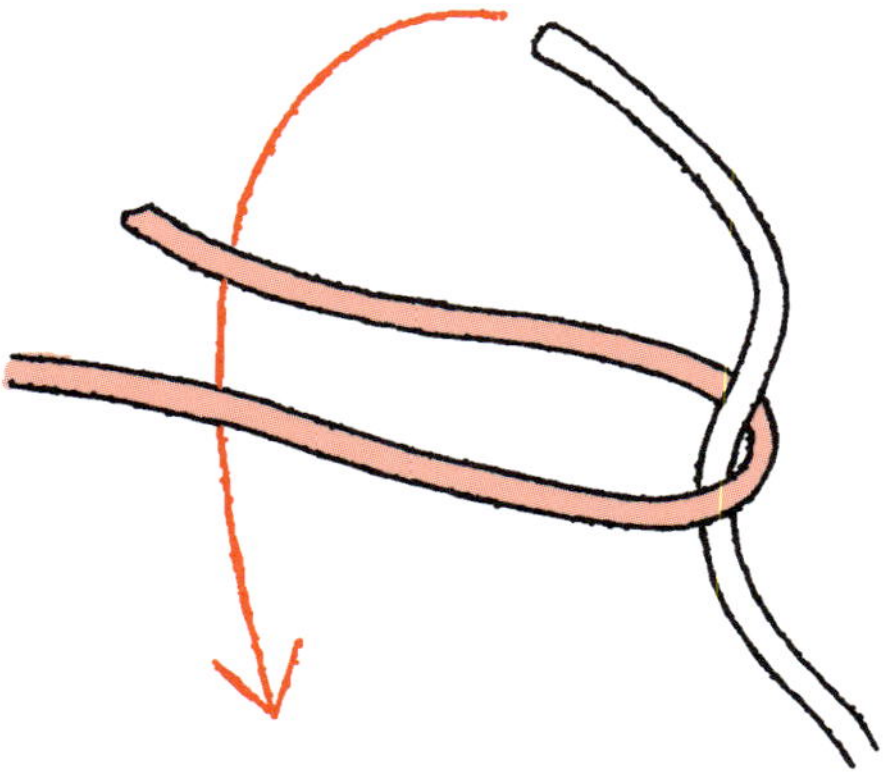

3

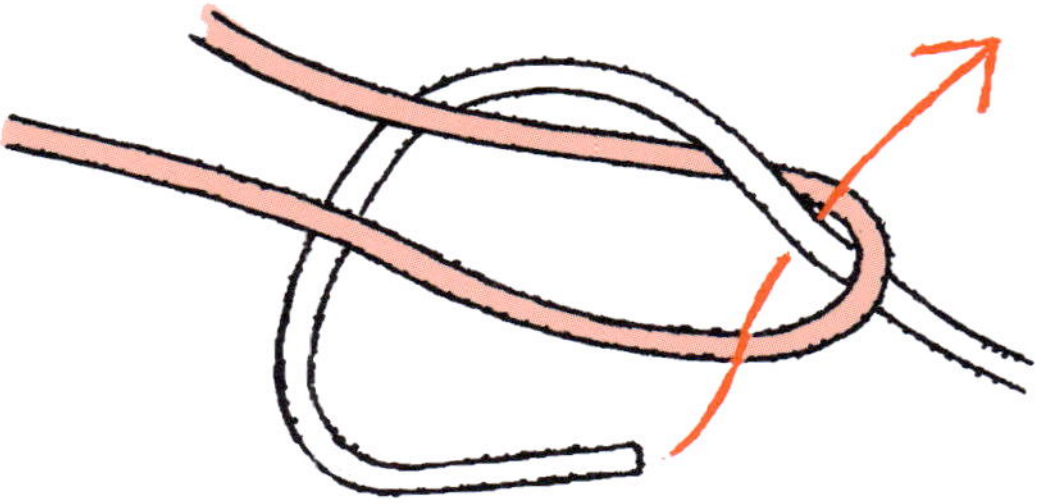

4

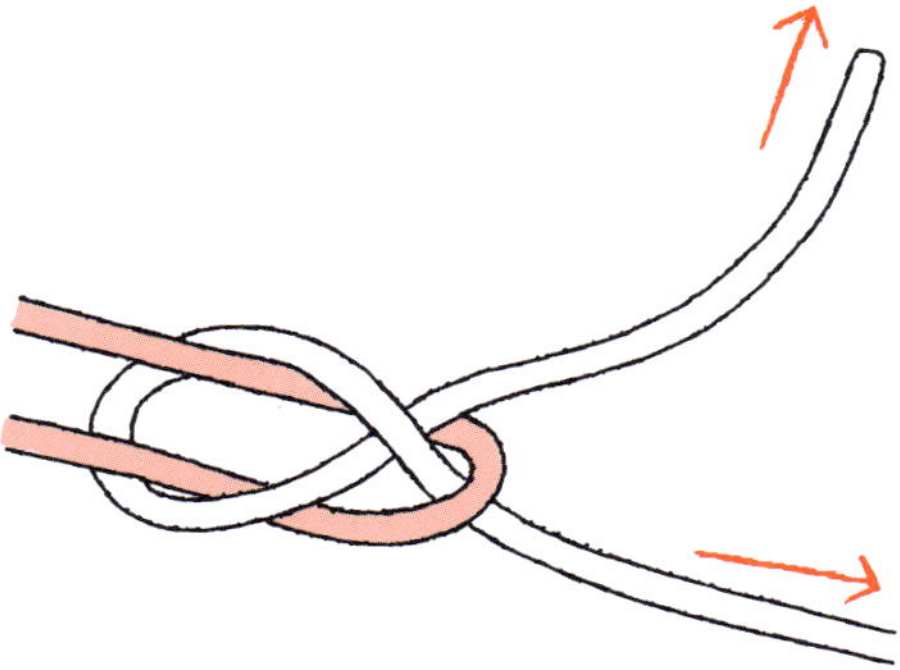

5

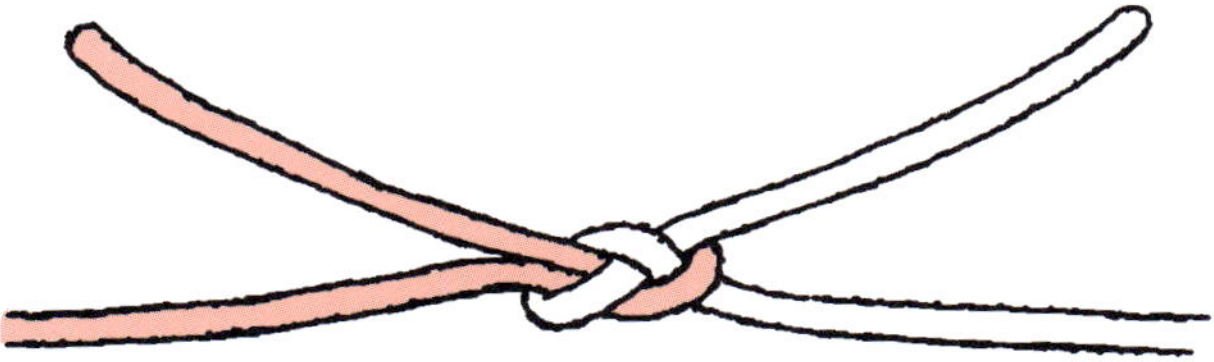

シート・ベンド結び方2

細いロープをより素早く結ぶ方法。ロープの太さが異なるときは、やはり太いほうのロープに細いロープを巻きつけていく。慣れれば結び方1よりも早く結べるようになる。

1
2本のロープをイラストのように交差させる

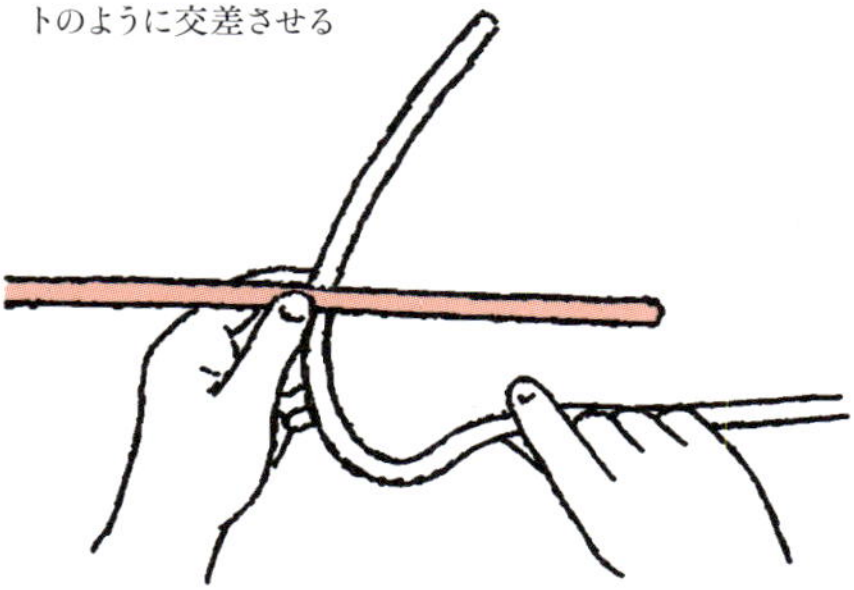

2
交差部を持ったまま、一方のロープをイラストのように絡める

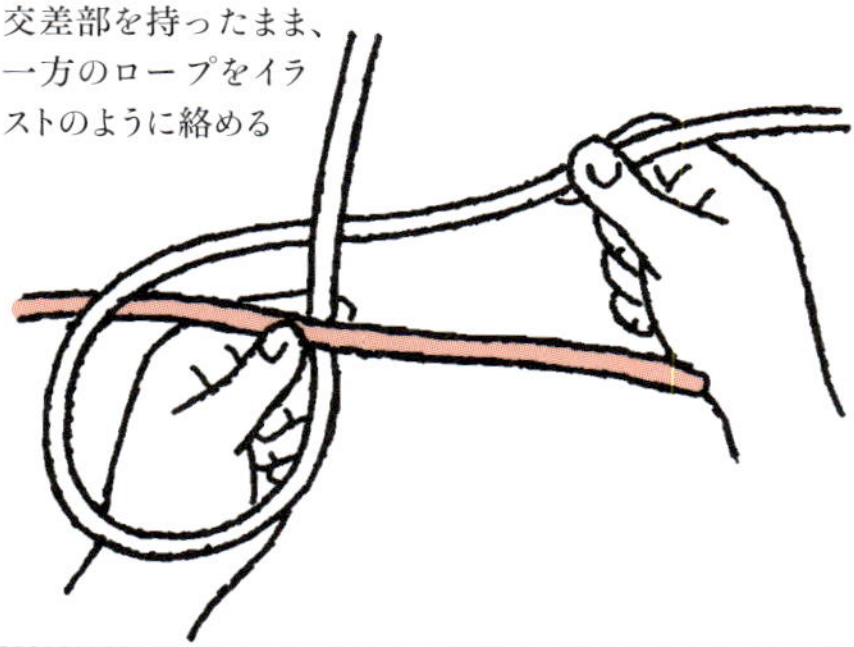

3
もう一方のロープの端を矢印のように通す

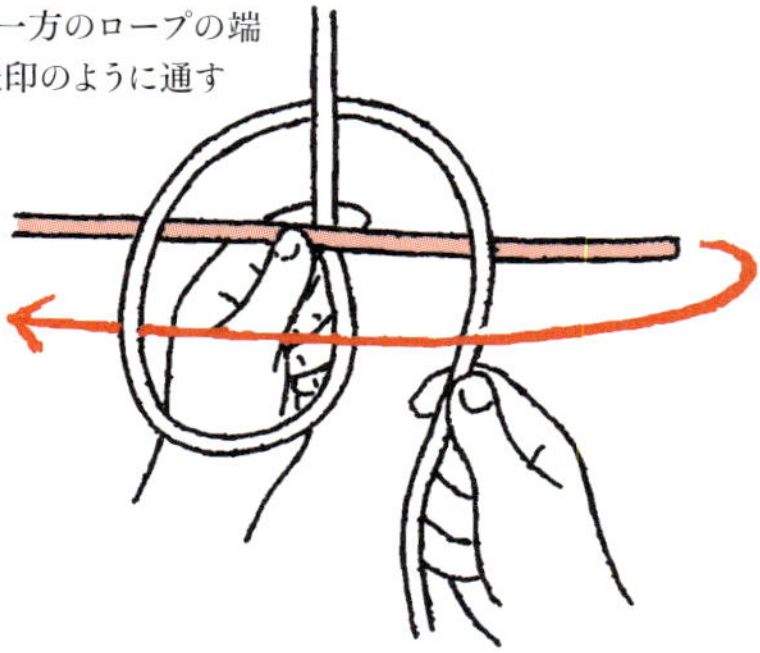

4

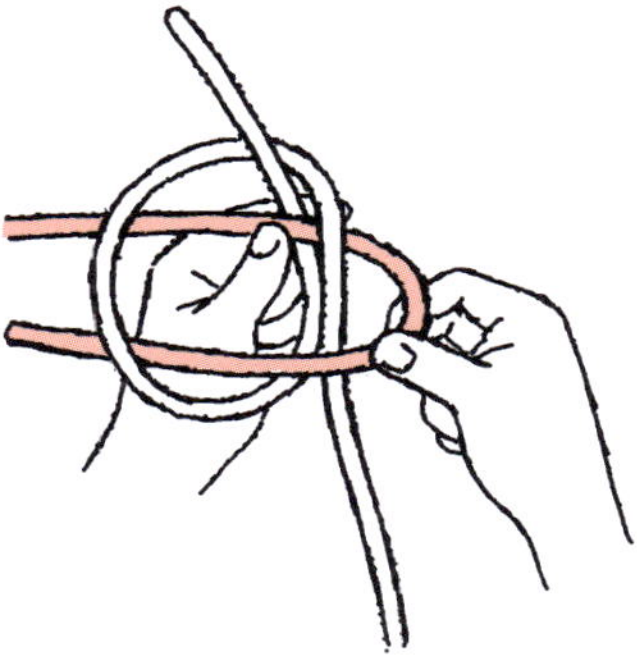

5

矢印方向に引っ張って
結び目を締める

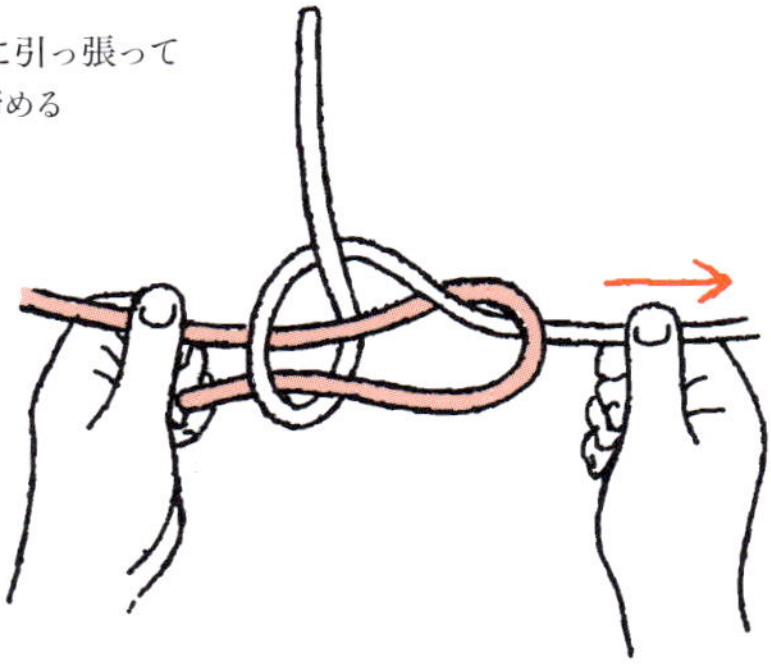

6

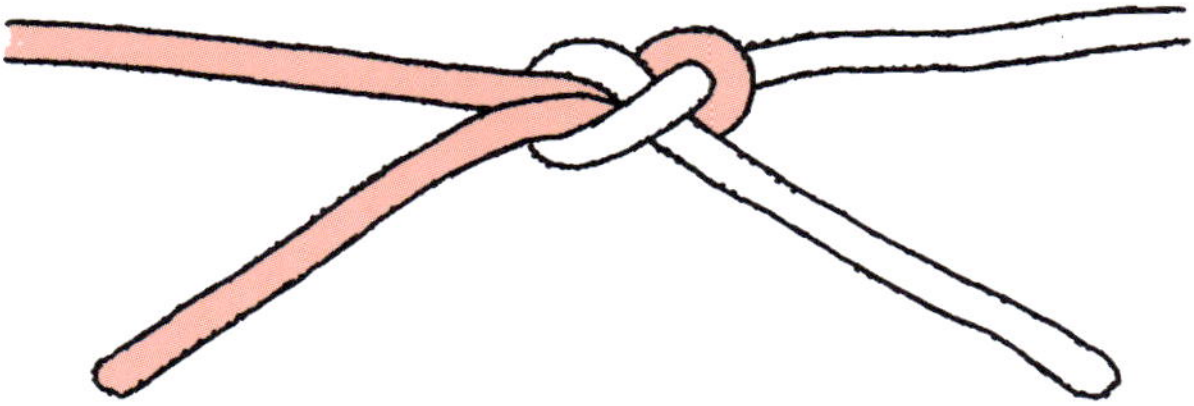

1 シート・ベンドを結ぶ

ダブル・シート・ベンド

シート・ベンドを結ぶときに、巻きつける回数を1回多くして強度をよりアップさせた結び。さらにもう一回巻きつければトリプル・シート・ベンド（三重継ぎ）になる。

1
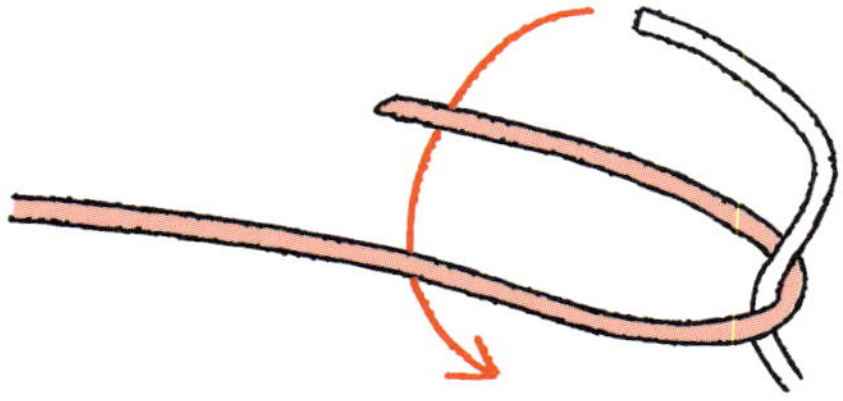

2
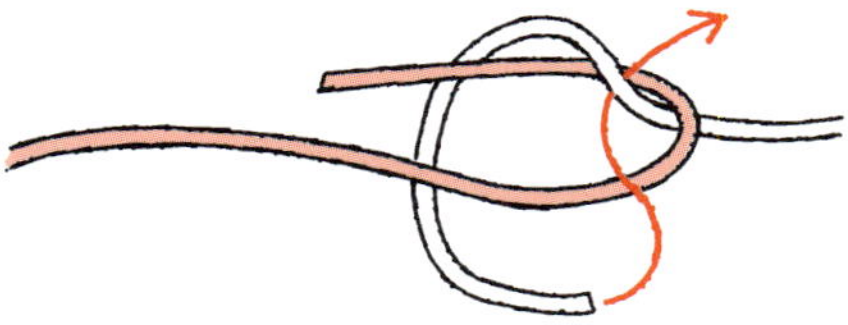

3

4

シート・ベンドの結び目を締めずに、もうひと巻きする

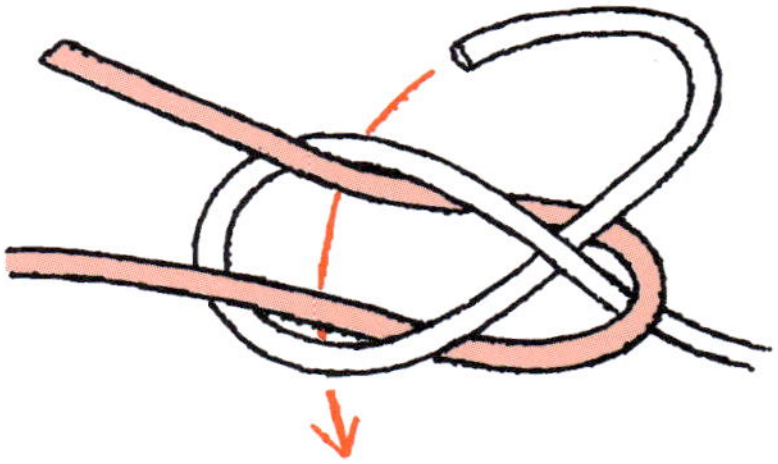

5

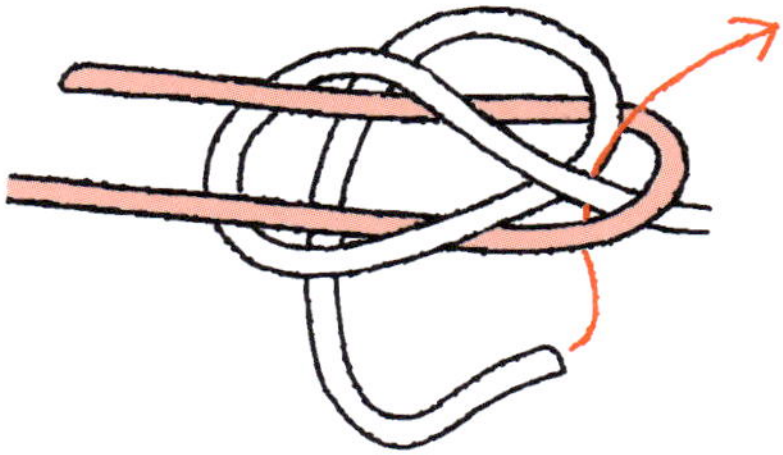

6

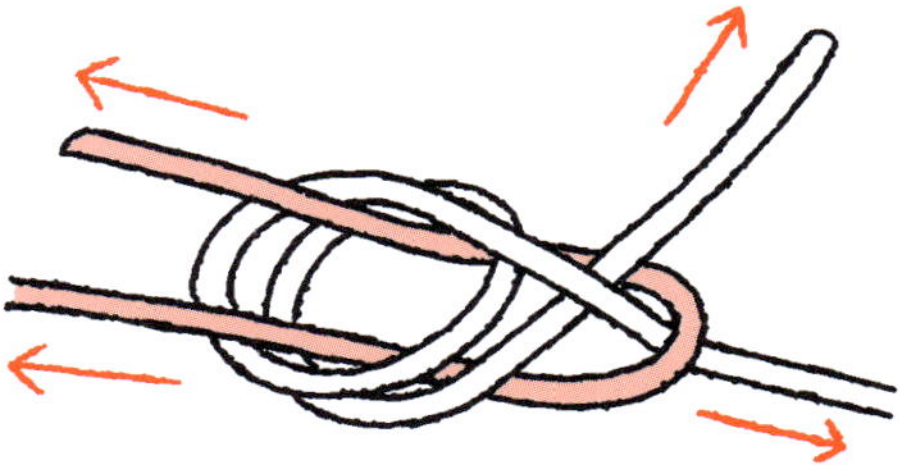

7

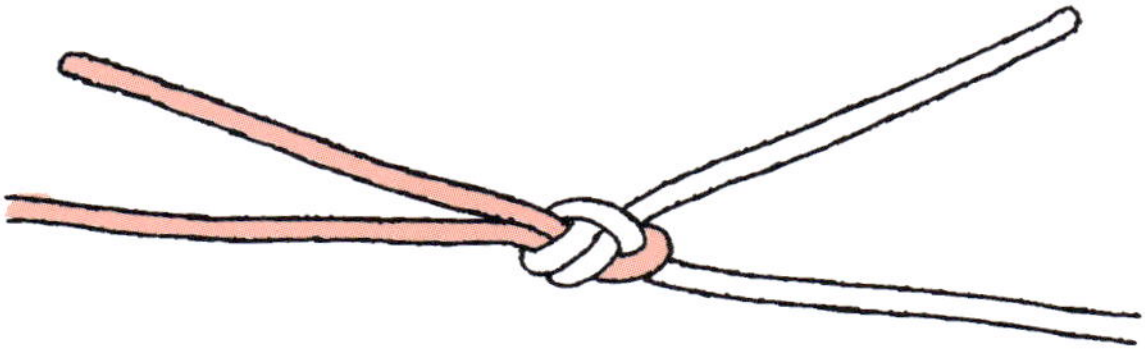

基本7　フィッシャーマンズ・ベンドとそのバリエーション

「フィッシャーマンズ・ノット」のほうが通りはいいが、最近は「フィッシャーマンズ・ベンド」と呼ぶようになってきている。ロープとロープをつなぎ合わせるための結びだが、1本のロープの末端と末端を結んで輪にするときにも多用される。

ロープの端をそれぞれオーバーハンド・ノットで結び合わせただけのシンプルな構造なので、結び方を忘れるようなことはまずない。ただし、正確に結ばれていれば結び目が整うはずなのだが、ロープの絡め方を間違うと2つのコブがきれいに並ばない。その状態では強度が低くなっているので、必ず結び目がきれいに並ぶように結ぶことだ。

太さの異なるロープをつなぐときにも使用でき、しっかり結ばれていれば強度も高い。しかし、「テグス結び」という和名とは裏腹に、滑りやすいテグスなどに用いると解けてきてしまうこともある。また、あまり太いロープ同士を結ぶときにも適さない。

このフィッシャーマンズ・ベンドの巻きを1回増やしたのがダブル・フィッシャーマンズ・ベンド（二重テグス結び）。摩擦抵抗が高まって、強度が格段に向上している。

この結びも、ロープとロープを結んだり、ロープの末端と末端を結んで輪をつくったりするとき

2本のロープをつなぐ王道の結びがフィッシャーマンズ・ベンド

に用いられるが、特にロープに命を託すような場面で威力を発揮する。2本のロープをつないで懸垂下降をするときや、スリングをつくるときなど、クライミングで多用されてきたことからも、その信頼性の高さは保証済みだ。

フィッシャーマンズ・ベンド同様、太さの異なるロープ同士にも使用できるが、絡みを1回増やした分だけ結び目が大きくなってしまうのが欠点。また、結び目がきつく締まると解くのにかなり苦労することから、何度も結んだり解いたりするような用途には向かず、一度結んだら解かないようなケースに用いるといい。

この結びもまた、ロープの絡ませ方を誤ると結び目が左右対象にならず、強度が低下してしまうので注意が必要だ。必ず結び目がきれいに整うように結ぼう。

フィッシャーマンズ・ベンド

ロープの末端と末端をオーバーハンド・ノットで結び合わせただけのシンプルな結び。1本のロープの末端同士を結んでスリングにするときにも用いられる。太さが異なるロープにも使用可能。

1 ロープの両端を平行にする

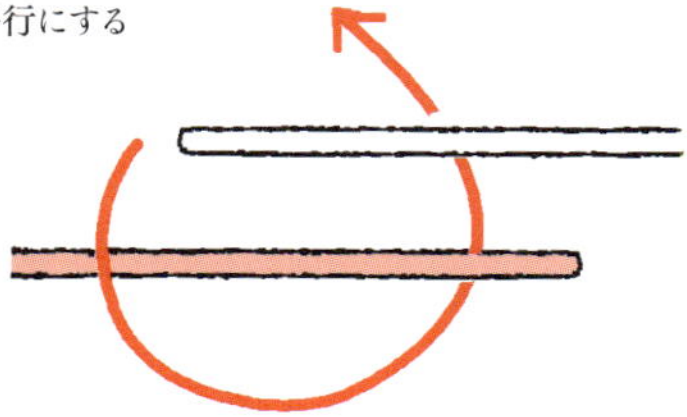

2 一方の端をイラストのようにに絡ませる

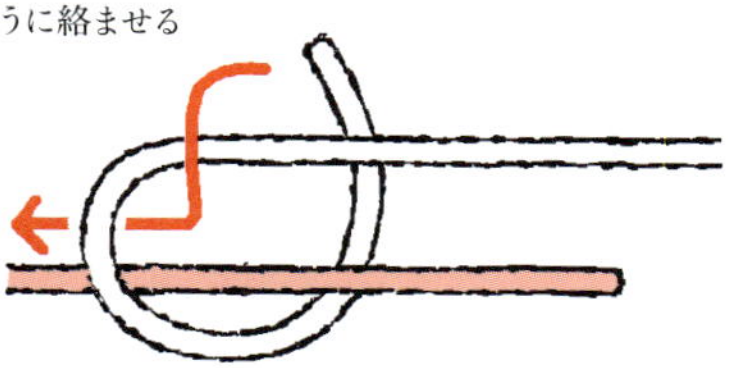

3 オーバーハンド・ノットで結ぶ

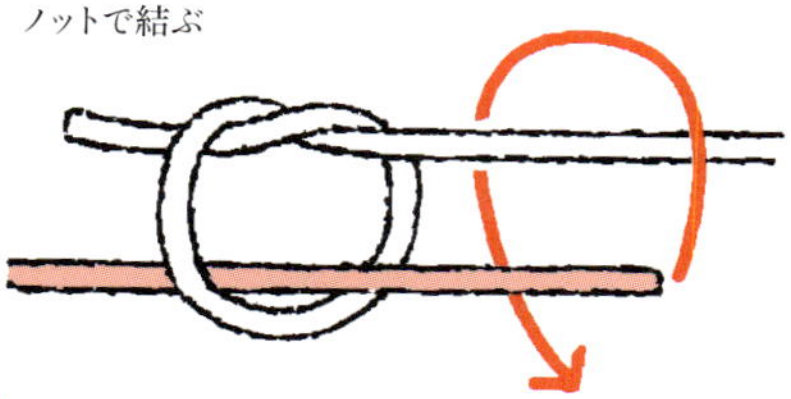

4 もう一方も同様にする

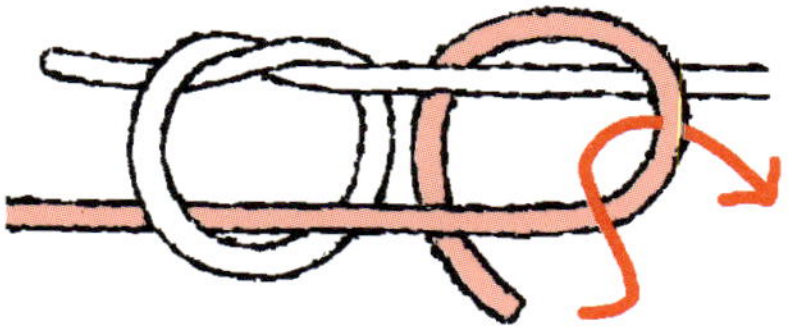

5 2つのオーバーハンド・ノットをつくる

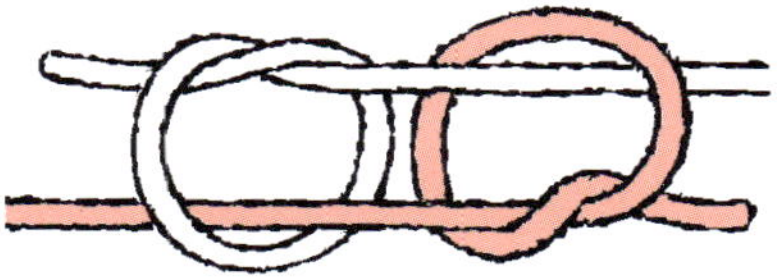

6 結び目を締め、ロープを左右に引っ張る

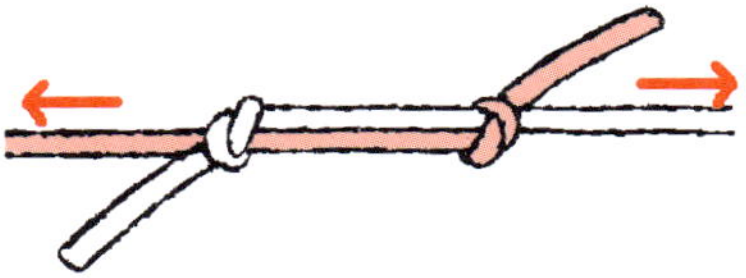

7 くっついた結び目は
左右対称の形に
なっている

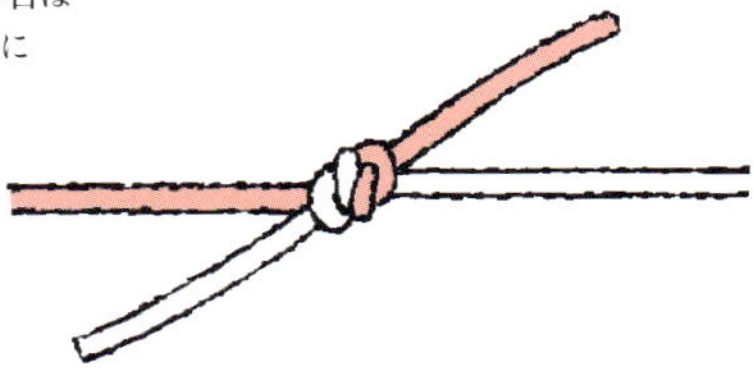

注 絡ませ方を間違えると、結び目は左右対称にならない

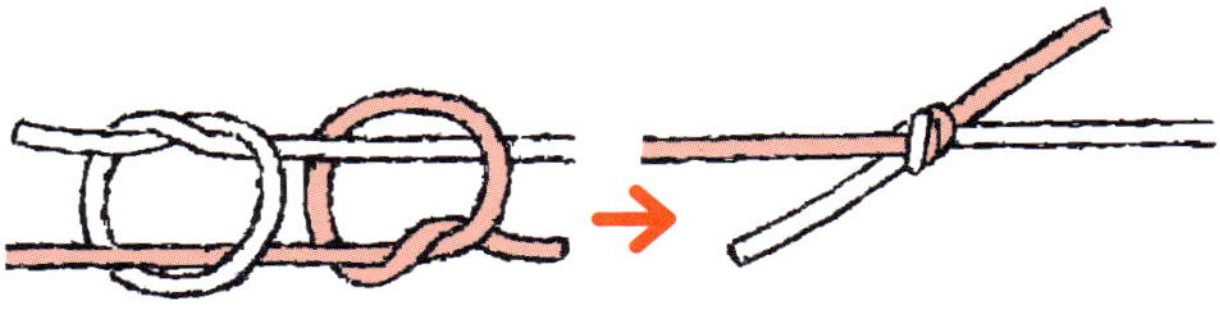

ダブル・フィッシャーマンズ・ベンド

フィッシャーマンズ・ベンドの巻きつけを1回増やし、より強度を高めたバリエーションの結び。結び目が大きくなってしまうのと、固く締まると解くのに苦労するのが欠点。

1 ロープの端と端を平行にする

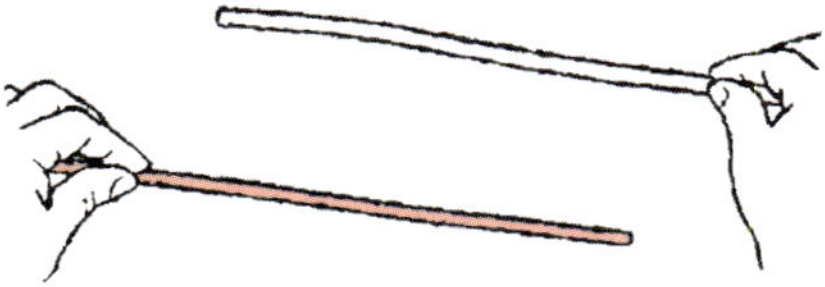

2 一方の端で、もう一方の端を巻き込むようにふた巻きする

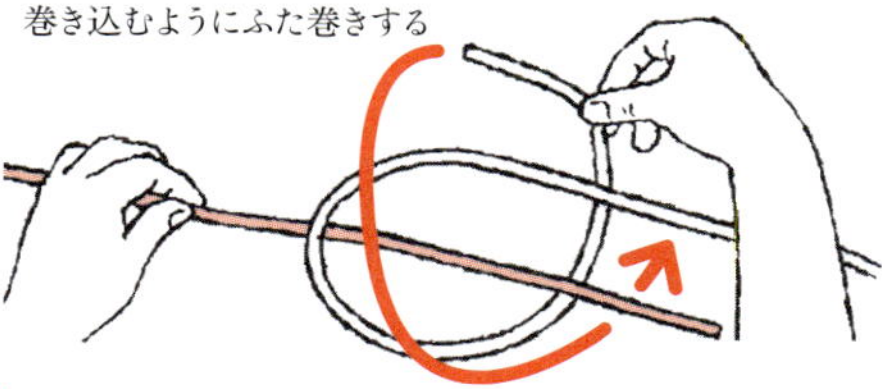

3 末端を矢印のように2つの輪の中に通す

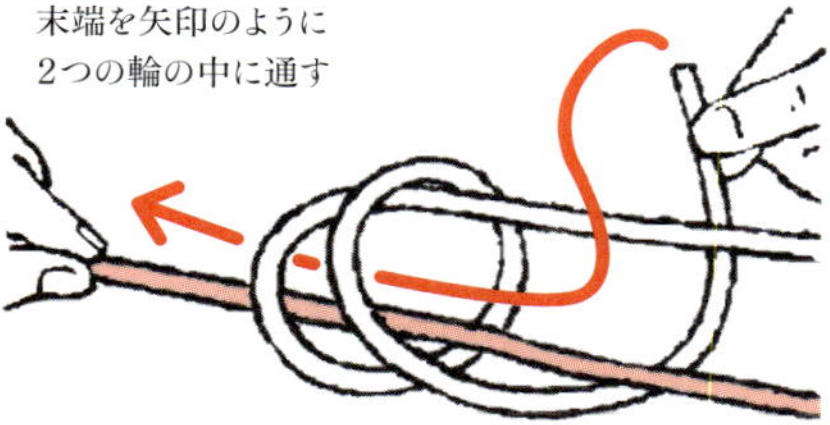

4 矢印方向に引っ張って結び目を締める

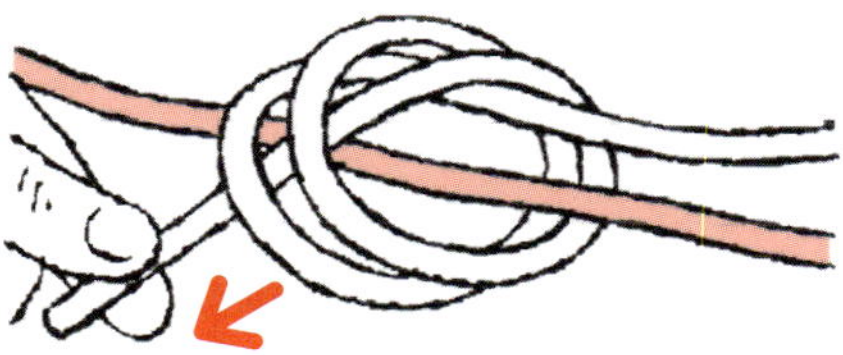

5

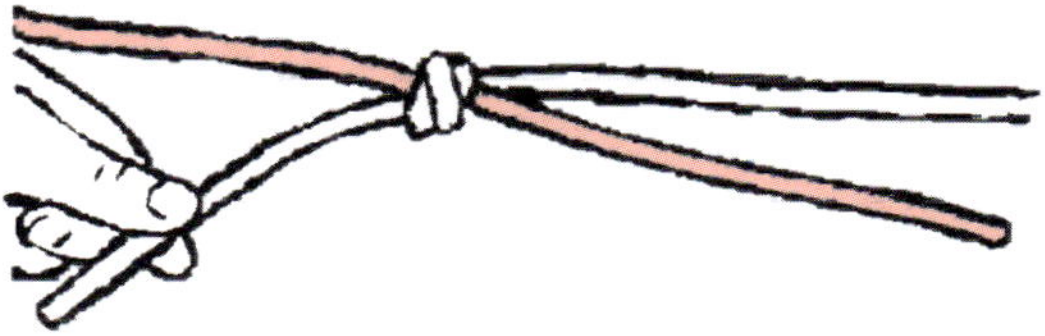

6

同様にもう一方の端もふた巻きして、
末端を2つの輪の中に通す

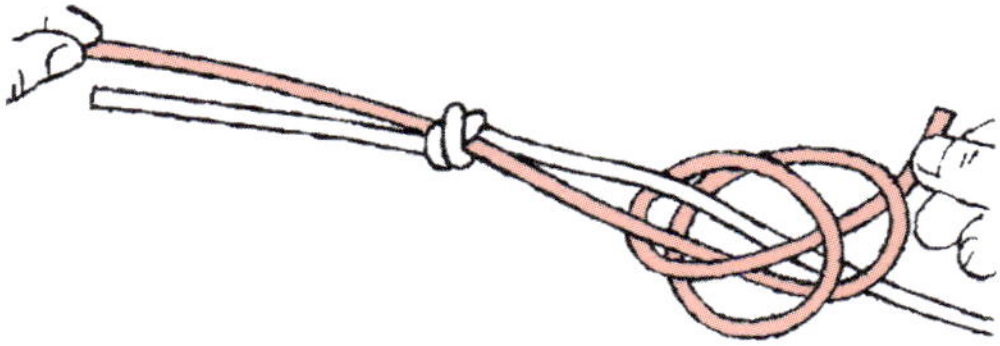

7

結び目をしっかり締め、矢印方向にロープを引っ張る

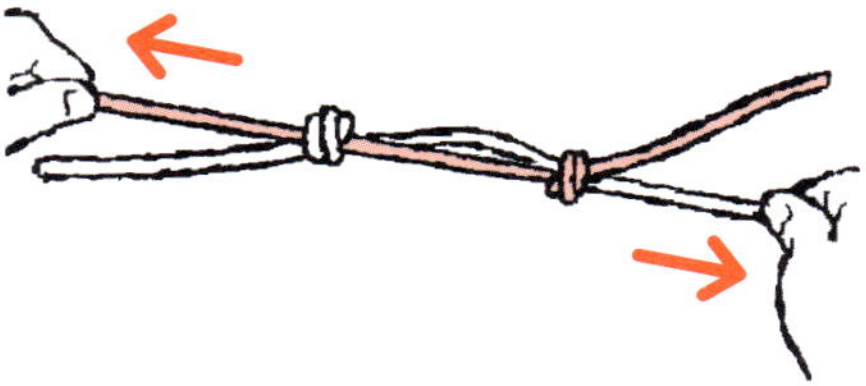

8

2つの結び目がくっついて、ロープが輪状になる。結び目が
左右対称に整っていればOK。末端は充分に余らせること

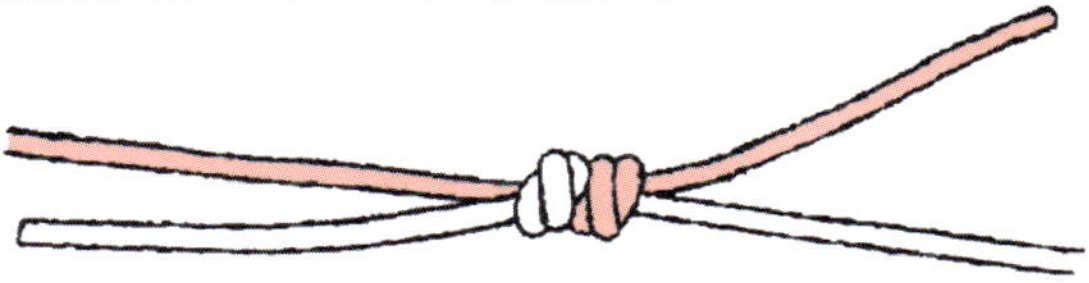

基本8　リーフ・ノットとそのバリエーション

別名、スクウェア・ノット。日本では「本結び」「こま結び」「堅結び」「真結び」などと呼ばれている。基本的には1本のロープでモノを縛るときに用いられ、ロープとロープをつなぎ合わせる用途には適さない。

容易に結べ、また結び目を固く締めることによって強度が高まることから、シンプルで確実な結びとして広く浸透している。ただし、表面が滑りやすいロープや太いロープに用いると、結び目が解けたりロープがすっぽ抜けたりしてしまうことがある。

アウトドアよりも日常生活での使用頻度が高い結びだが、結び目をきつく締めると解きにくくなってしまうため、あとで解く必要のないときなどに多用される。解く必要がある場合にはバリエーションのスリップト・リーフ・ノット（片花結び）やボウ・ノット（花結び）が用いられる。

スリップト・リーフ・ノットは、結び目の片方の末端だけを引き解けの形にしたもので、両端を引き解けにしたのがボウ・ノットだ。ボウ・ノットは別名「蝶結び」という優雅な名前でもおなじみで、靴ひもを結ぶときをはじめとして、日常生活のいろいろな場面で使われている。また、結び目の形が美しく整うことから、リボンを結ぶときなど装飾のための結びとしても用いられる。

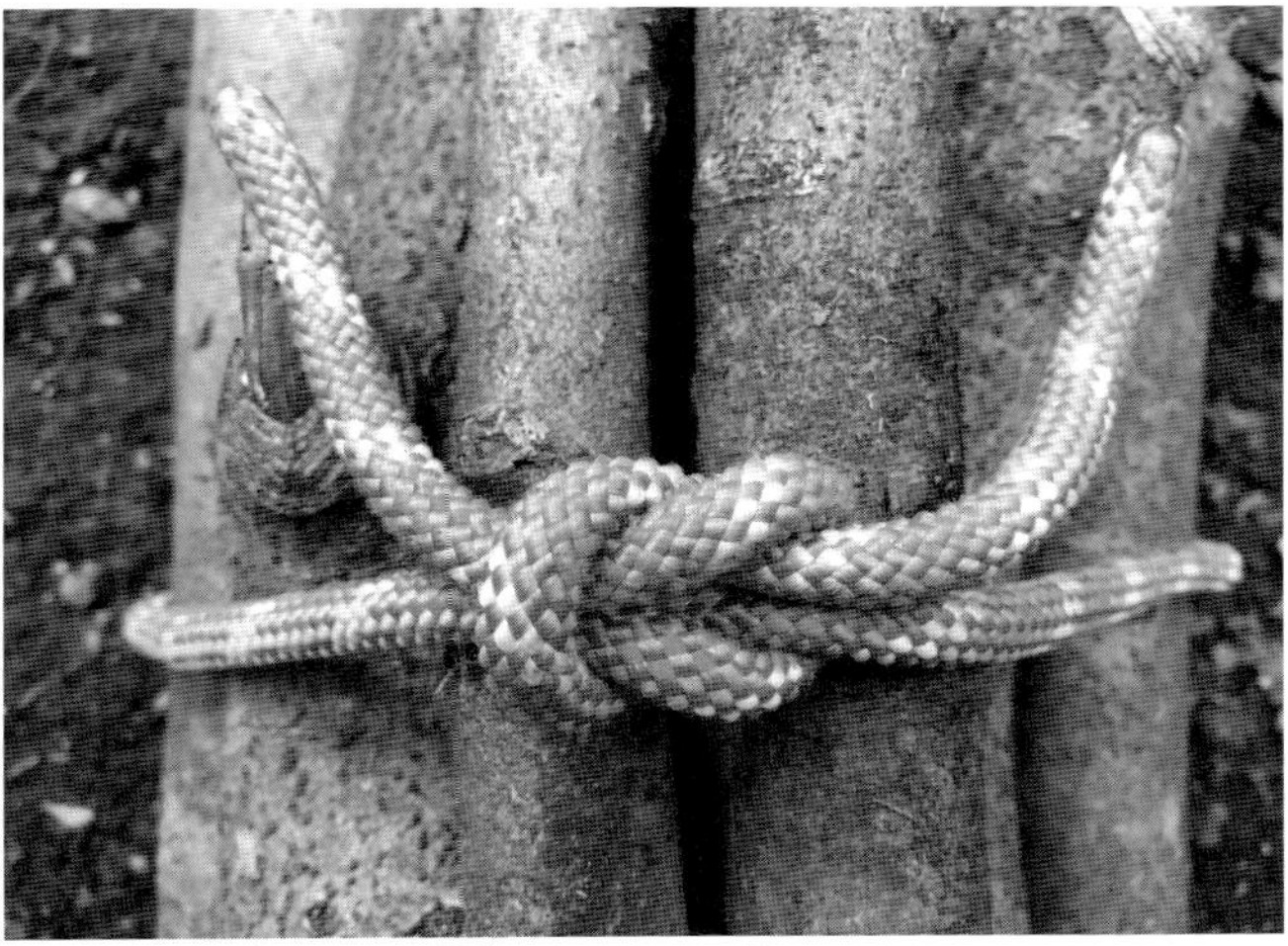

ものを縛るときに多用されるお馴染みのリーフ・ノット

リーフ・ノットのもうひとつのバリエーション、サージェンズ・ノット（外科結び）は、リーフ・ノットの最初の絡みと2度目の絡みをそれぞれ1回ずつ増やした結び。その分、強度はより高くなっていて、結び目は確実に締まる。また、摩擦抵抗が増しているので、縛る過程で結び目がゆるまないというメリットもある。ちなみに名前の由来は、サージェン（外科医）が手術のときの縫合に用いることによる。

リーフ・ノットを結ぶ際に、ロープの絡ませ方を誤るとグラニー・ノット（縦結び）になってしまう。グラニー・ノットは不完全な結びで、強く引っ張ると解けてきてしまうので、実用的ではない。長年にわたって使ってきたリーフ・ノットが、実はグラニー・ノットだったという人も少なくないので、一度、確認してみるといい。

リーフ・ノット

ものを縛るときに用いられる、最もシンプルかつポピュラーな結び。容易に結べ、強度も高い。結び目が固く締まると解きにくいため、あとで解く必要がないときに多用される。

1 末端同士を交差させて矢印のように絡ませる

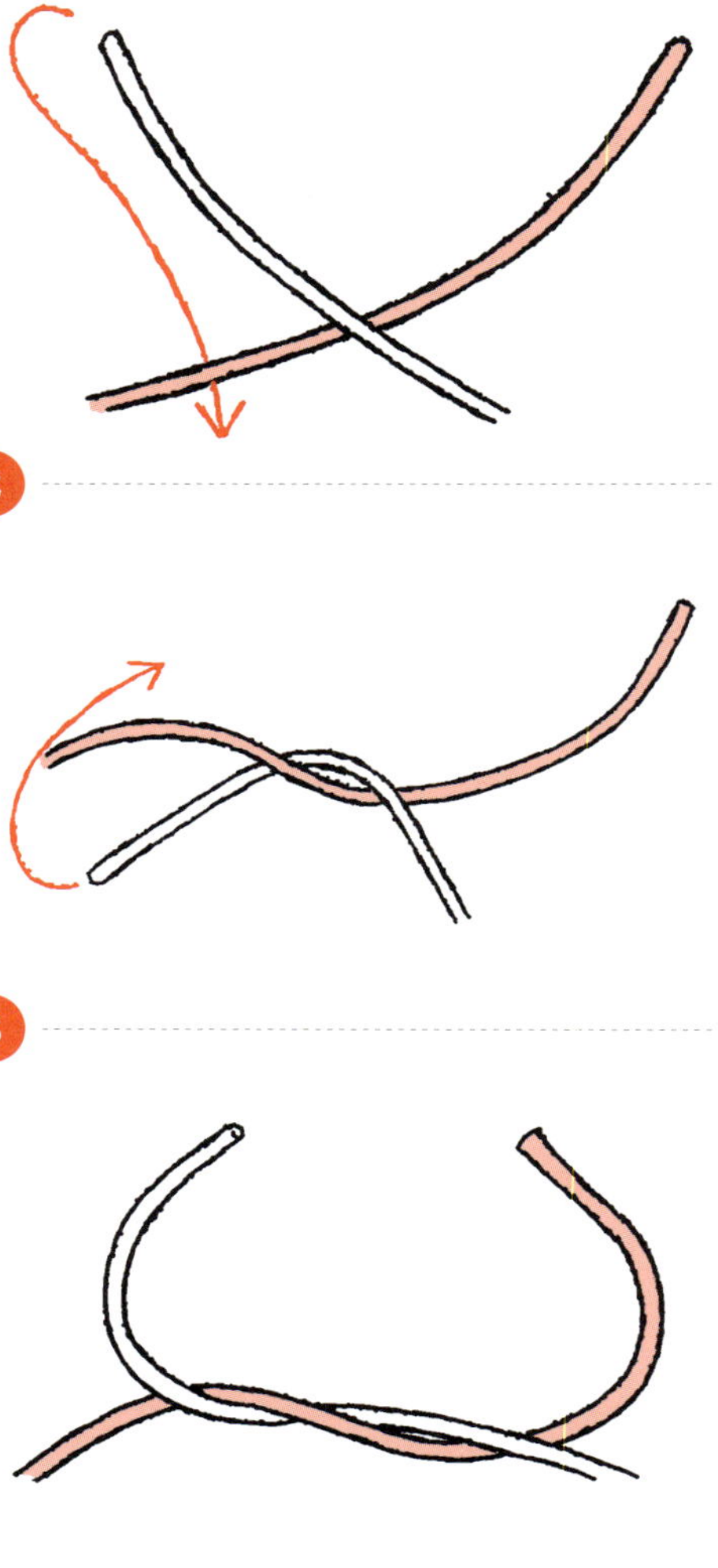

2

3

4 さらに矢印のように通す

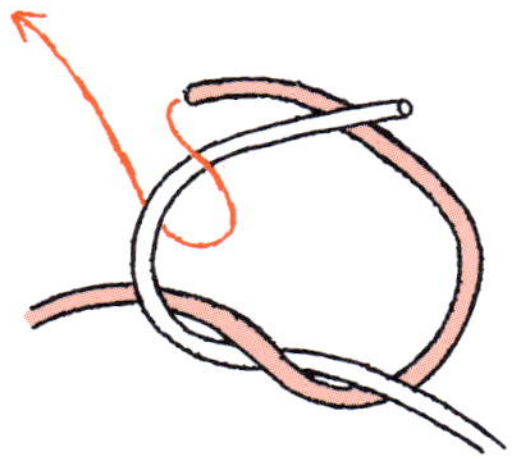

5 結び目を締める

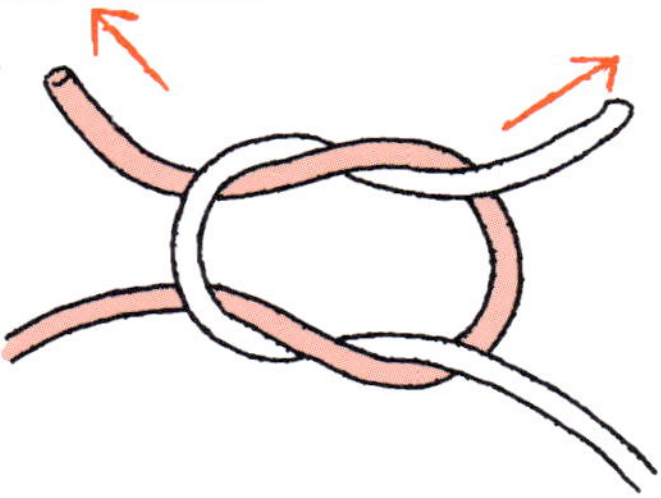

6

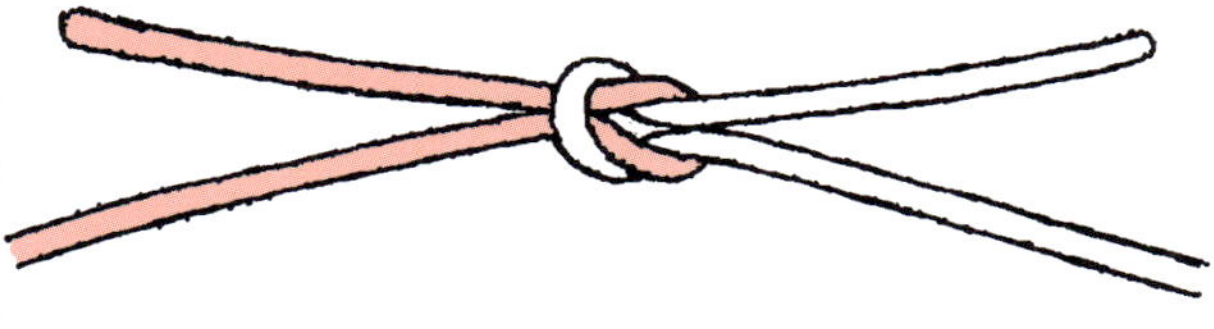

注

ロープの絡ませ方を間違えると、不完全で解けやすいグラニー・ノット（縦結び）になってしまう。

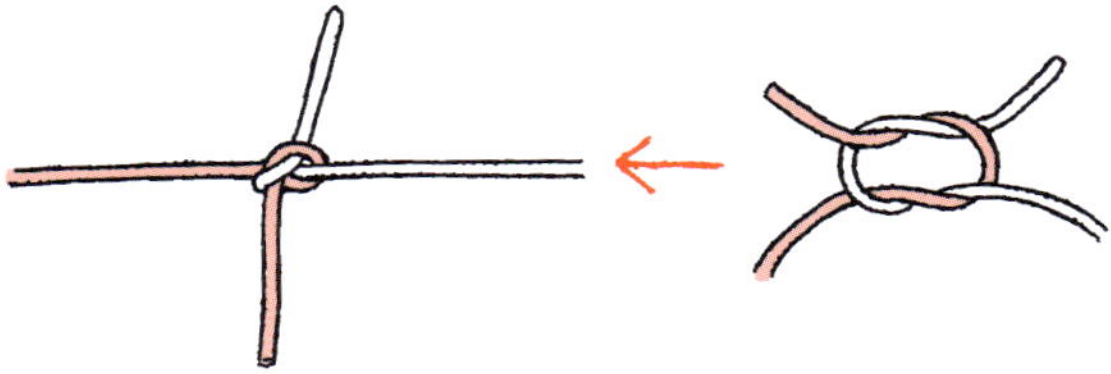

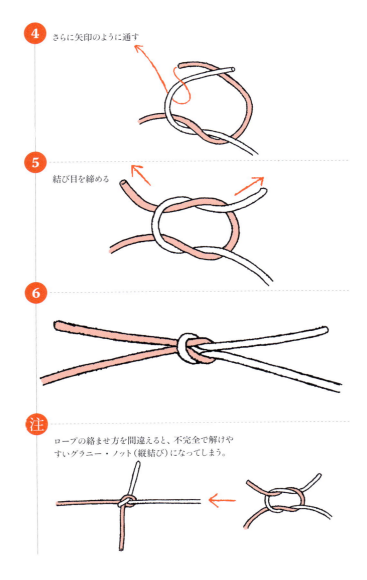

スリップト・リーフ・ノット

リーフ・ノットを引き解けの形にしたのがこの結び。ロープの一端を引っ張るだけで結び目が簡単に解ける。縛りつけたものをあとで解く必要があるときに用いる。

1 ロープの末端同士を交差させて矢印のように絡ませる

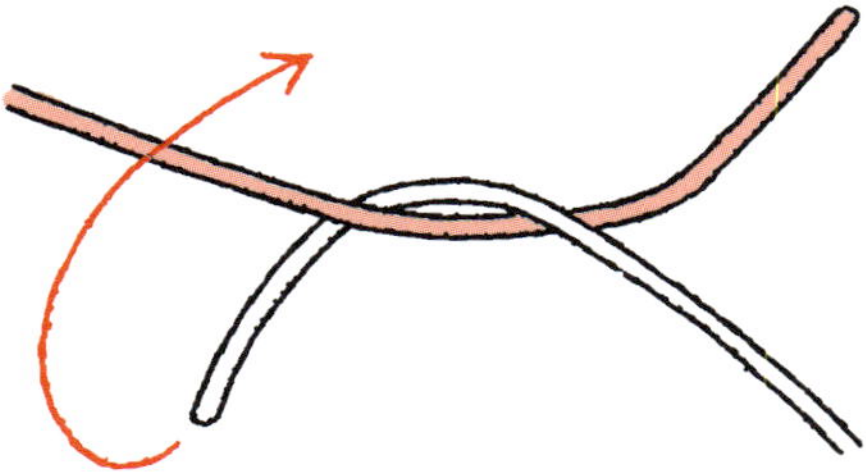

2

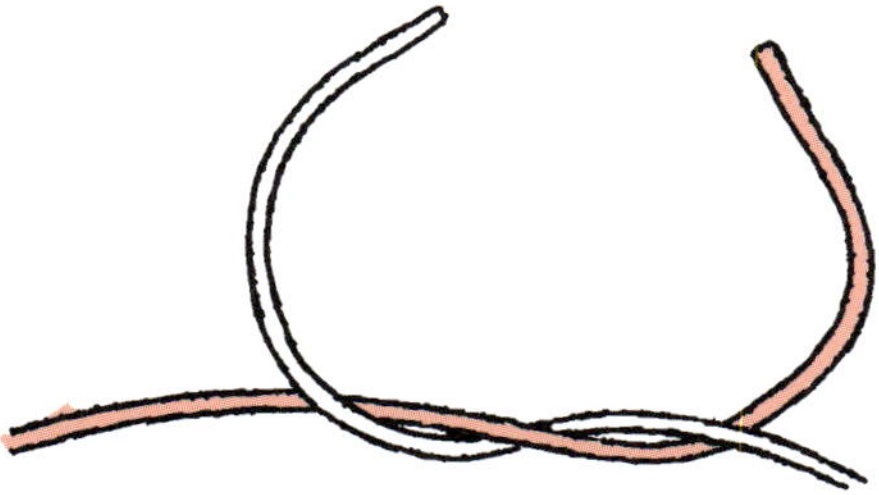

3 一方の末端にループをつくり

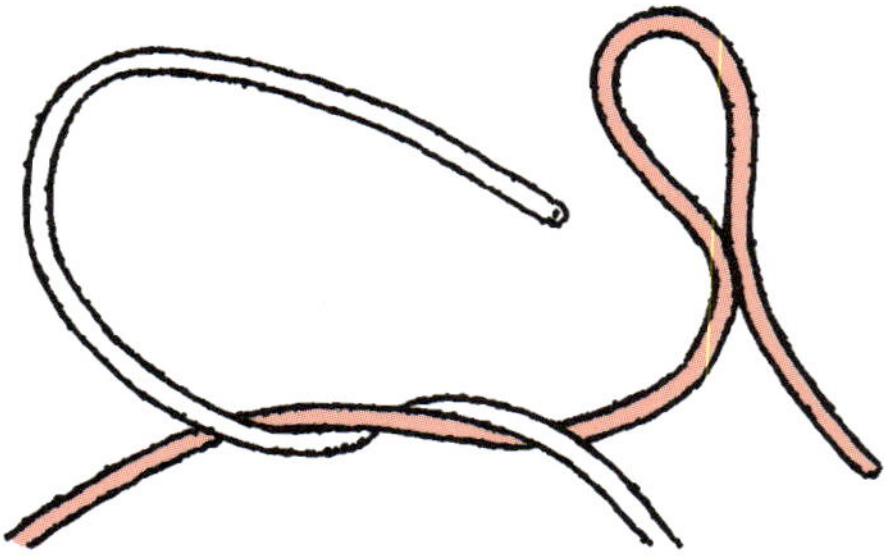

4 矢印のように通す

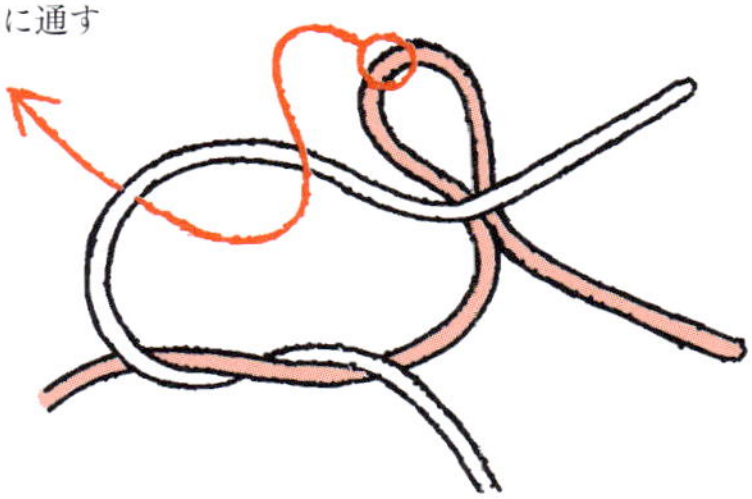

5

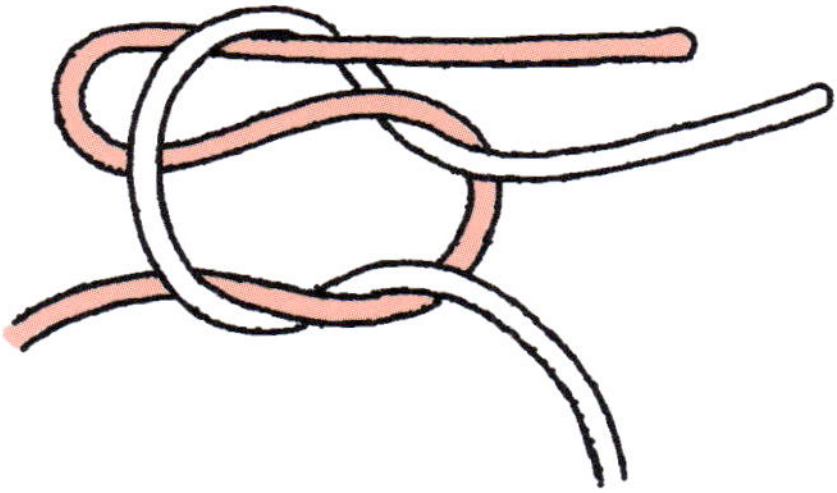

6 結び目を締める

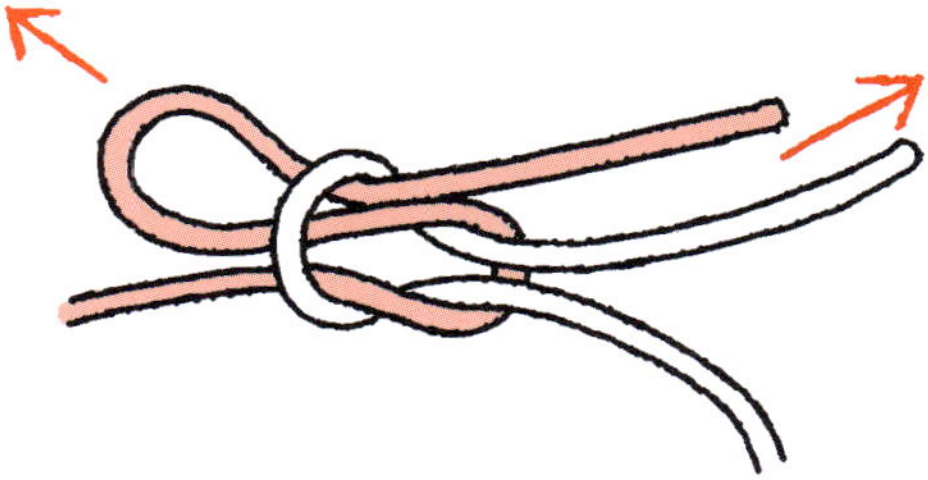

7 完成形。赤いほうの末端を引っ張ると結び目がほどける

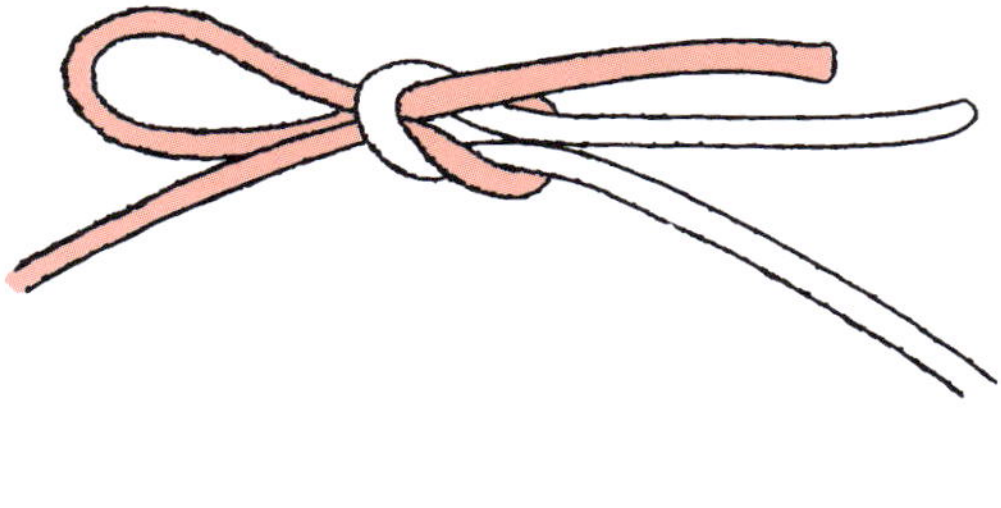

ボウ・ノット

リーフ・ノットの結び目の両端を引き解けの形にした結び。サッと結べるうえ、両端を同時に引っ張れば簡単に解くことができる。結び目の形が美しく整うので、靴ひもやリボンなどを結ぶときに使われる。

1

靴ひもの両端を1回絡ませる

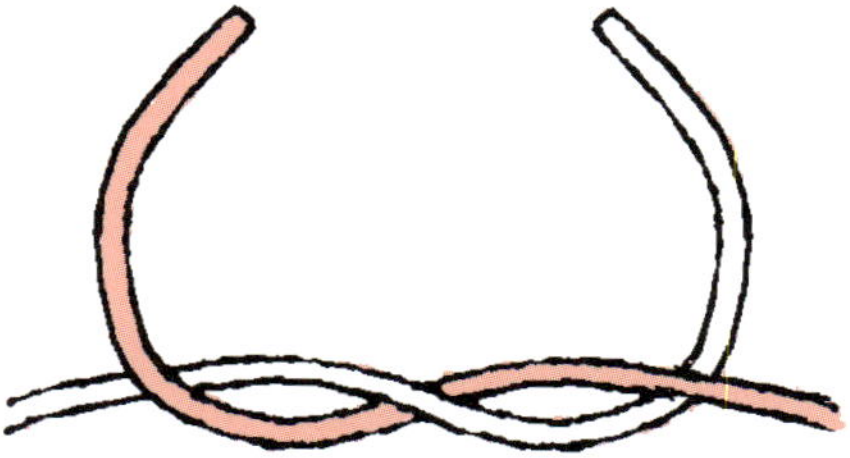

2

一方の端を2つ折りにする

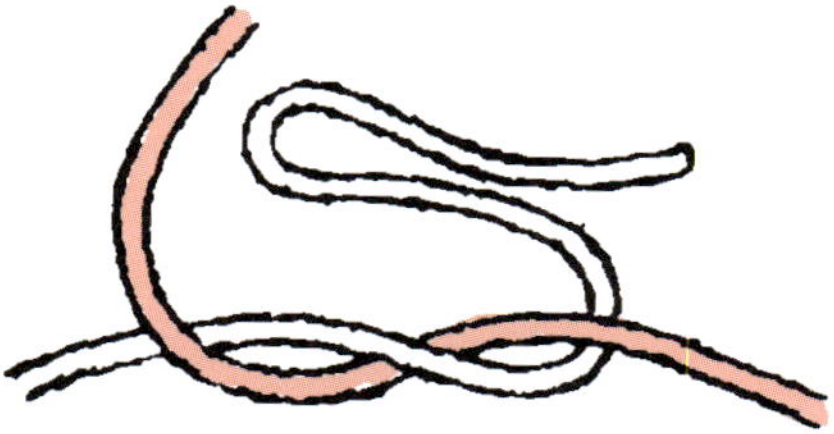

3 もう一方の端で、2つ折りにした部分を巻き込み、○部を矢印のように通す。このときに上から下に通すと間違った結びになってしまう

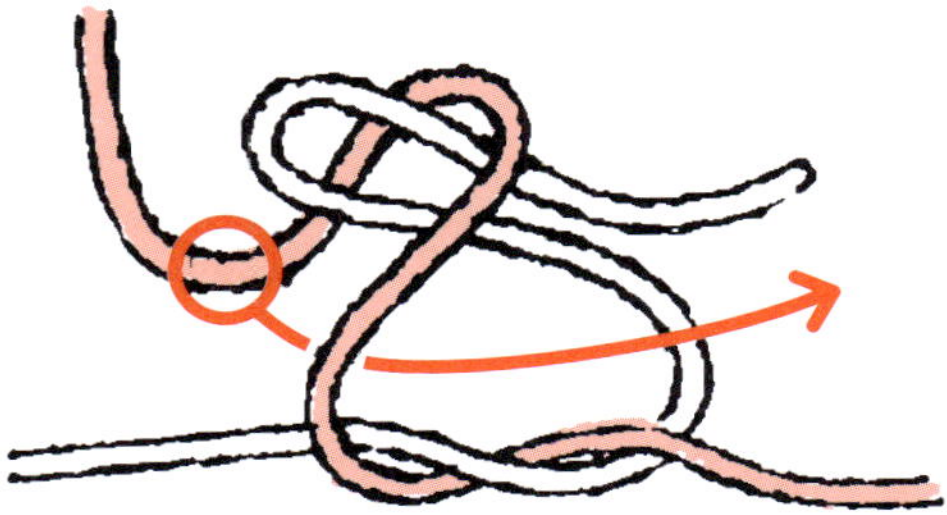

4 できた2つの輪を反対方向に引っ張って結び目を締める

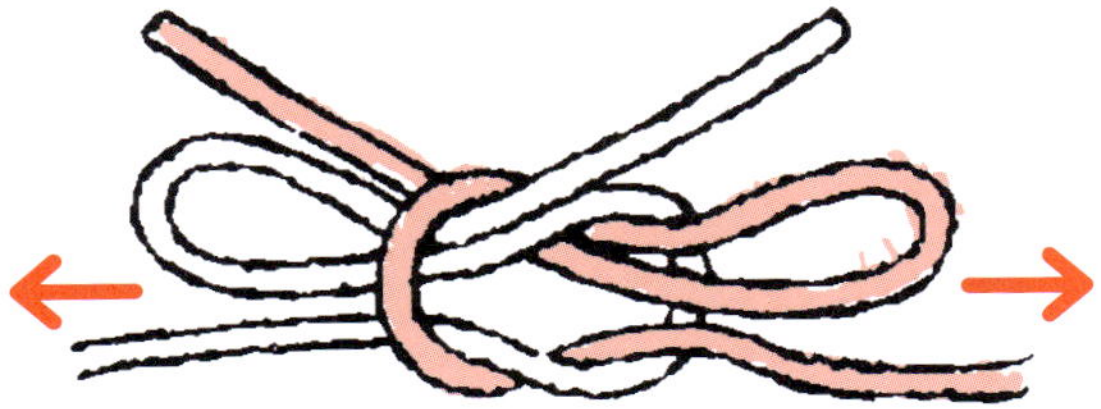

5 形を整えて完成

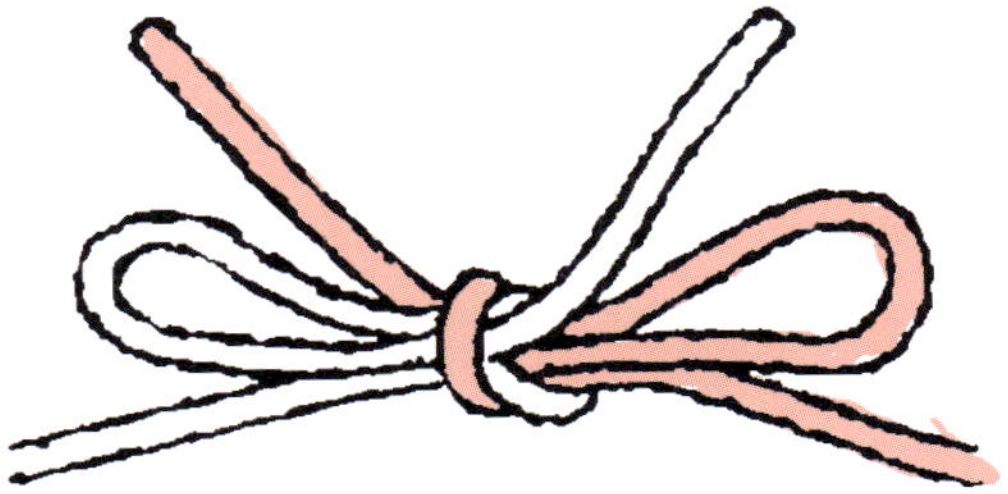

サージェンズ・ノット

リーフ・ノットの絡みを増やした結びで、より強度は高い。摩擦抵抗が大きくなっているため、結んでいる途中でもゆるみにくく、ものを締めつけながら縛っていくのに適している。

1 ロープの末端同士を2回絡める

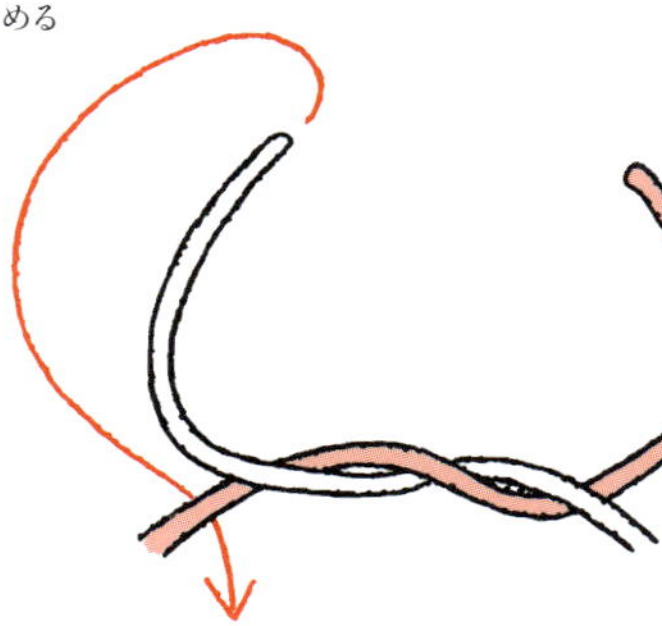

2

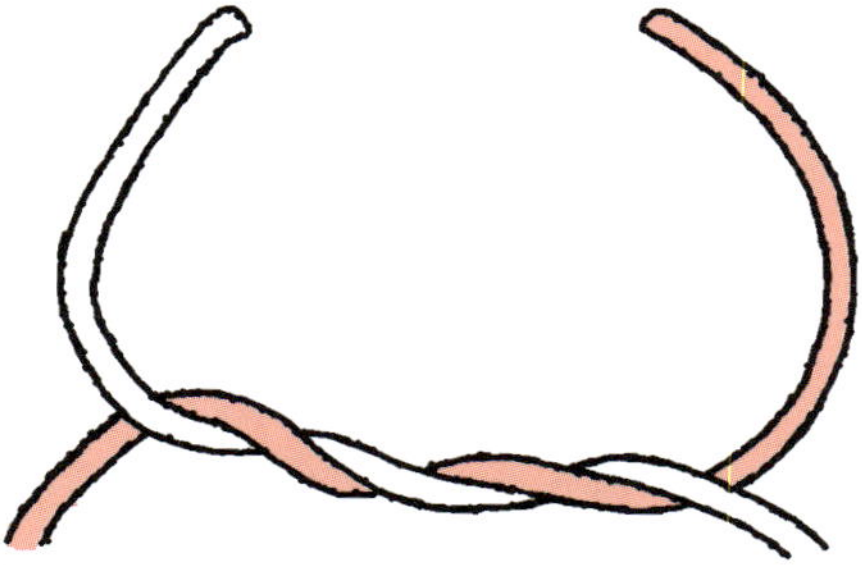

3 さらにイラストのように、もう2回絡める

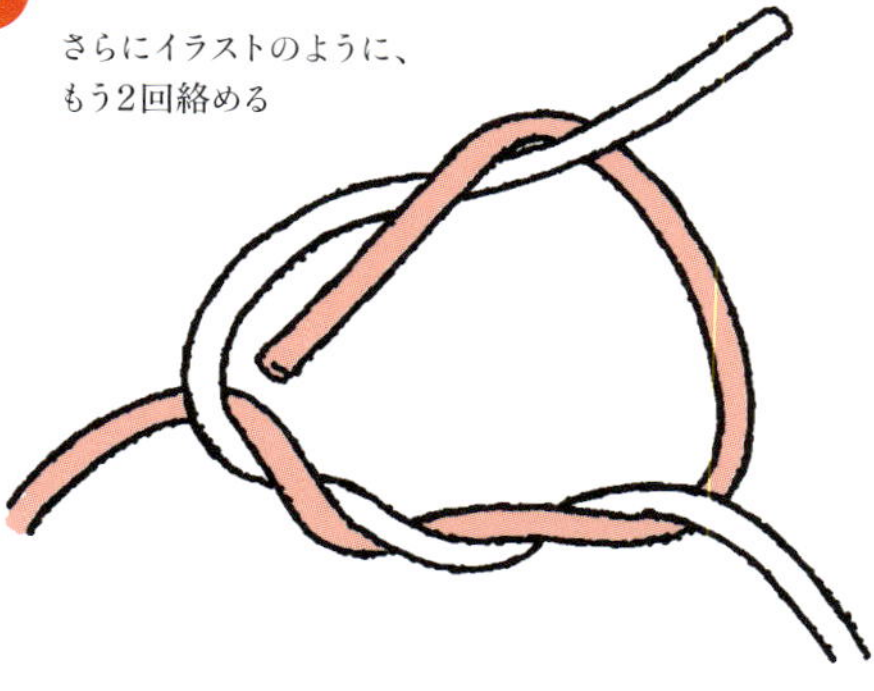

4

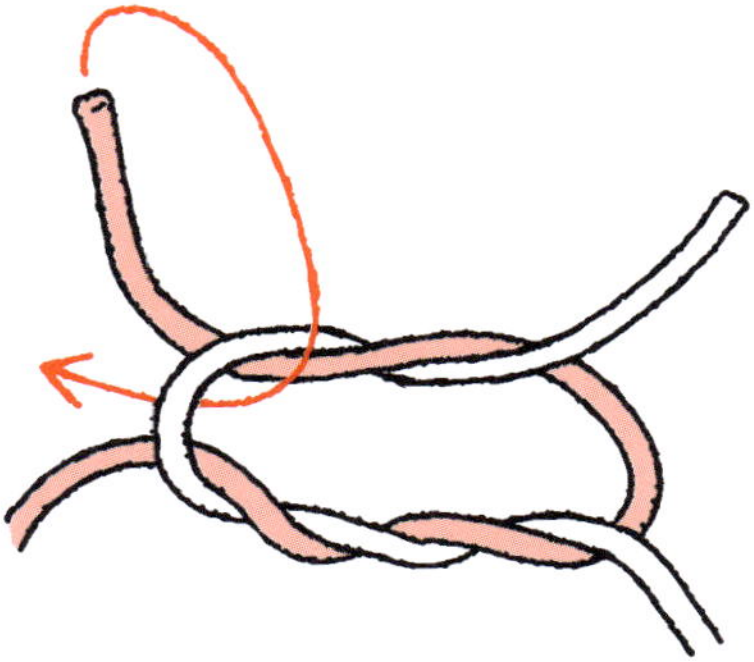

5

結び目を締める

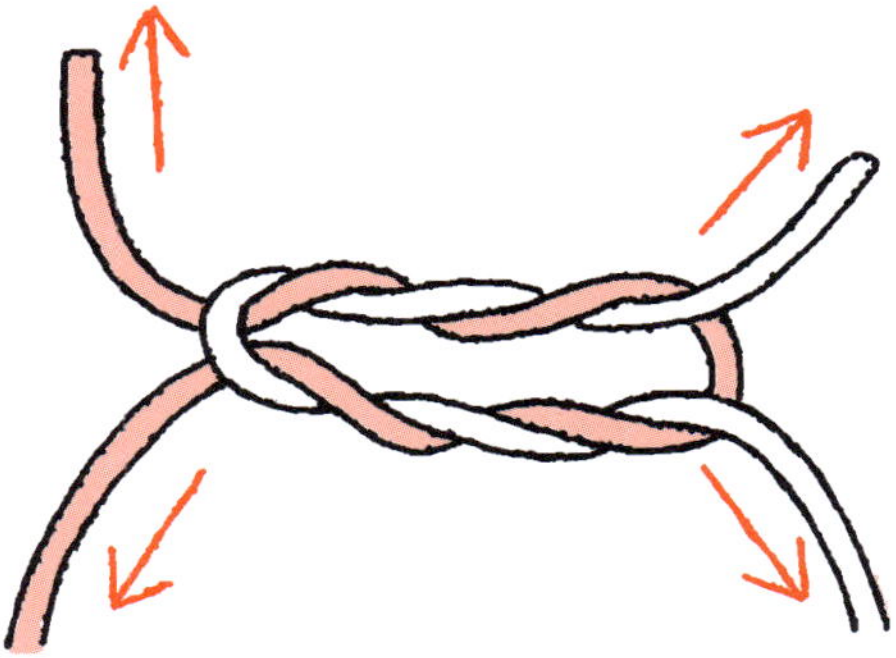

6

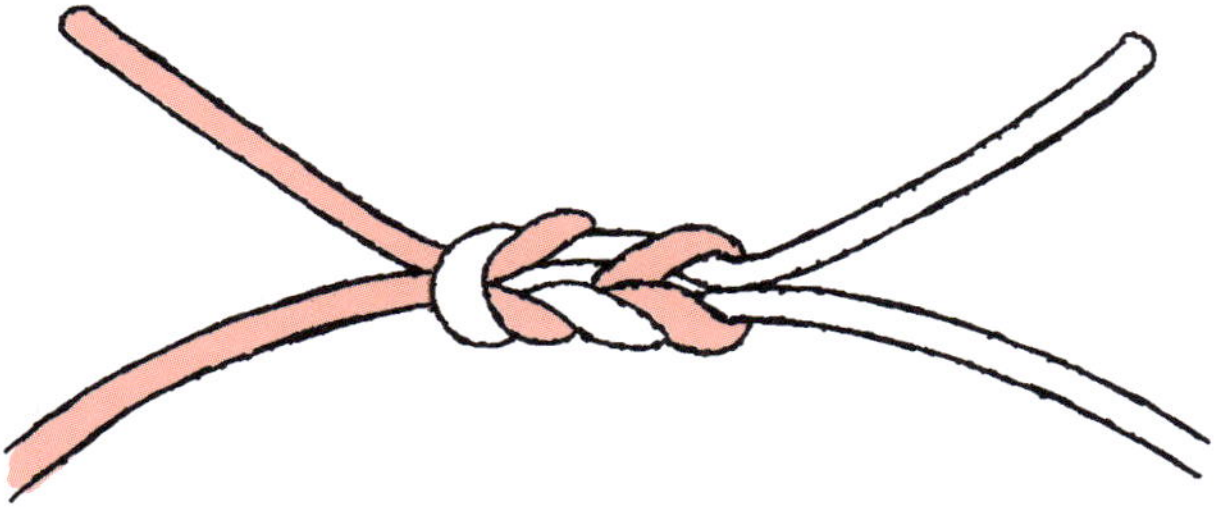

そのほか、これだけはマスターしよう

これまで紹介してきた結びは、アウトドアや日常生活のなかで多用される基本的な結びばかりだが、ほかにも便利で役に立つ実用的な結びはいくつもある。そのなかから6つをピックアップする。

ガース・ヒッチ（ひばり結び）はロープの中間部を物体に結びつけるための結びで、カウ・ヒッチとも呼ばれる。手軽に素早く結べるが、ロープに荷重がかかっていないと結び目はゆるんでしまう。山ではスリングを立ち木などに結びつけるときに使われることが多い。

ハーネス・ループ（よろい結び）とバタフライ・ノット（中間者結び）はロープの中間に輪をつくるときに用いられる。山で危険箇所を通過する際、1本のロープに等間隔でいくつも輪をつくっておき、それを立ち木などに固定すれば、ロープを手がかりにして登り下りすることができる。

また、クレムヘイスト・ノットは、荷重がかかっていないときは結び目がスライドし、かかっているときはロックされて動かなくなるフリクション・ノットの一種。ロープを使って危険箇所を登り下りするときの安全確保用として役に立つ。

トラッカーズ・ヒッチとワゴナーズ・ヒッチは、車の荷台に荷物を固定するときに使われる結びで、強い張力がかかるのが特徴。立ち木などにロープをピンと張るときにも用いられる。

ガース・ヒッチ

ロープを二重にしてモノを縛りつけるための結びだが、登山ではスリングを立ち木に結びつけるときなどに多用される。焚き火用の薪などをまとめて運ぶときなどにも役に立つ。

1

スリングを物体に回し、矢印のように通す

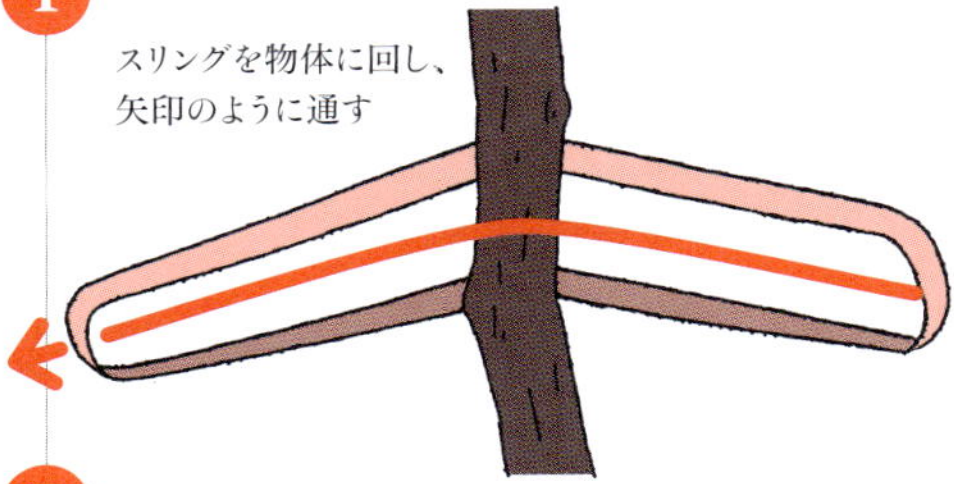

2

矢印方向に引っ張って締める

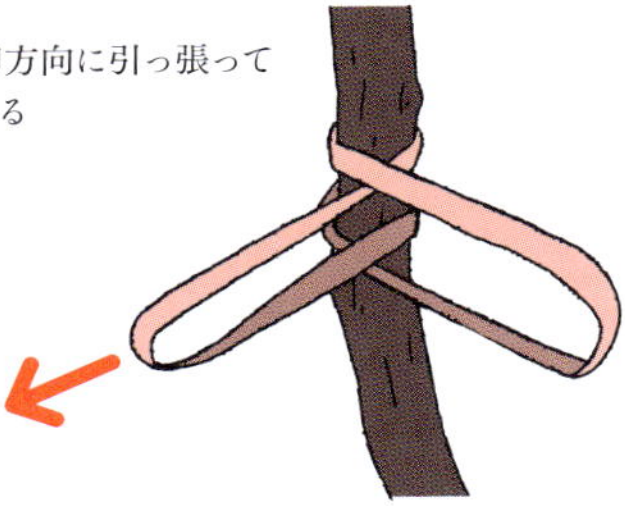

3

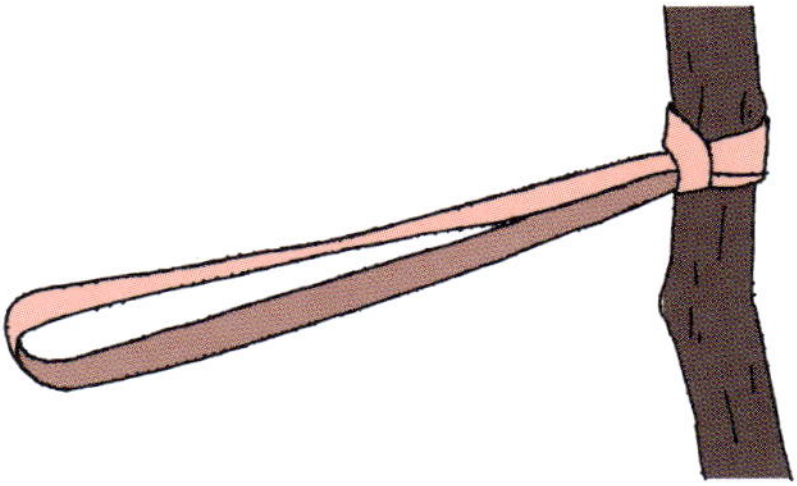

4

この方向に引っ張ると結び目が締まる

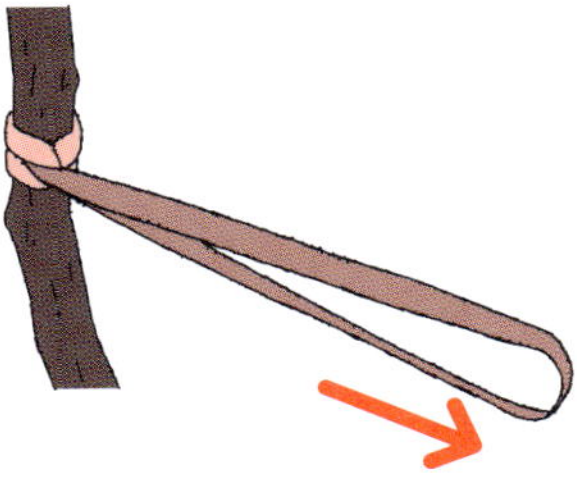

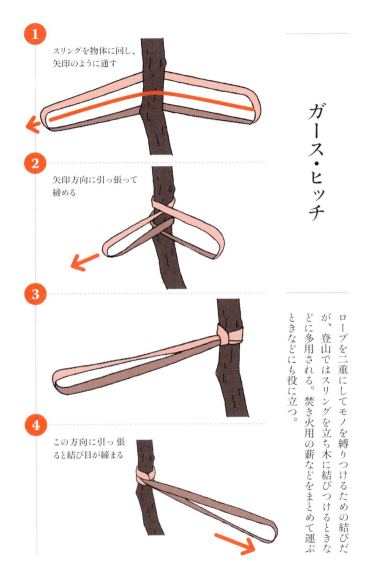

ハーネス・ループ

ロープの途中に輪をつくるための結び。1本のロープにいくつもの輪をつくって小物を整理したりするのに重宝する。ただし強度はあまり高くなく、強い力がかかると結び目が崩れしまう。

1 ロープの途中に輪をつくり、輪の一部を下にずらす

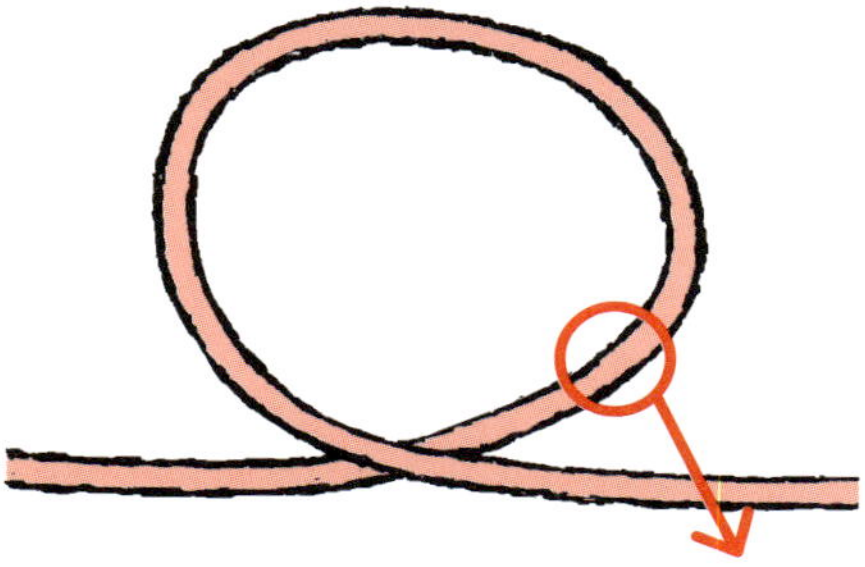

2 ◯部を矢印のように引き出す

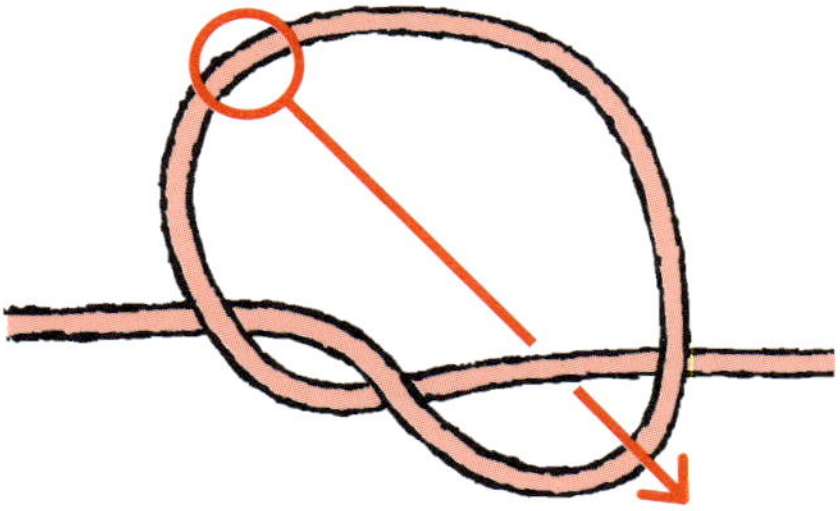

3

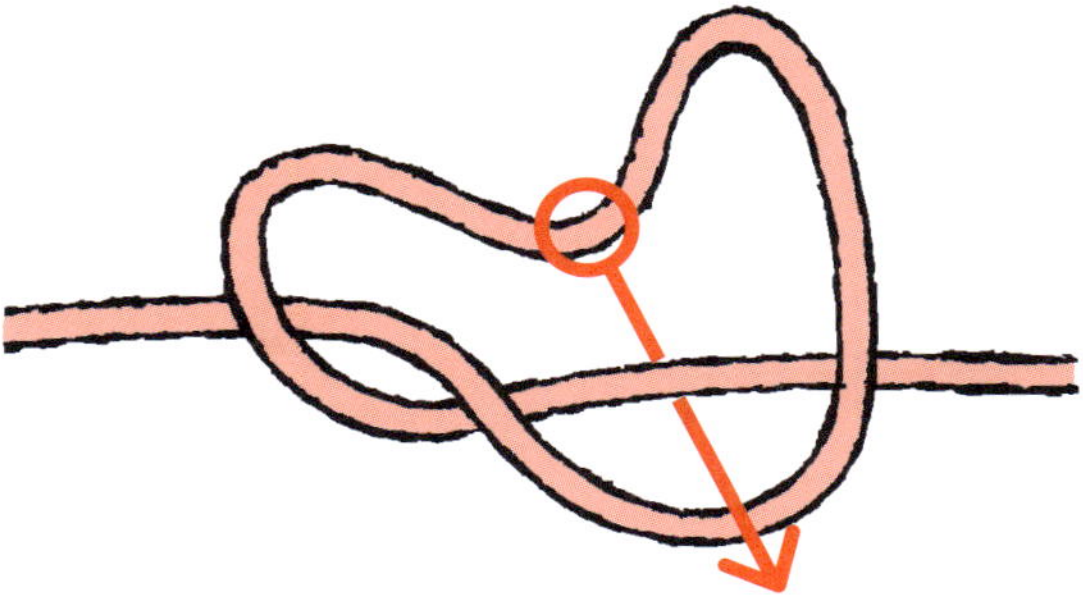

4

結び目の形が崩れないように気をつけながら引き出していこう

5

結び目を整えて完成。この輪を1本のロープにいくつもつくっておいて小物を吊り下げる

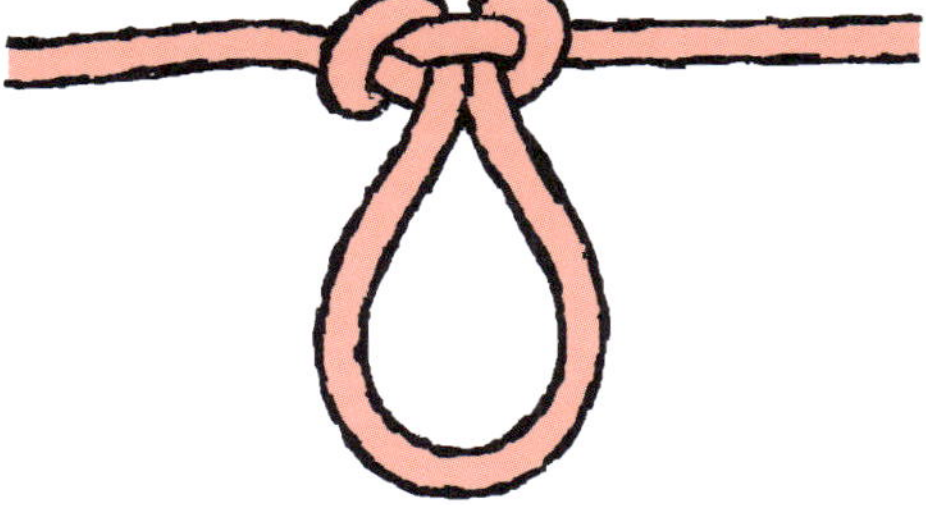

バタフライ・ノット

ロープの中間に輪をつくるための結びで、和名は「中間者結び」。強度は高く、輪に強い負荷がかかっても結び目が崩れる心配はない。結ぶのも解くのも簡単で、結び目が固く締まっても容易に解くことができる。

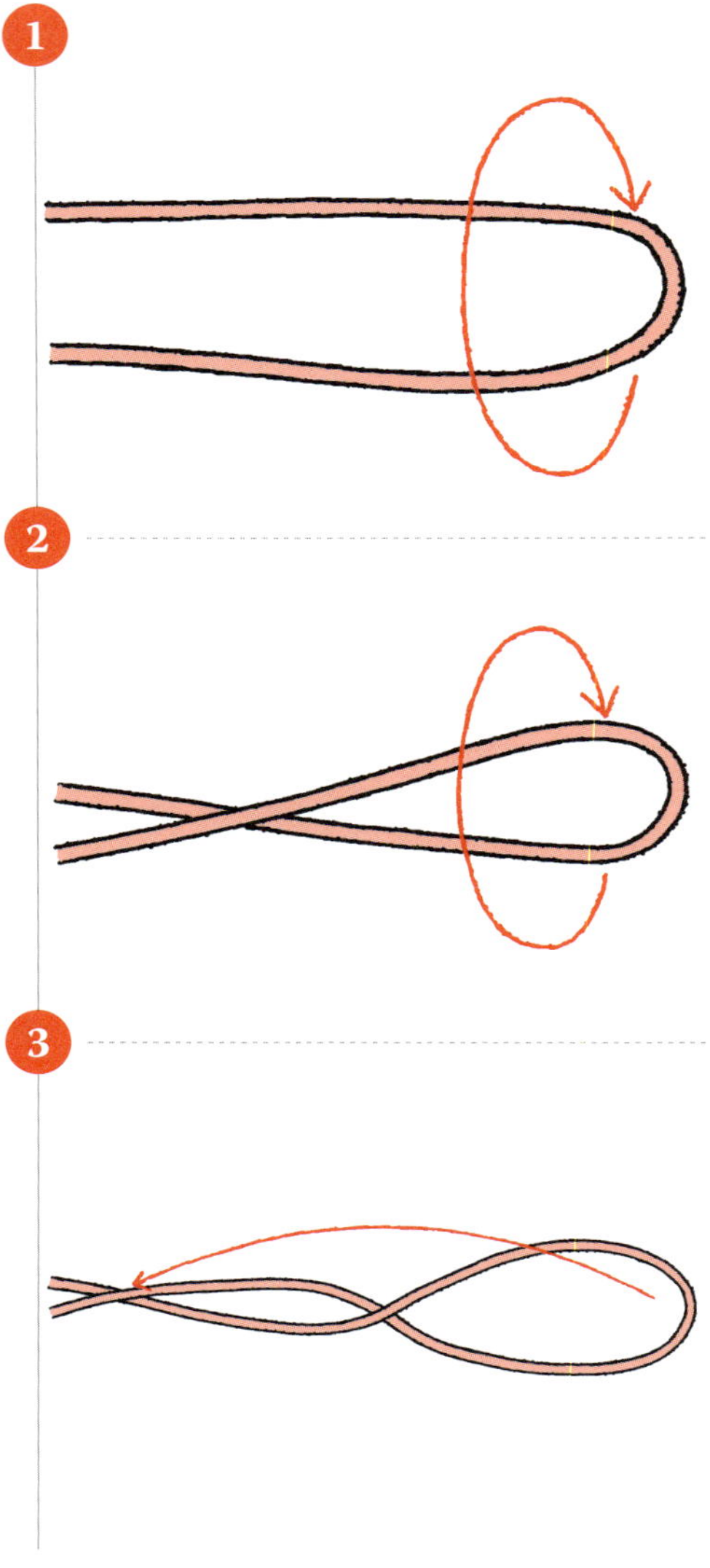

4

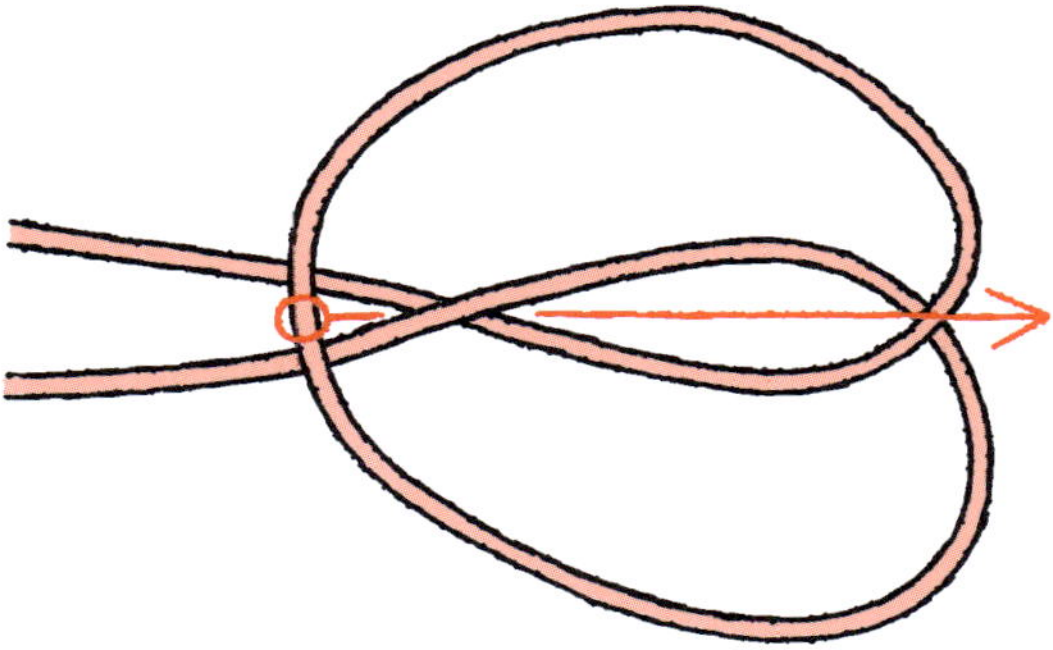

5

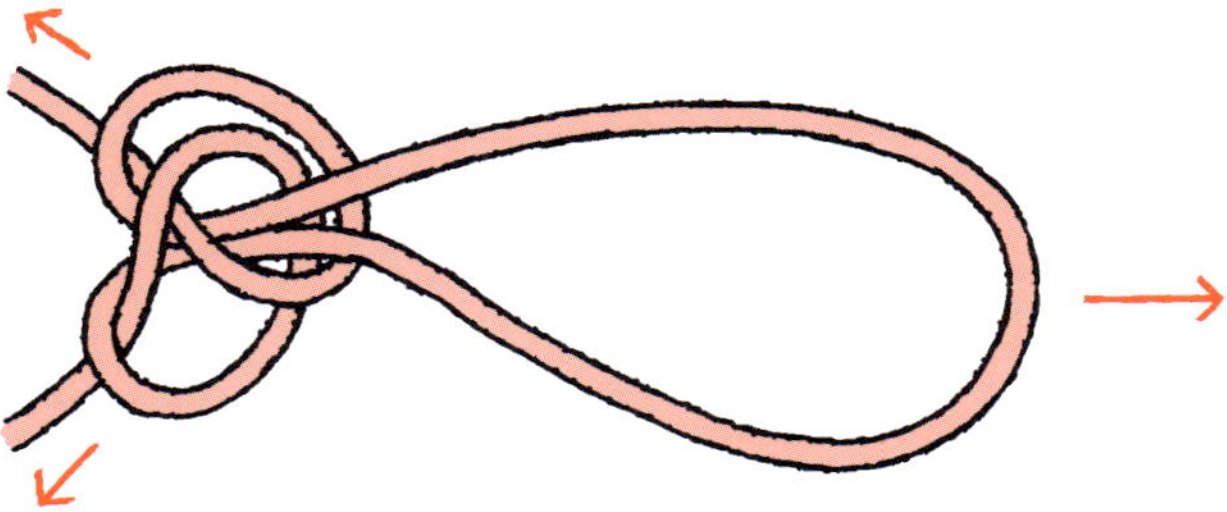

6

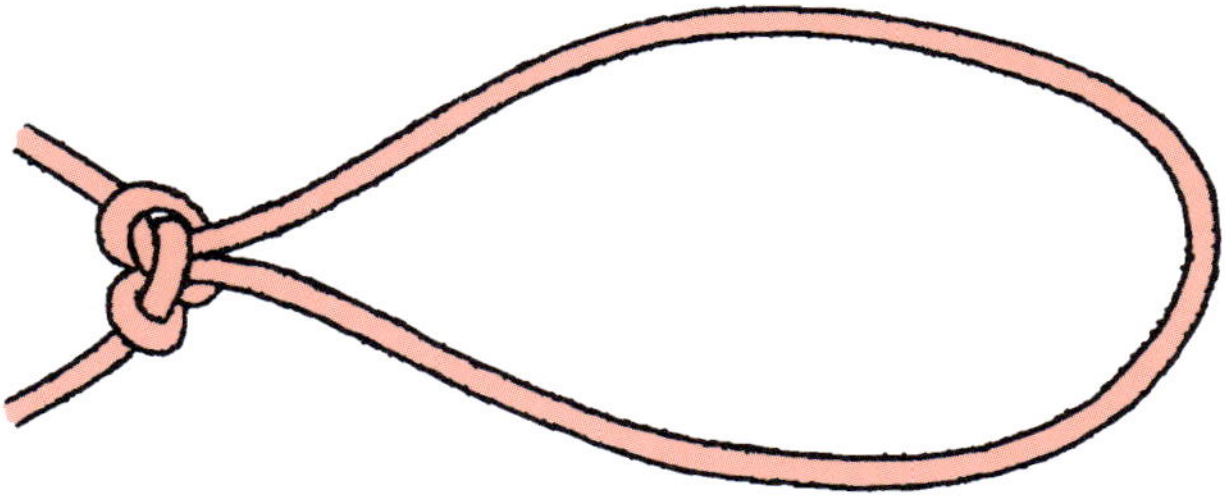

クレムヘイスト・ノット

荷重がかかっていないと結び目がスライドし、かかっているときは動かなくなる。巻きつける回数は3～4回が目安。回数が少ないと効かず、多いと効きすぎてスライドさせにくくなる。

1 スリングを立ち木に巻きつけていく

2 4～5回巻きつけたら、イラストのように下の輪を上の輪に通す

3 巻きつけが崩れないように、矢印方向に引っ張って結び目をしっかり締める

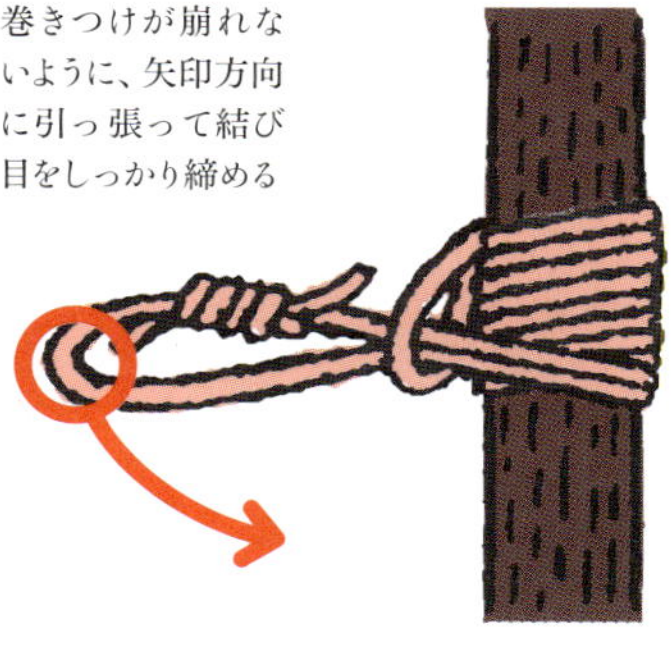

6 カラビナを使えばランタンなどを吊り下げられる

4

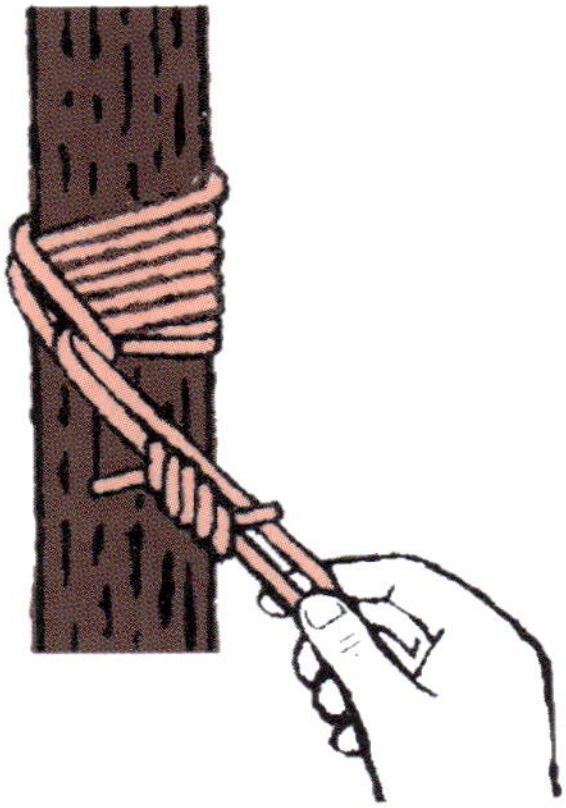

5 荷重がかかっていなければ、結び目は上下にスライドする

トラッカーズ・ヒッチ

車の荷台に荷物を固定する、木と木の間に物干し用のロープを張るなど、できるだけロープをピンと張りたいときに用いられる。テコの原理によって強い張力をかけながら結んでいく。

1 ロープの途中に輪をつくる

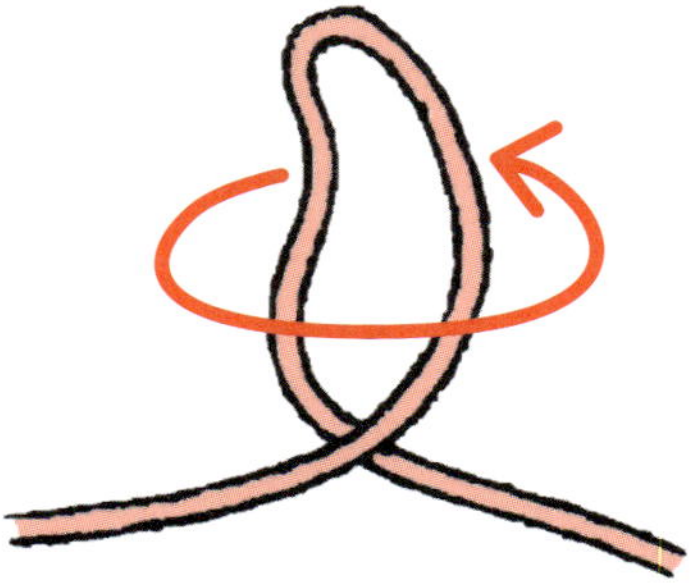

2 1回ねじって、○部を矢印のように通す

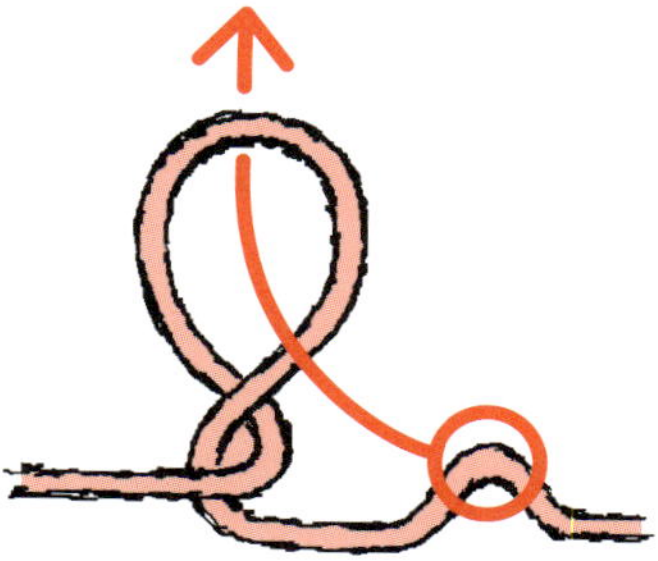

3 結び目を締めたら、ロープの先端を立ち木に回す

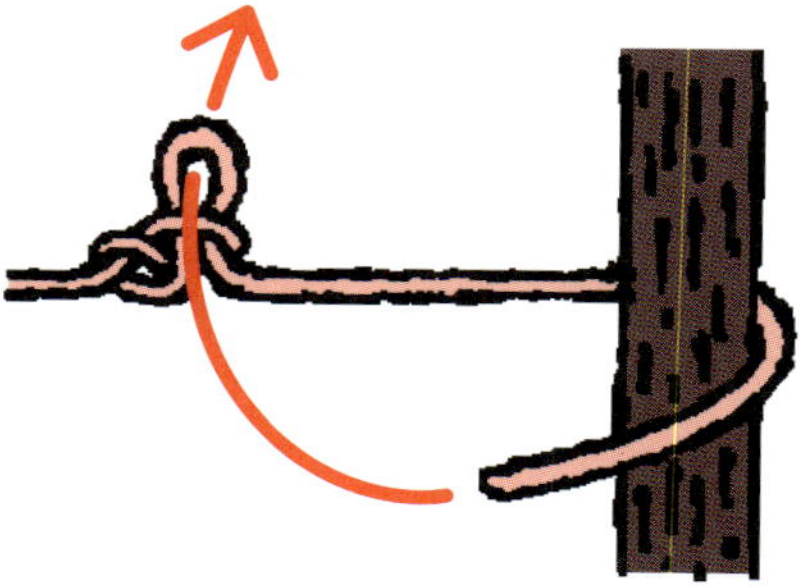

4 輪の中に通して
矢印方向に強く引っ張り、
ロープをピンと張る

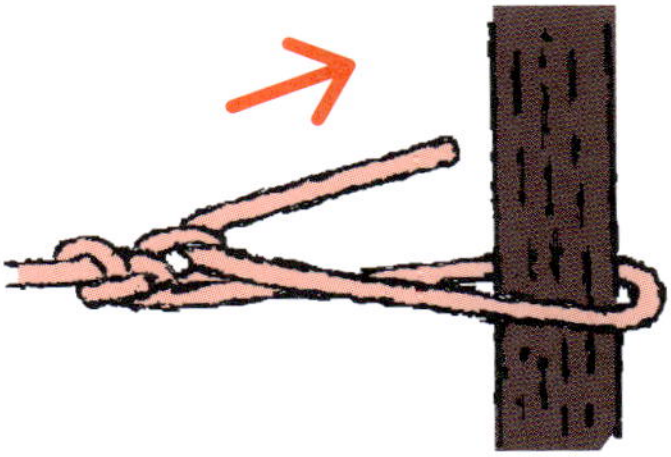

5 ロープを引っ張りながら

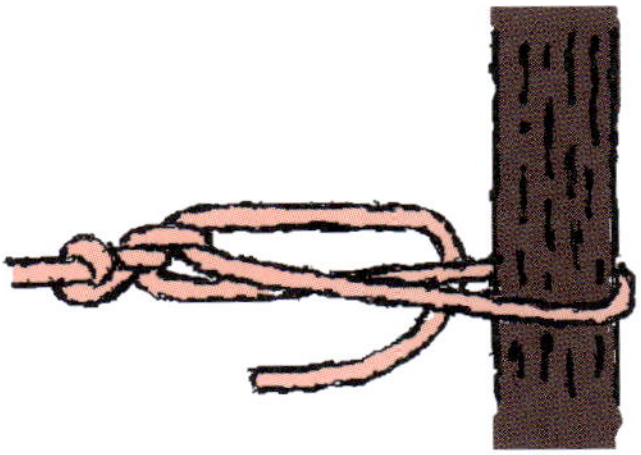

6 ツー・ハーフ・ヒッチで
とめる

7 結び目を締めて完成

ワゴナーズ・ヒッチ

トラッカーズ・ヒッチと同類の結びで、主にトラックの荷台に荷物を固定する際に使われる。ロープを強く引っ張って張力をかけたあと、最後にゆるまないように止めるのがポイントだ。

1

ロープの途中に輪をつくり、二つ折りにした部分を矢印のように通す

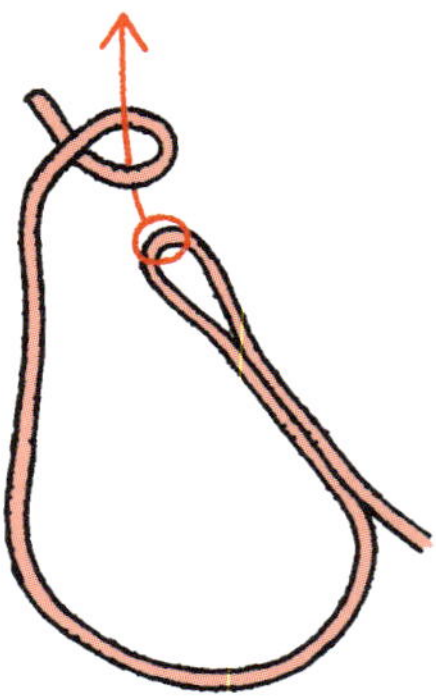

2

下の輪を引っ張って上の輪を締める

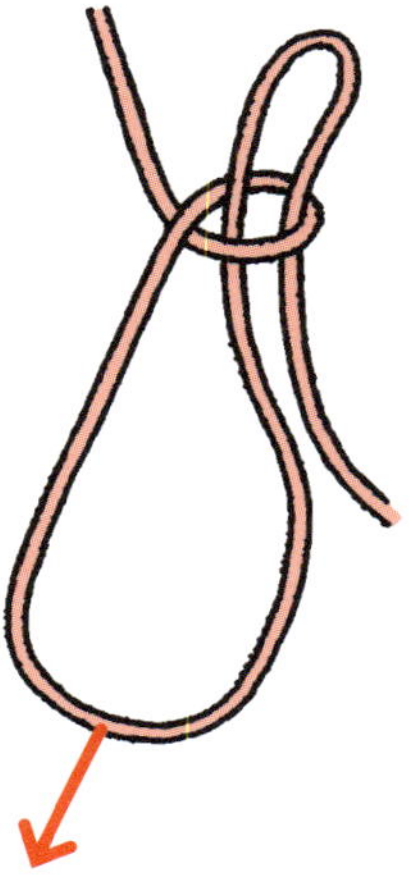

3

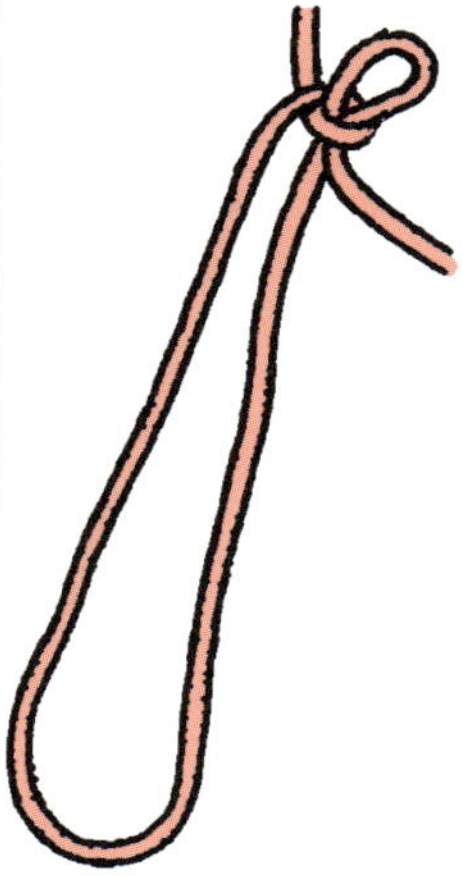

4

下の輪を2回よじる

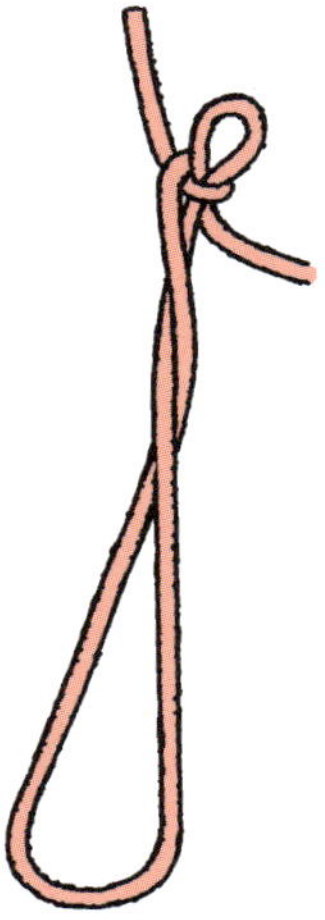

5 下の輪の中に手を入れてロープをつかむ

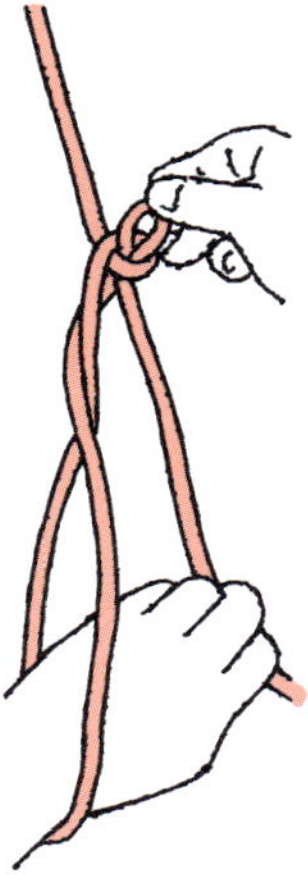

6 そのまま輪から引き出してフックなどにかける

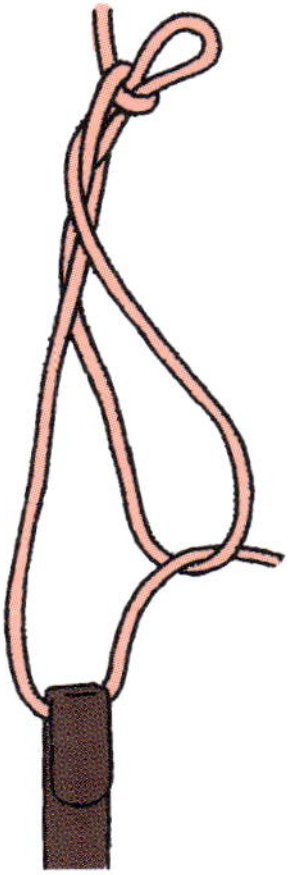

7 ロープを矢印方向に引っ張って強く張る

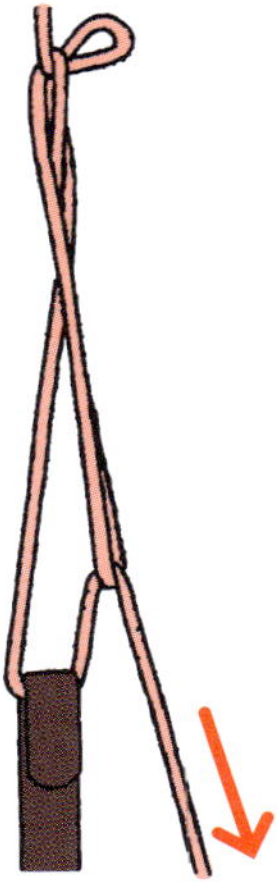

8 フックに1～2回巻きつけ

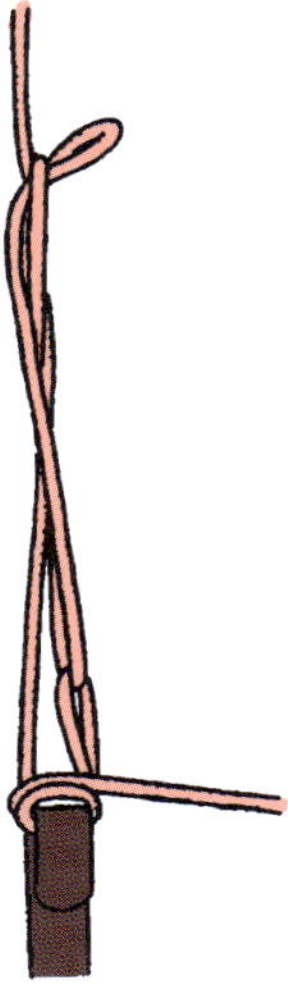

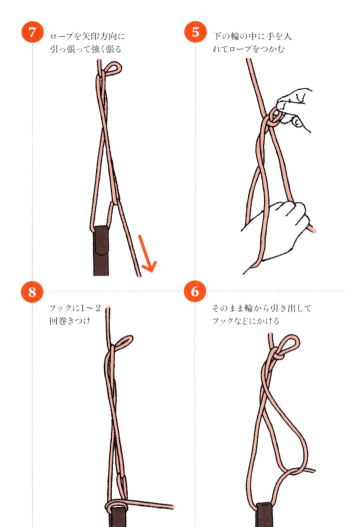

9

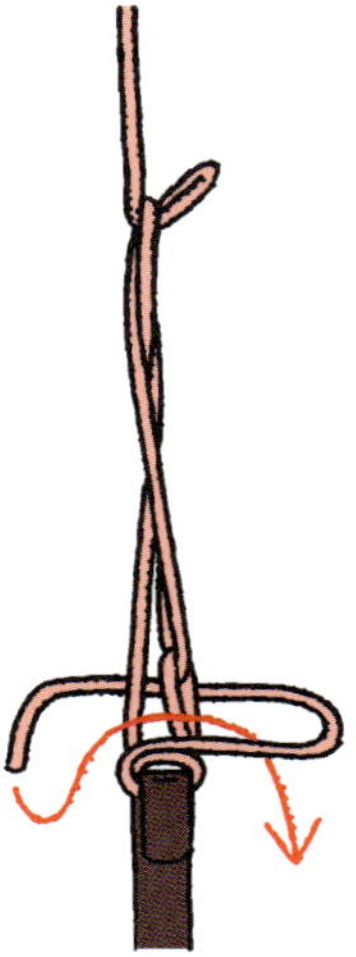

10

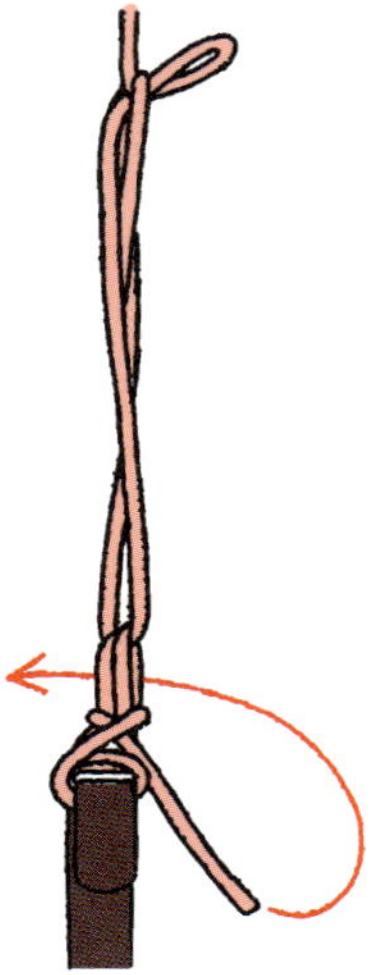

11

クローブ・ヒッチで止める

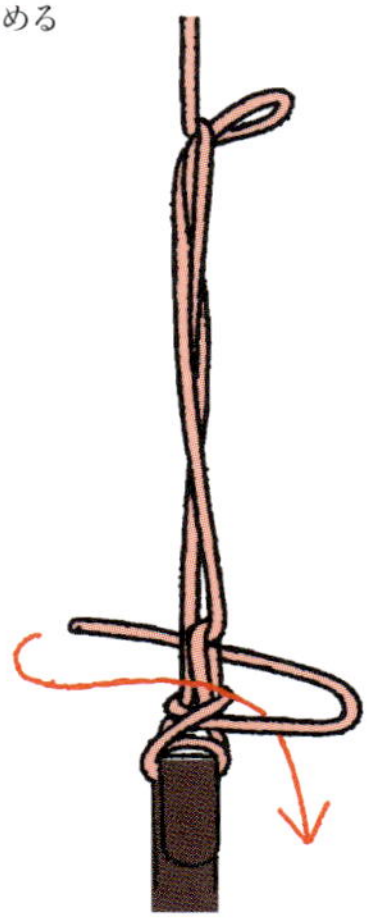

12

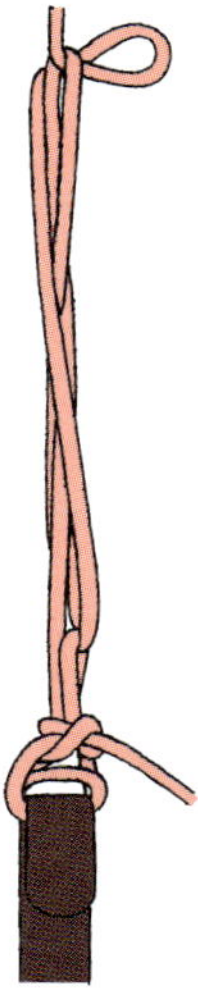

第3章

アウトドアでのロープワーク実践法

靴ひもを結ぶ

最もオーソドックスな靴ひもの結び方として誰もが知っているのが、ボウ・ノット。日常生活であれ登山であれ、靴ひもを結ぶシーンでは、たいていこの結びが使われている。

ボウ・ノットの長所は、簡単に結べるうえ、結び目が美しく、結び目の両端を引っ張れば簡単に解けること。比較的頻繁に履いたり脱いだりを繰り返す靴に用いるには、うってつけの結び方といえる。注意したいのは、リーフ・ノット同様、靴ひもの絡ませ方を間違えると結び目が縦になり、強度も低下して解けやすくなってしまうこと。ボウ・ノットを結んでいるつもりでも、実は違う結びになっていないか、いま一度チェックしたい。

また、起伏のある山を長時間歩き続ける山登りでは、靴ひもが歩いている最中にゆるんできたり解けてしまったりすることも少なくない。そこで解けにくい靴ひもの結び方——イアン・ノットとベルルッティ結び——を紹介する。いずれもシンプルな方法なので、すぐに覚えられるはずだ。

なお、靴ひもの締め方は、登りでは甲部をしっかり締め、足首部をややゆるめにしておくと足首が曲がりやすく、足への負担が軽減され靴擦れもしにくい。下りでは、足首が固定されるように、甲部から足首部までをしっかり締め上げる。こうすれば捻挫を予防でき、つま先も痛めにくい。

靴ひものかけ方

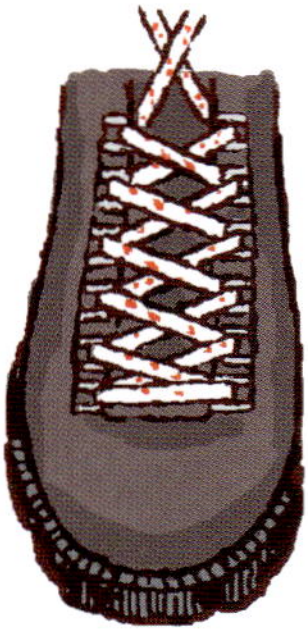

オーバーラップ

Dリングやひも穴に上から下へ通していく方法。しっかり締まってゆるみにくい。

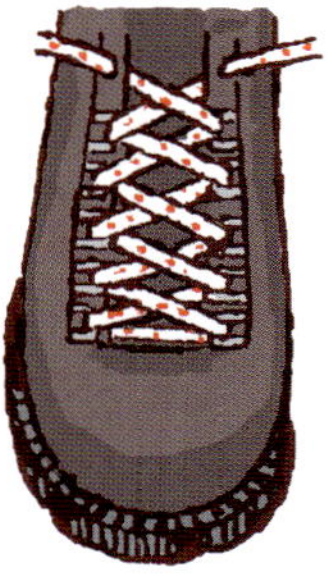

アンダーラップ

Dリングやひも穴に下から上へ通していく方法。結ぶときに締めやすい反面、ゆるみやすい。

締め加減の調整

靴ひもがゆるまないようにプレスされたフック。甲部と足首部の靴ひもの締め加減を変えて調整できる。

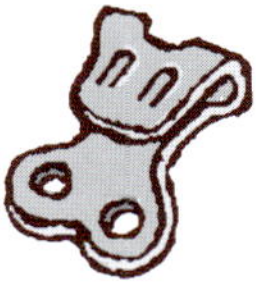

靴ひもをフックの上から下にかけていくとゆるみにくくなる。

登りのとき

かかとを安定させて足首を動きやすくするため、甲部をきつめに、足首部をゆるめに締める。

下りのとき

つま先が靴の中で当たらないように、甲部も足首部もしっかり締める。

ボウ・ノット

最もポピュラーな靴ひもの結び方。①のときに両端を2回絡ませるとゆるみにくくなる。靴ひもを締めたときに結び目が十字型になってしまうのは、絡ませ方を間違えているから。正しい結び方に修正しよう。

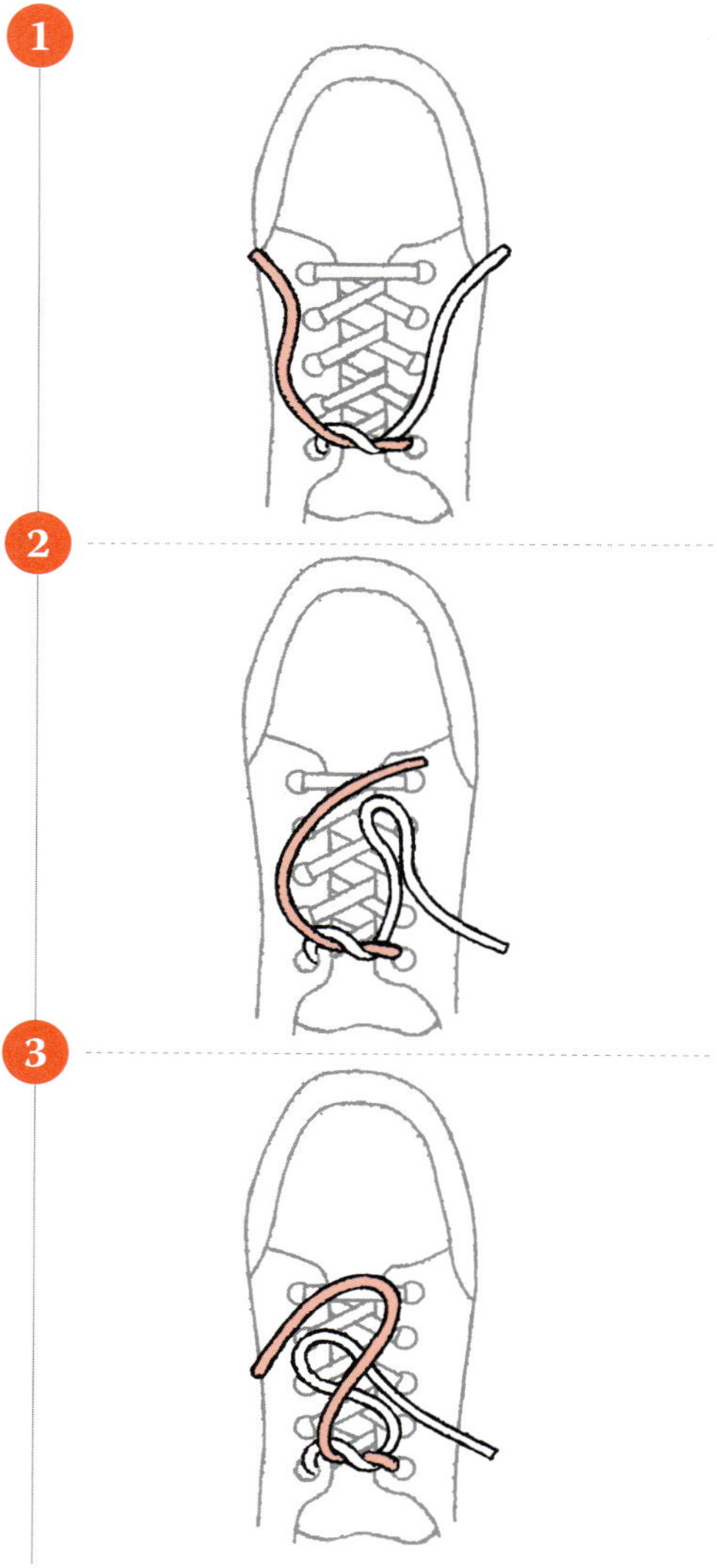

4

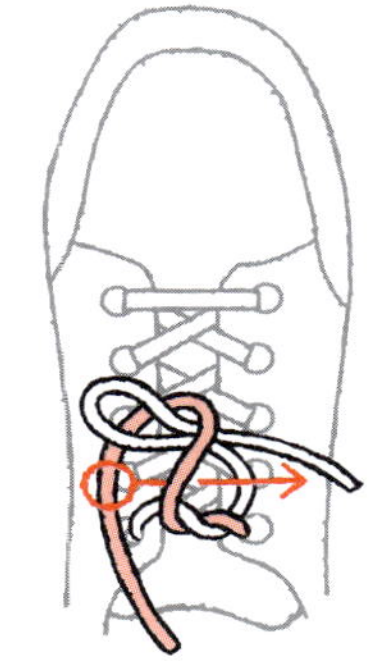

5

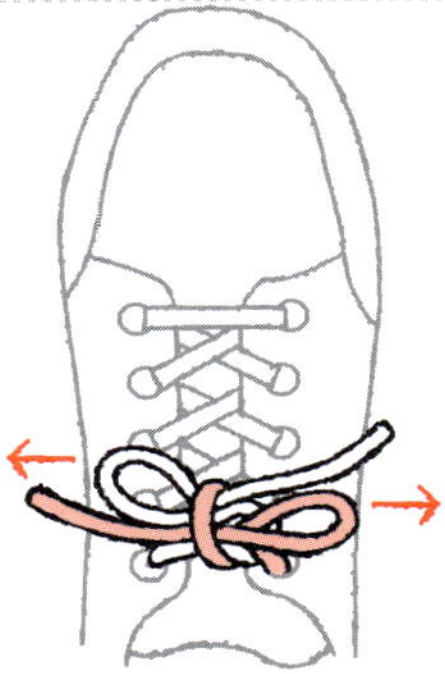

6

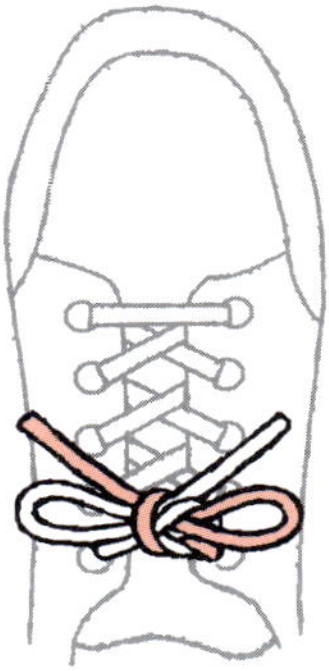

イアン・ノット

オーストラリアのイアン・フィーゲン氏が考案した、解けにくい結び方。左右につくった輪をそれぞれの輪の中に通すだけというシンプルさで、愛用者が増えている。輪のつくり方、通し方を間違えないように。

1 靴ひもの両端を1回絡める

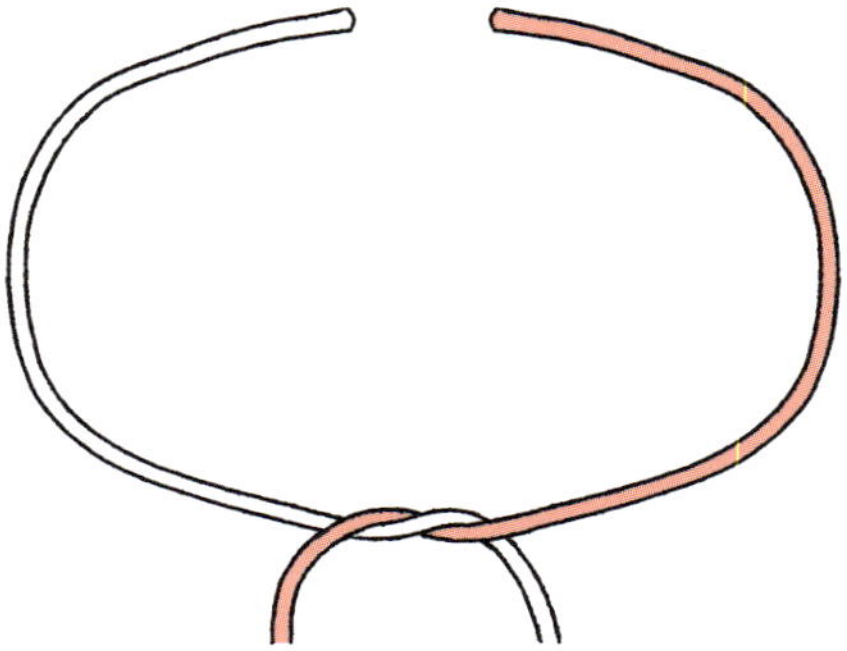

2 それぞれの末端にイラストのような輪をつくり、一方の輪を、もう一方の輪の中に通す

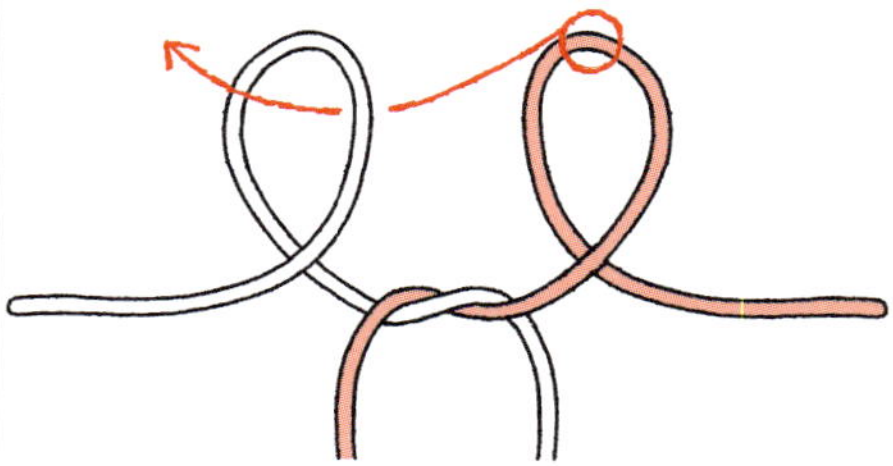

3 同時にもうひとつの輪も同様に通す

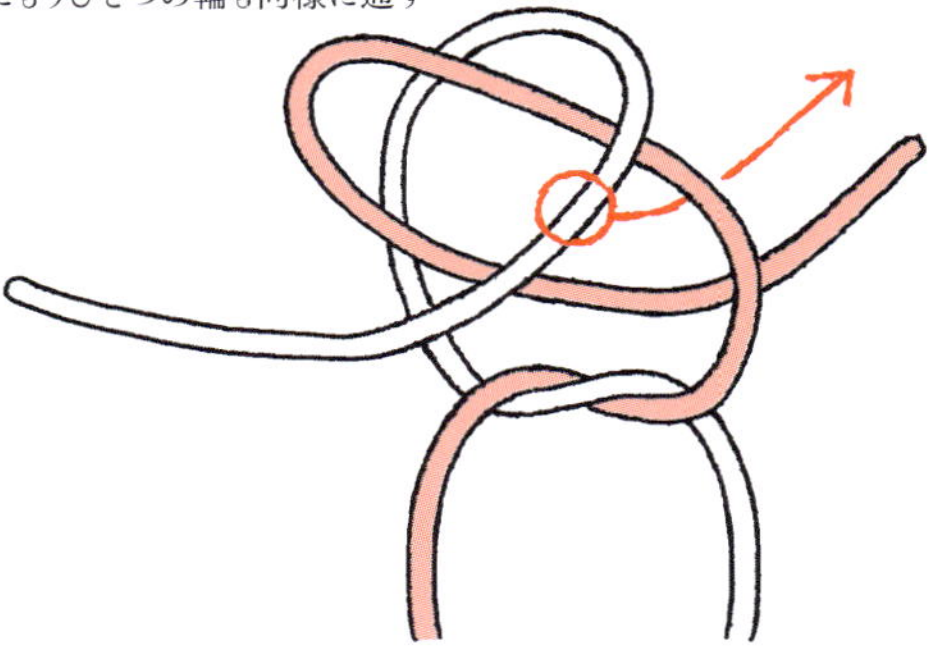

4

結び目を締める

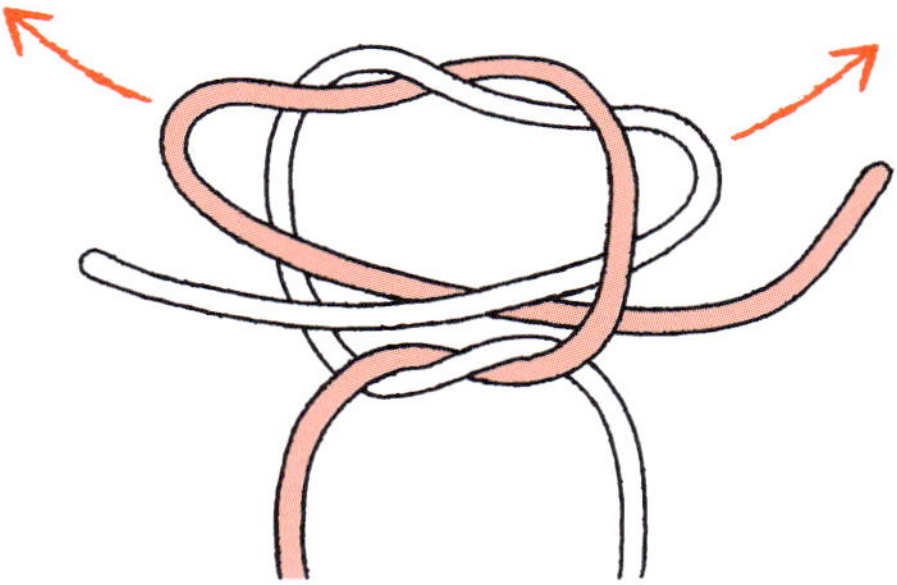

5

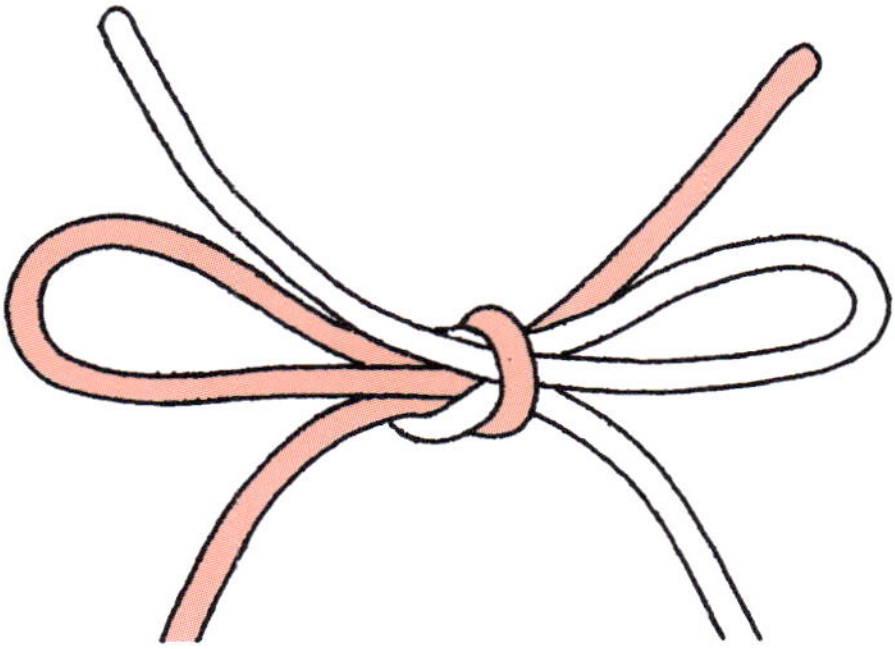

ベルルッティ結び

ボウ・ノットの1回目と2回目の絡みを1回ずつ増やして解けにくくした結び。簡単に結べ、見た目も美しい。フランスの老舗超高級ブランド、ベルルッティの靴が採用していることから名づけられた。

1 靴ひもの両端を2回絡める

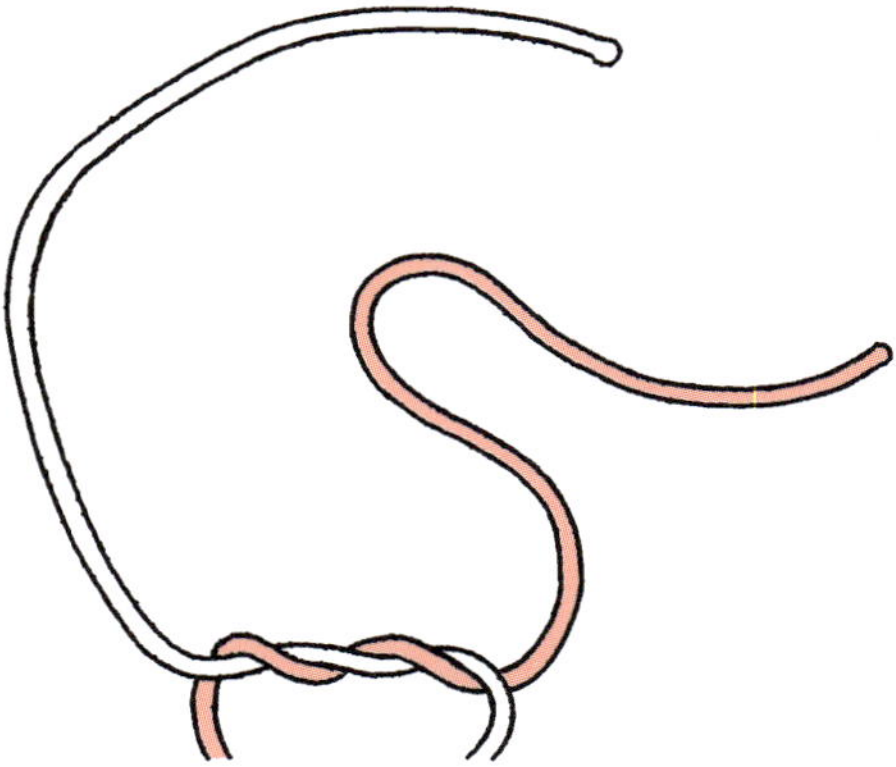

2 ボウ・ノットを結ぶ

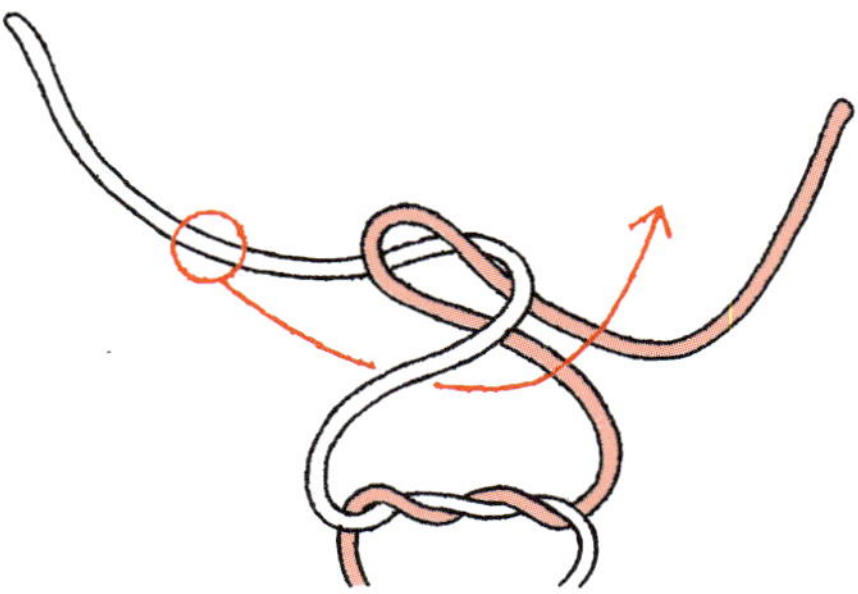

3 片方の輪を矢印のように通す

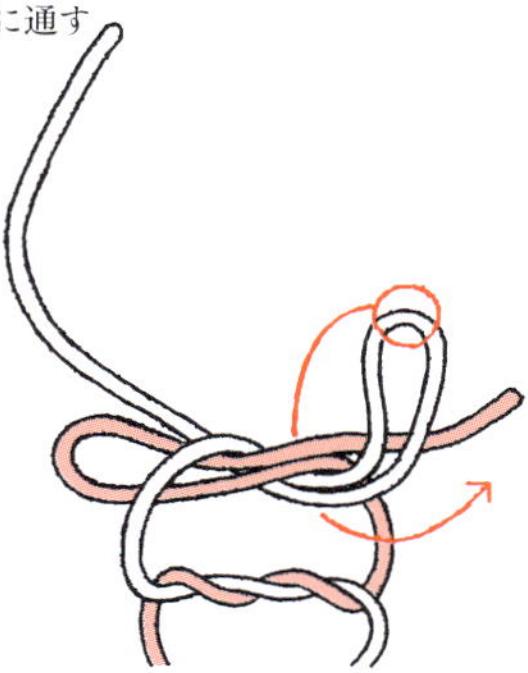

4 結び目を締める

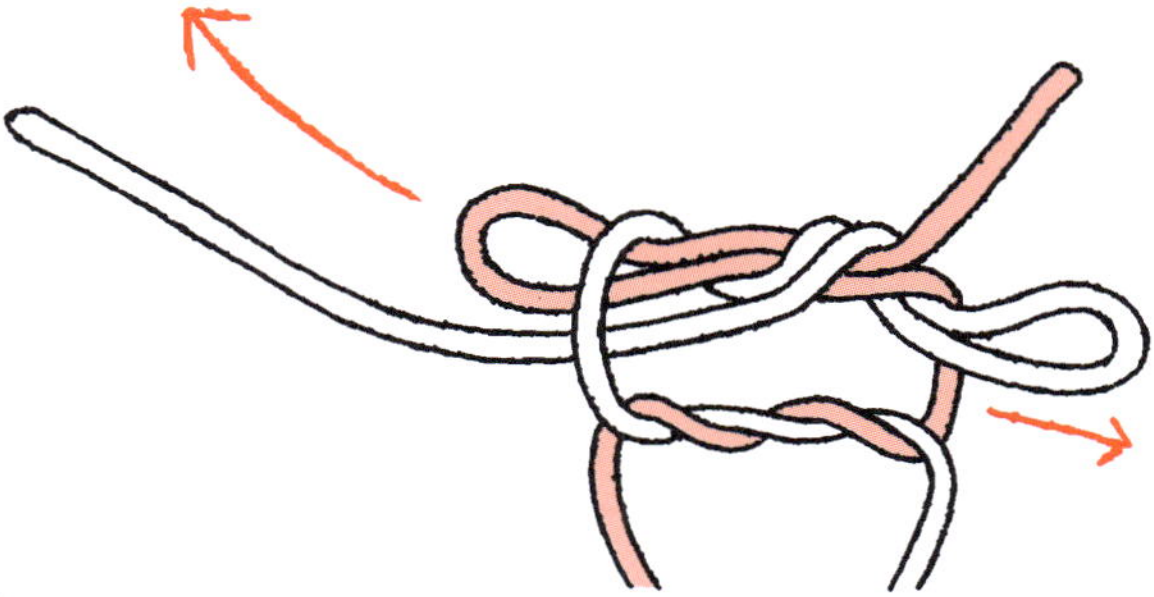

5

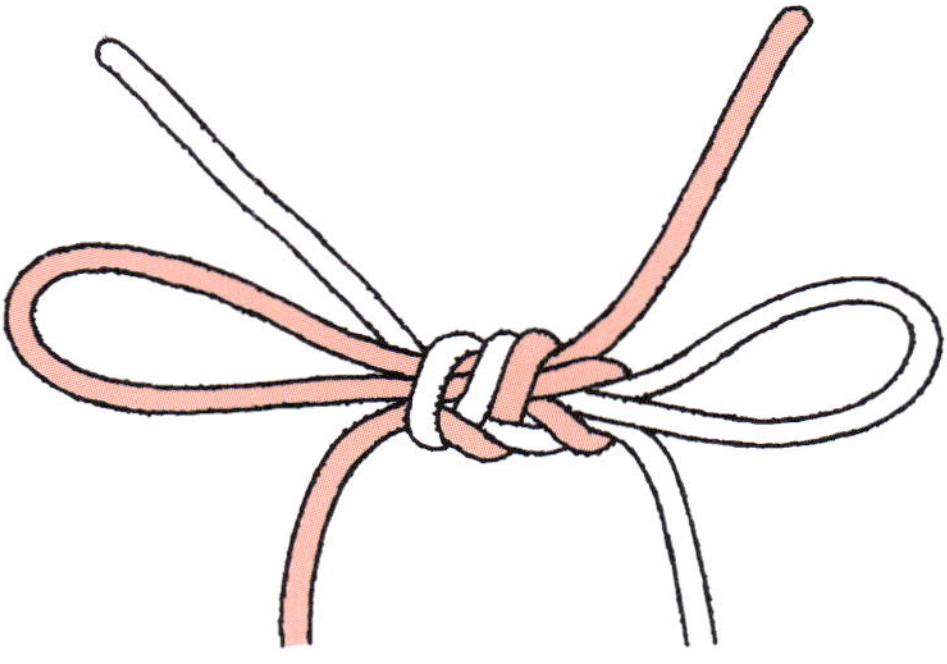

小物に細引きをつける

行動中に現在地や方向を確認するためのコンパスや、緊急時に必要となるナイフやホイッスルなどの小物は、使うときにいちいちザックから取り出すのは面倒なので、すぐに使えるように、細引きを付けて首から下げておくようにするといい。

やり方は簡単。細引きをコンパスやナイフなどの穴またはリングに通し、オーバーハンド・ベンドやフィッシャーマンズ・ベンドで両端を結び合わせれば細引きが輪状になり、首から下げられるようになる。このとき、小物を細引きの途中にハーフ・ヒッチで結びつけてから細引きの両端を結び合わせるか、先に細引きの両端を結んで輪状にし、それをガース・ヒッチで小物に結びつければ、小物は細引きに固定されて動かなくなる。このような用途に使用する細引きは、太さ2〜3㎜、長さ1m程度のものが適切だろう。

そのほか、手袋や帽子などに小さな細引きの輪を付けておき、脱いだときにザックのショルダーベルトに付けたカラビナにかけられるようにするのもおすすめ。こうすれば落としたり風に飛ばされたりする心配もない。

同様にザックやウェアのファスナーに細引きの輪を付けることで、開閉が格段に楽になる。

オーバーハンド・ベンド

ギアの穴やリングなどに細引きを通し、末端同士をオーバーハンド・ベンドで結び合せる。結び目が固く締まると解くのに苦労するので、あとで解く必要がないときに用いるといい。

1

小物のリングに細引きを通し、両端を重ねて輪をつくる

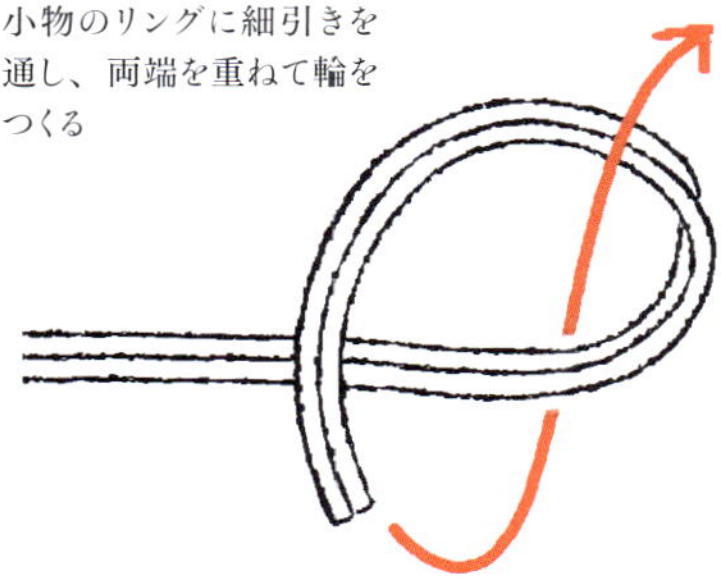

2

輪の中に両端を通す

3

結び目を締める

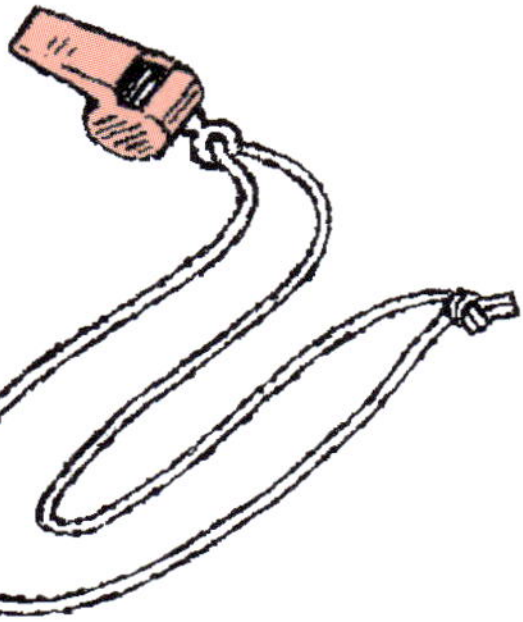

フィッシャーマンズ・ベンド

やはりギアの穴やリングなどに細引きを通し、それぞれの端を巻き込むようにしてオーバーハンド・ノットで結ぶ。結び目が左右対称に整っているかどうかチェックしよう。

1 細引きの両端をイラストのように結んでいく

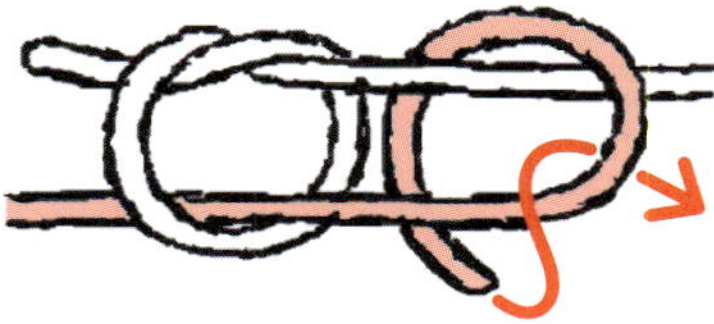

2 イラストのような形にして結び目を締める

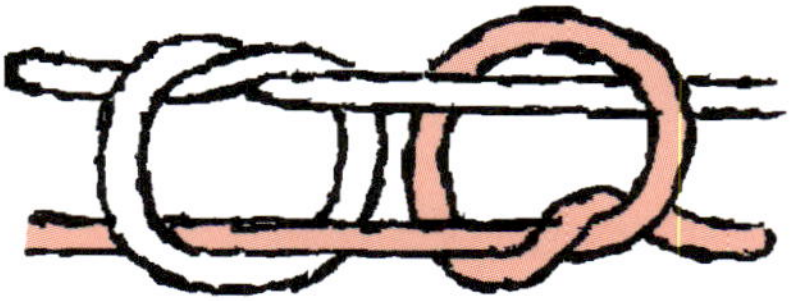

3 矢印方向に引っ張る

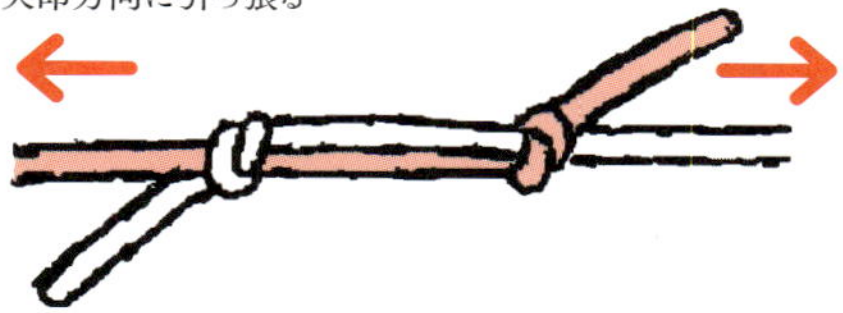

4 結び目を合わせて完成

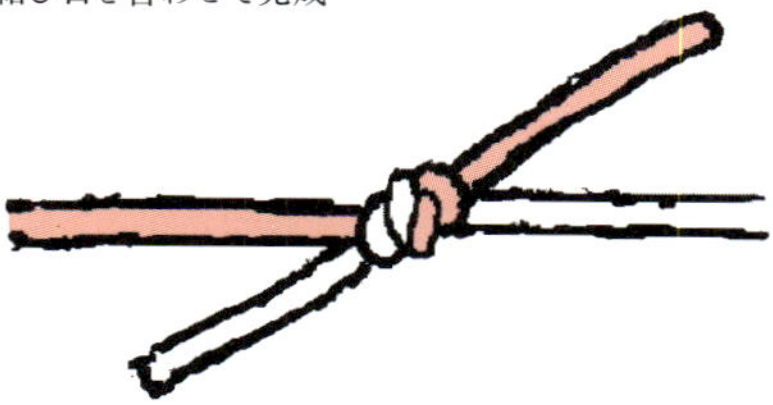

ハーフ・ヒッチ

細引きをギアの穴やリングなどに通したときにハーフ・ヒッチを結んでおけば、ギアは固定されて動かなくなる。こうしてから両端をオーバーハンド・ベンドやフィッシャーマンズ・ベンドで結ぶ。

1 細引きを小物の穴やリングに通す

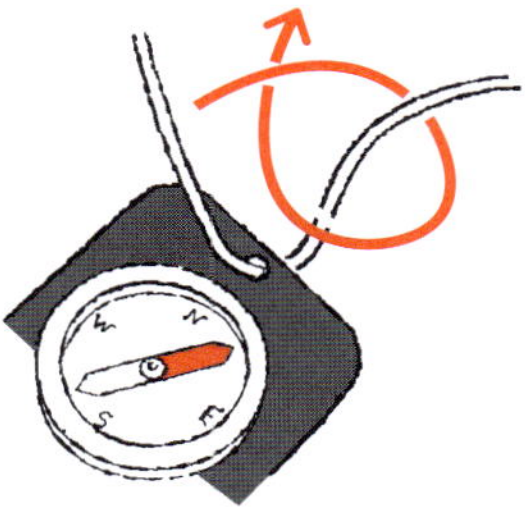

2 ハーフ・ヒッチで結ぶ

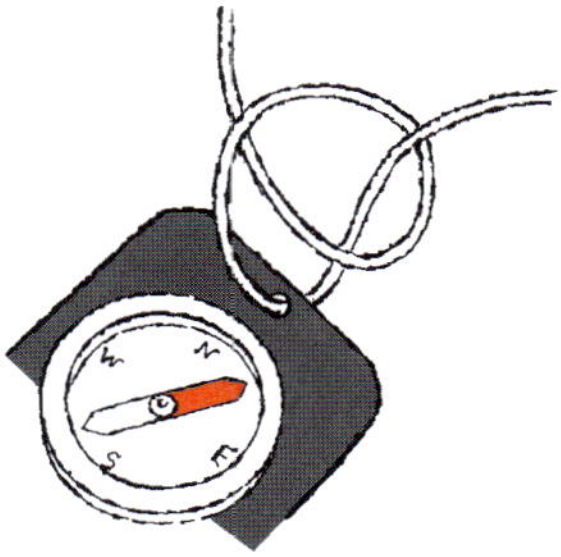

3 細引きに小物が固定される。首などにかけられるよう、細引きの両端を結んで輪状にする

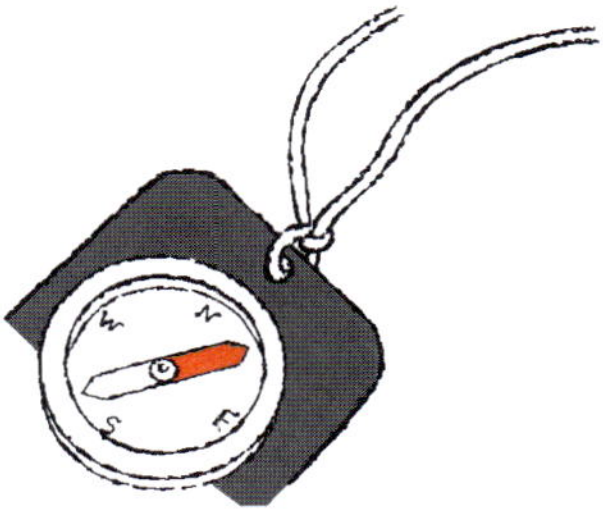

ガース・ヒッチ

最初に細引きの両端をオーバーハンド・ベンドやフィッシャーマンズ・ベンドで結んで輪状にし、ギアの穴やリングなどに通してガース・ヒッチで結ぶ。ギアは細引きに固定される。

1 輪状にした細引きを
小物の穴やリングに通す

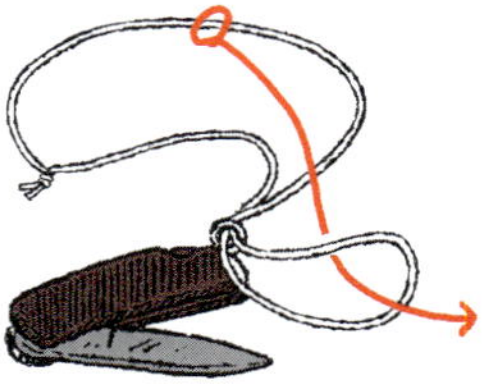

2 ガース・ヒッチで結ぶ

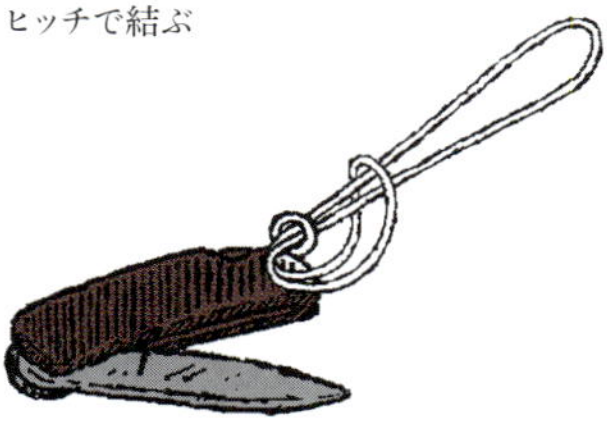

3 結び目をしっかり締め、
細引きに小物を固定する

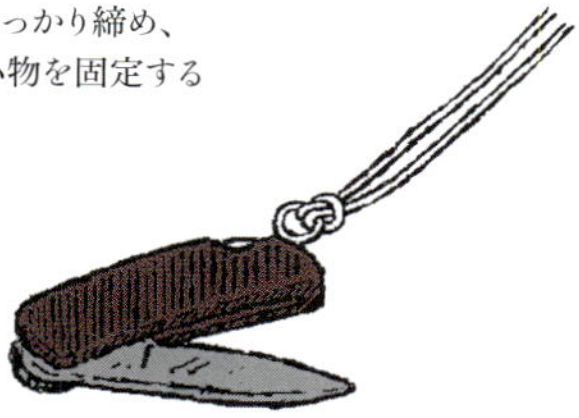

細引きの取手をつける

ガース・ヒッチで
結ぶ

ファスナーに小さな
輪状の細引きを通す

ロープワークのためのナイフは

アウトドアで用いるロープは、クライミングロープなどは別にして、登山用具店などで販売しているメーター売りのロープを購入し、自分で適当な長さに切って使うケースが多い。しかし、ナイロン製の編みロープは表面が滑りやすく傷つきにくいようになっているため、ハサミやカッターなどでロープをきれいにスパッと切るのは意外に難しい。

ロープを切るのにいちばん適したツールは刃の切れ味鋭いナイフ、それも刃が波状になっているセレーションタイプのものだ。このセレーションタイプのナイフは、レスキュー隊員らがロープやウェアを切り裂くために開発されただけあって、「切り裂く」という機能に特化している。実際、波刃のギザギザが滑りやすいロープの表面にしっかりと食い込んで、気持ちいいくらいにスッパリとロープを切ることができる。

また、波刃のブレードに加えて、固く締まった結び目を解くためのマリーンスパイクが付いたセーラーズナイフもクールでおすすめだ（多機能ナイフの有名ブランド、ビクトリノックスのライナップにも同様のモデルがある）。

ロープは野外でもその場の用途に応じて切る必要が出てくることもある。そんなときでもすぐに取り出せるように、ロープワーク用のナイフをひとつしのばせているといいだろう。

ロープを切るのに適したセレーションタイプのナイフ

テントを張る

テントを設営するときには、風で飛ばされないようにテントを地面に固定する必要があり、市販のテントにはそのための張り綱が付属している。そして一本一本の張り綱に付いているのが、「自在」と呼ばれるプラスチック製または金属製の、穴のあいた小さなプレート。この自在をスライドさせることによって、張り綱をピンと張ったりゆるめたりすることが簡単にできるようになっている。しかし、万が一、自在が破損したり紛失したりしたときの場合に備えて、張り綱をペグや石などに結びつけるためのロープワークも覚えておいて損はない。

まず、張り綱をペグに結びつけるときに重宝するのがツー・ハーフ・ヒッチとトートライン・ヒッチ。ツー・ハーフ・ヒッチは地面にがっちり打ち込んだペグに張り綱をしっかり固定するのに適しており、トートライン・ヒッチは結び目をスライドさせることで自在のように張り綱の張り具合を調節できるのが特徴だ。

ペグを打ち込めないテントサイトでは、ツー・ハーフ・ヒッチかエバンス・ノットを使って張り綱を石に結びつけるといい。どちらの結びも石をしっかりホールドできるので（エバンス・ノットはロープを引っ張ると輪が締まる）、輪がすっぽ抜けにくい。

張り綱をペグに結ぶ①

張り綱の端にフィギュアエイト・オン・ア・バイトで輪をつくり、その輪を2つに折ってペグを通せば、ガース・ヒッチで張り綱が結びつけられる。そうしてから地面にペグダウンする。

ガース・ヒッチ

1 張り綱にフィギュアエイト・オン・ア・バイトで輪をつくる

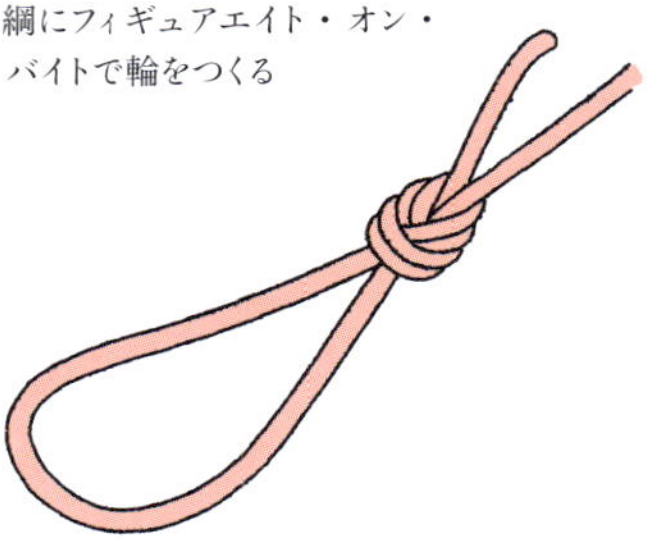

2 輪を半分に折って2つの輪をつくり、ペグを矢印のように通す

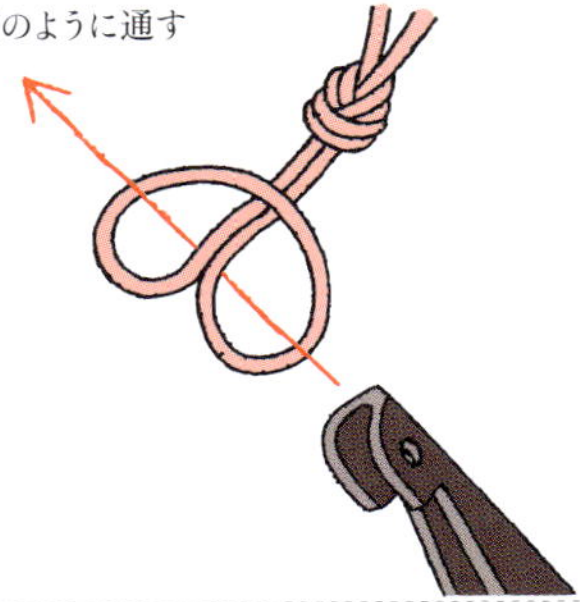

3 張り綱を引っ張って結び目を締める

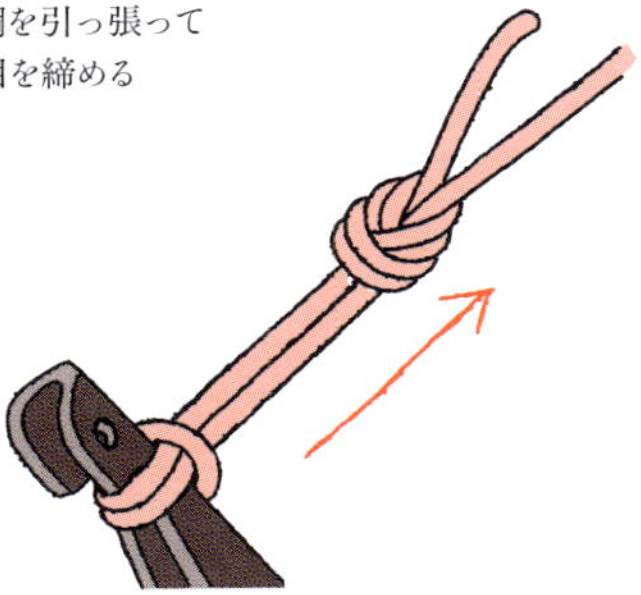

張り綱をペグに結ぶ②

先にペグを地面に打ち込んでから、張り綱をツー・ハーフ・ヒッチで結ぶ。張力をかけすぎるとペグが抜けてしまうし、ゆるいとテントがピンと張れない。力加減をうまく調整するのがポイントだ。

ツー・ハーフ・ヒッチ

1 張り綱をペグに回す

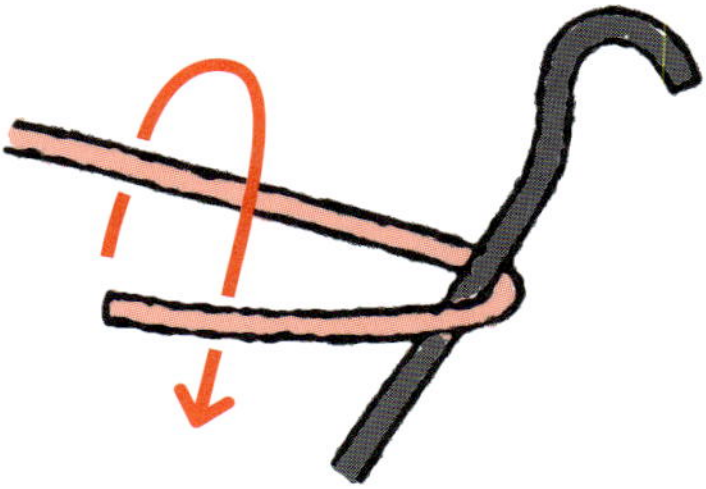

2 ハーフ・ヒッチで結ぶ

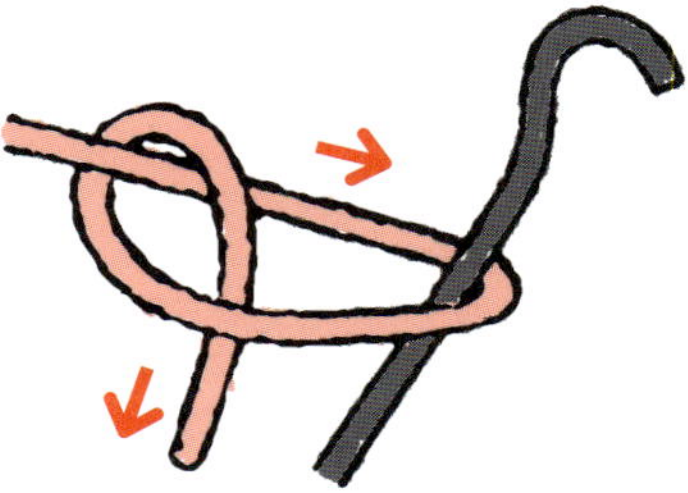

3 結び目を締める

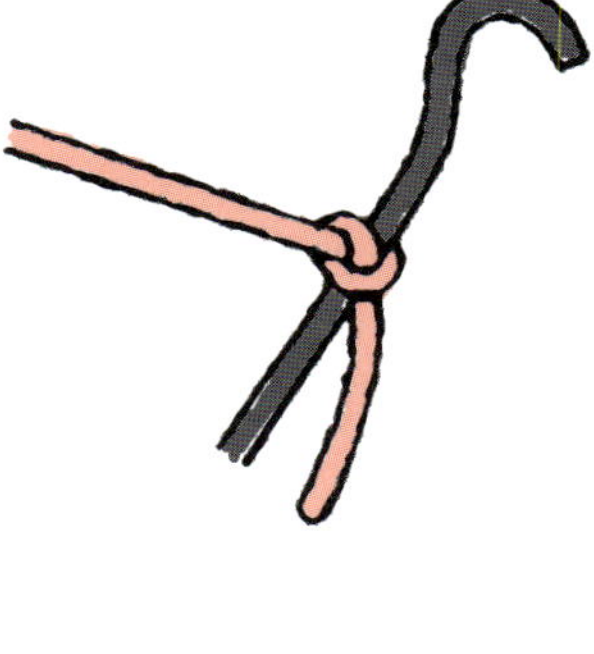

4 さらに末端を矢印のように通す

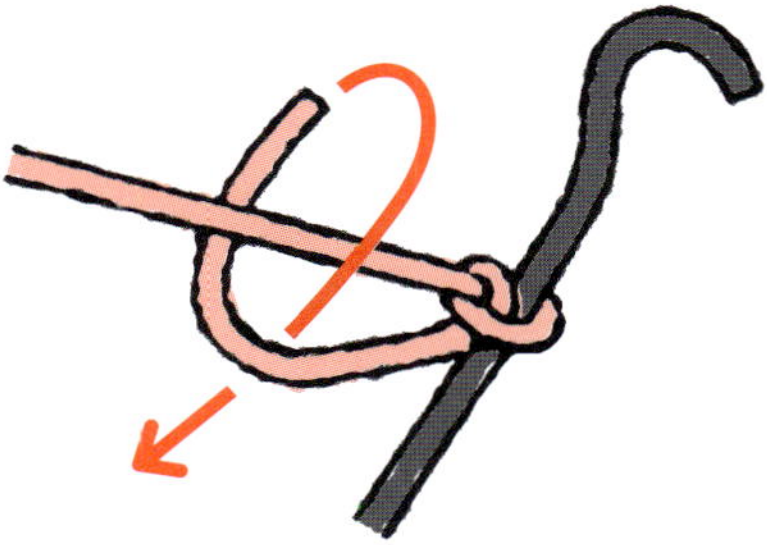

5 もう1回ハーフ・ヒッチで結ぶ

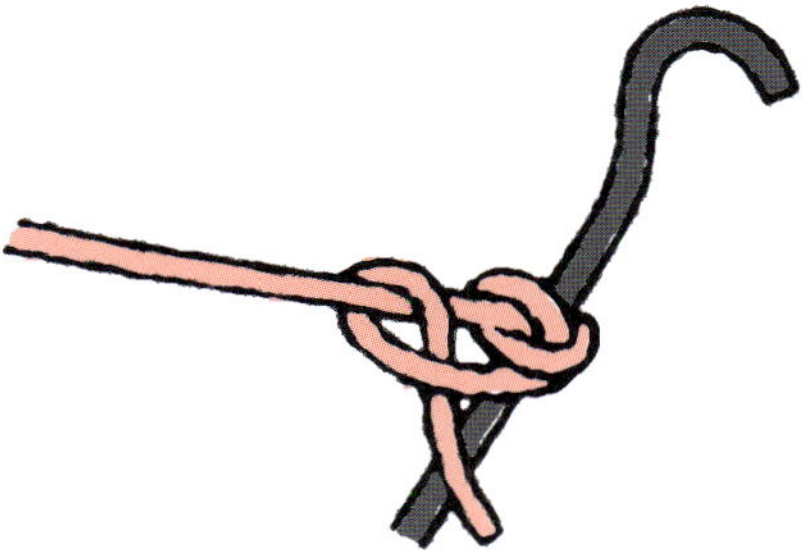

6 結び目をしっかり締める

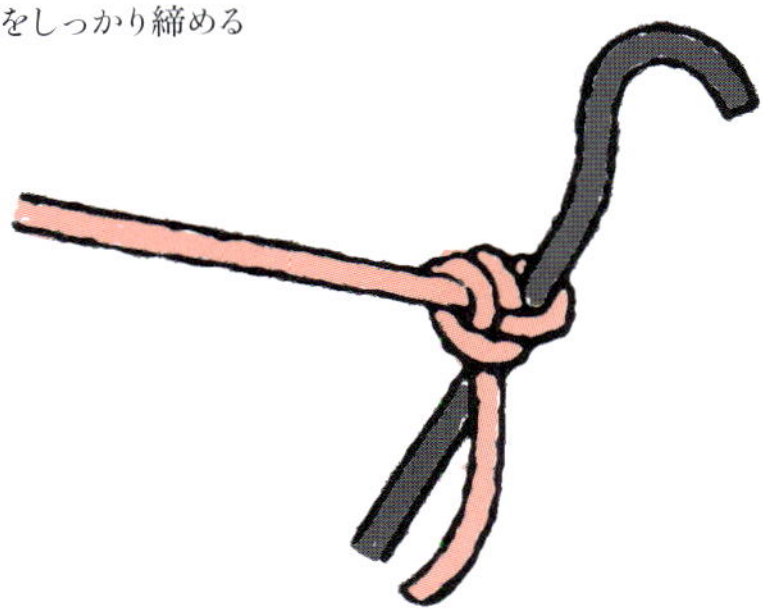

張り綱をペグに結ぶ③

自在の機能をもった便利な結び。結び目をスライドさせることで、簡単に張り綱をゆるめたりピンと張ったりできる。ハーフ・ヒッチを数回繰り返して結ぶだけなので、比較的覚えやすい。

1

張り綱をペグに回して
ハーフ・ヒッチで結ぶ

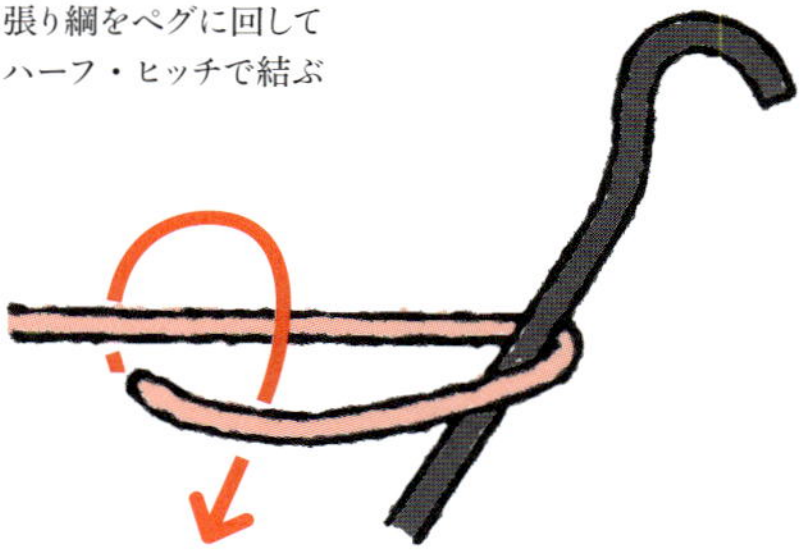

2

間隔をあけてもう1回
ハーフ・ヒッチを結ぶ

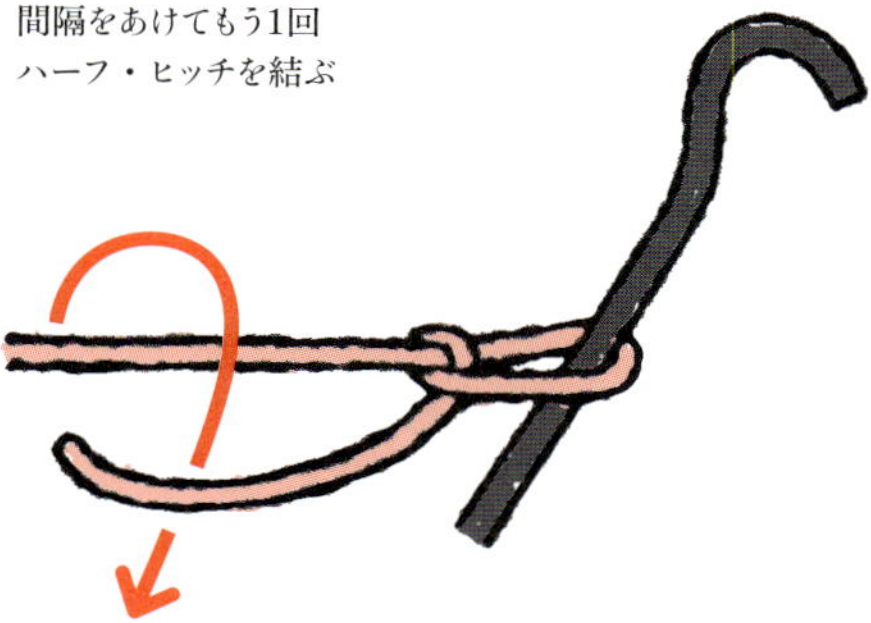

3

矢印のように末端を
巻きつける

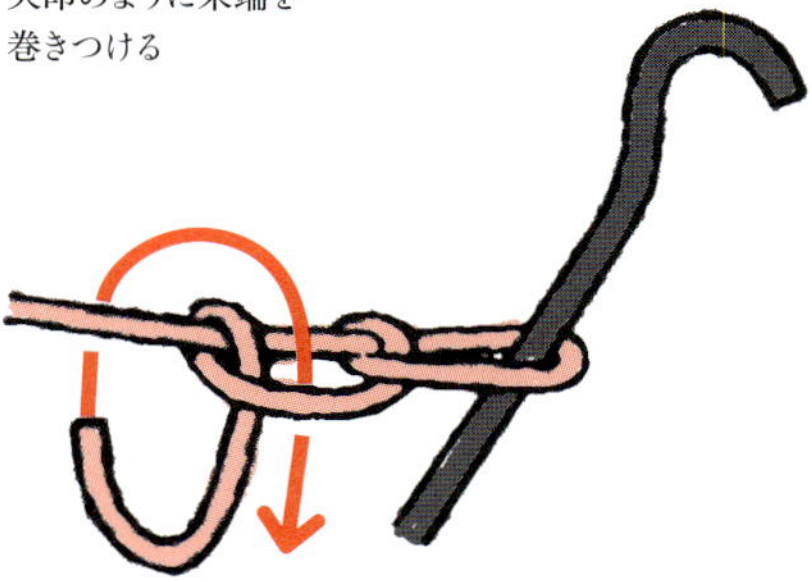

4

イラストのような形にして、
さらにもう1回
ハーフ・ヒッチを結ぶ

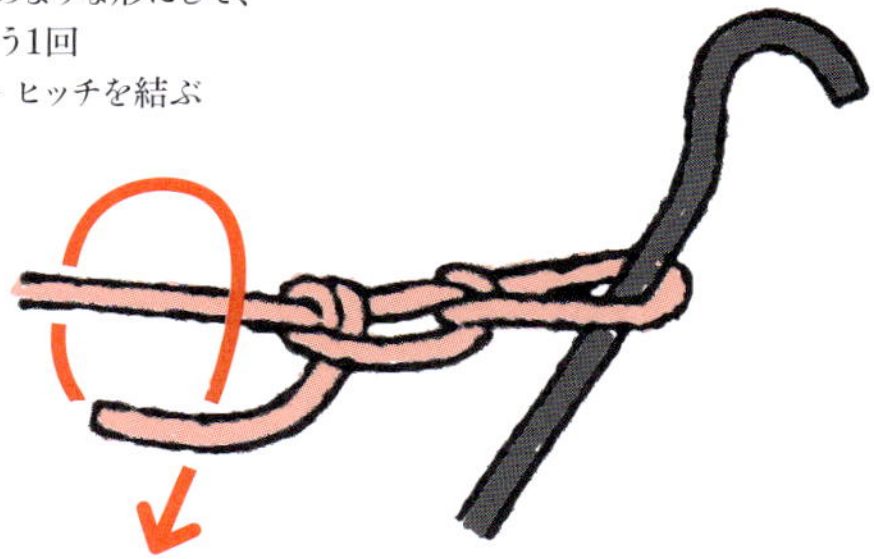

5

結び目を整えて完成

6

2つの結び目を
スライドさせて
張り綱を調整する

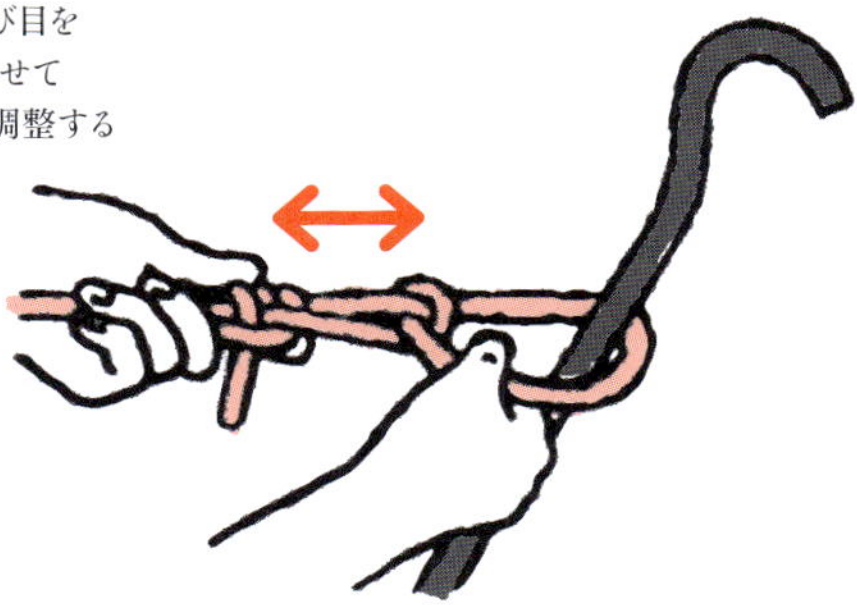

張り綱を石に結ぶ①

ツー・ハーフ・ヒッチを使うなら、結び目が石に密着するように結ぶ。石との間に隙間があると、張り綱がすっぽ抜けてしまう。張り綱の張り具合は石を移動して調整する。

1 固定する石に
張り綱をかけ、ハーフ・ヒッチで結ぶ

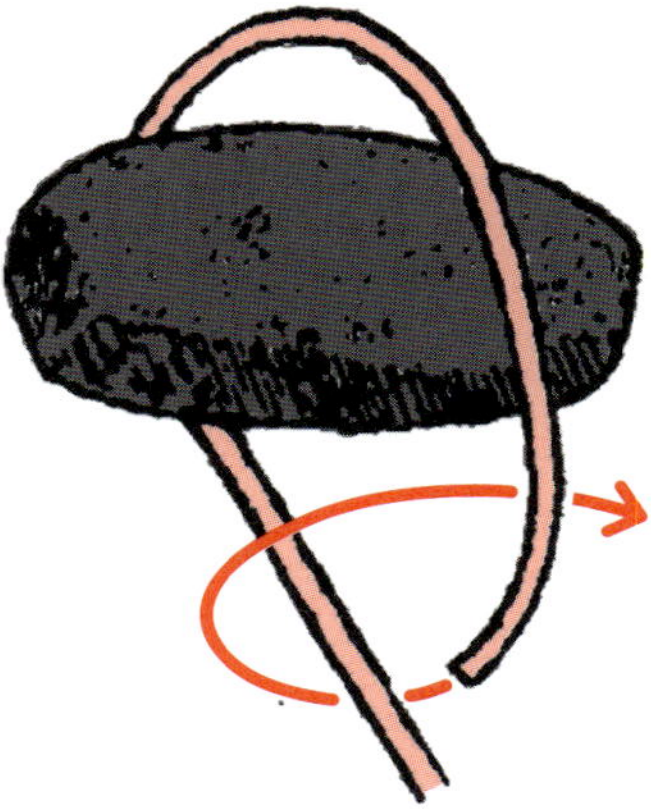

2 もう1回、ハーフ・ヒッチで結ぶ

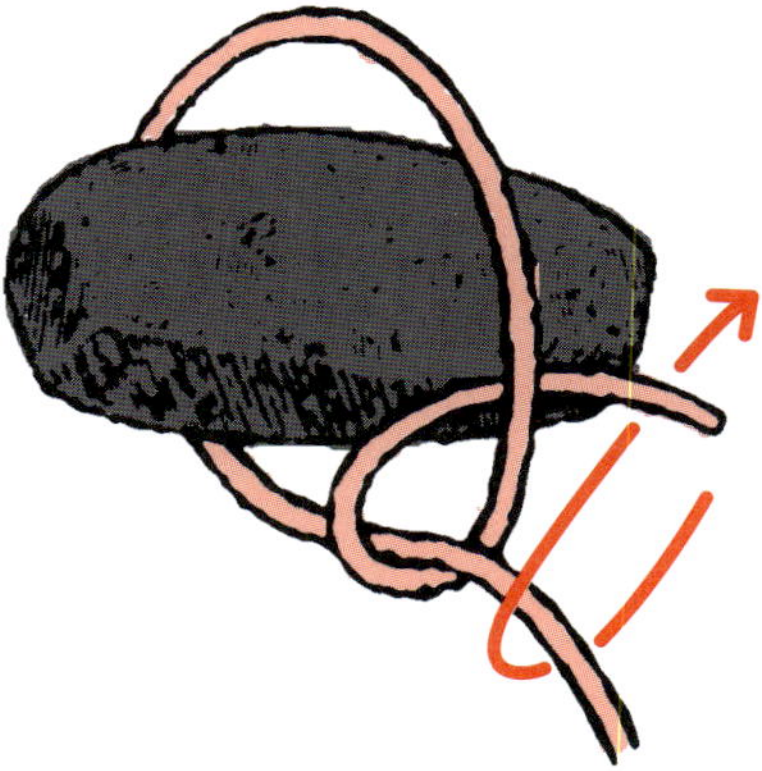

3

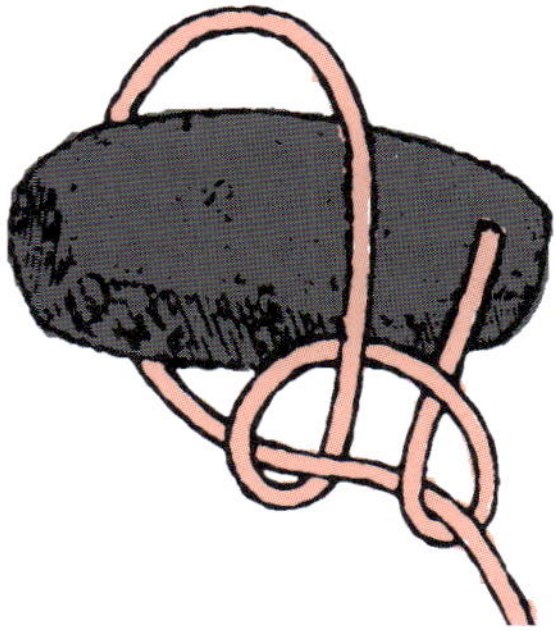

4

結び目を石に密着させて、結び目をしっかり締める

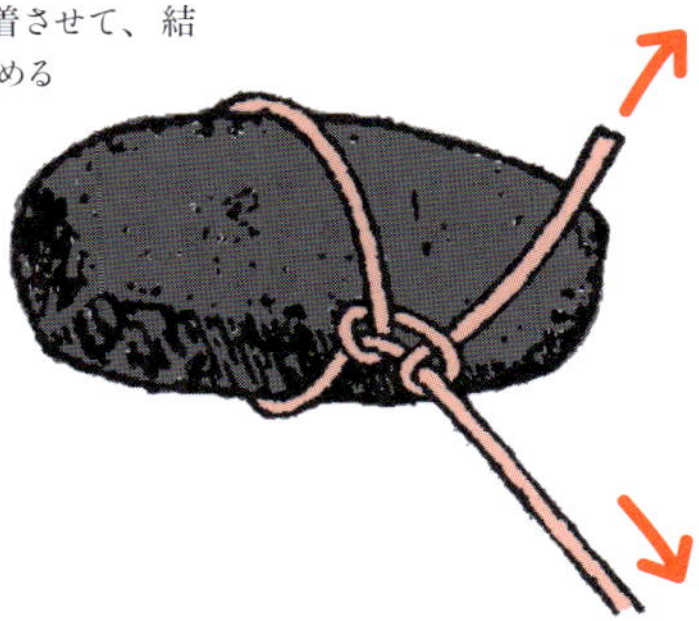

5

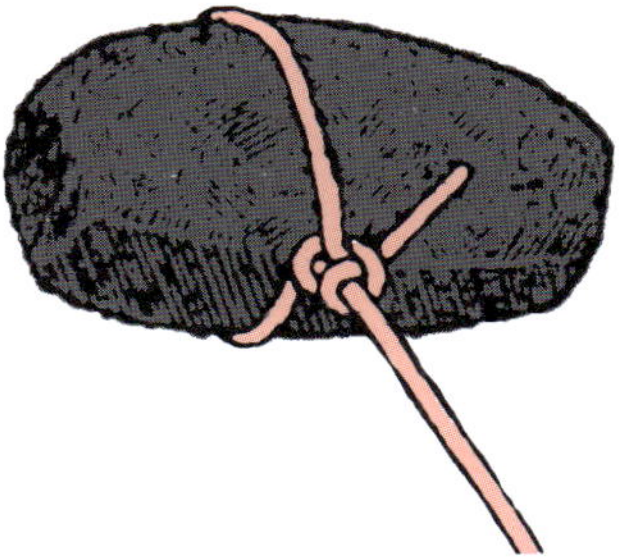

張り綱を石に結ぶ②

エバンス・ノットは罠結びの一種。ロープの元のほうを引っ張ると輪が締まるので、すっぽ抜けを防止できる。張り綱を結びつけたら輪を締めて石に固定し、さらに石の位置を変えて微調整する。

エバンス・ノット

1 固定する石に張り綱をかける

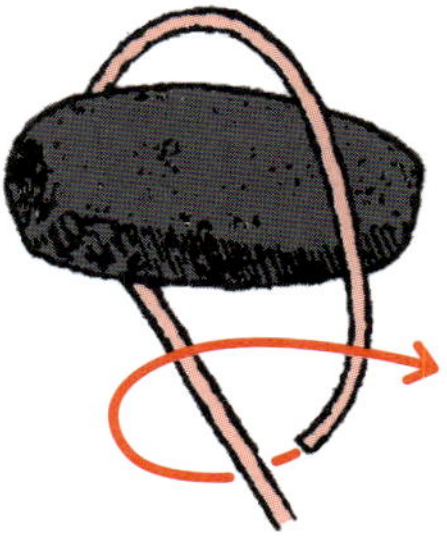

2 イラストのように末端をひと巻きする

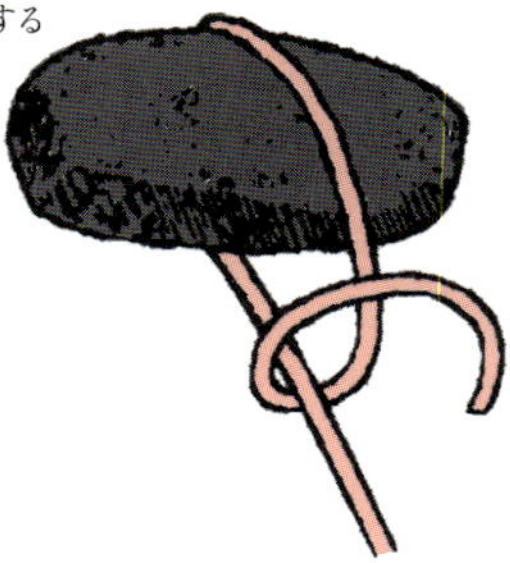

3 さらにもう1回巻きつけ、矢印のように輪の中に通す

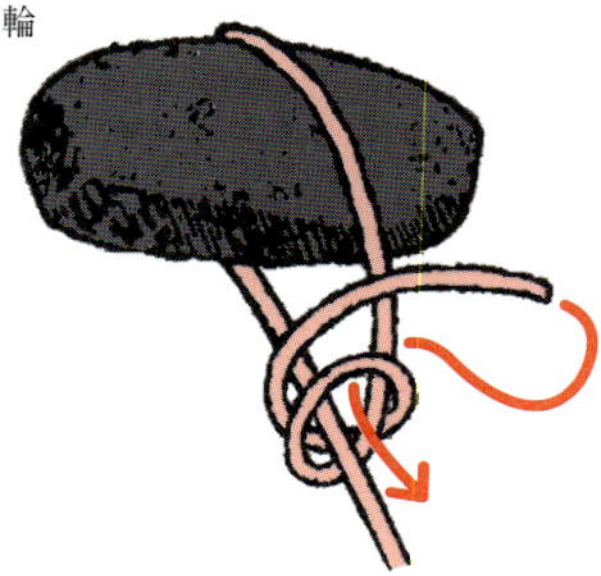

4

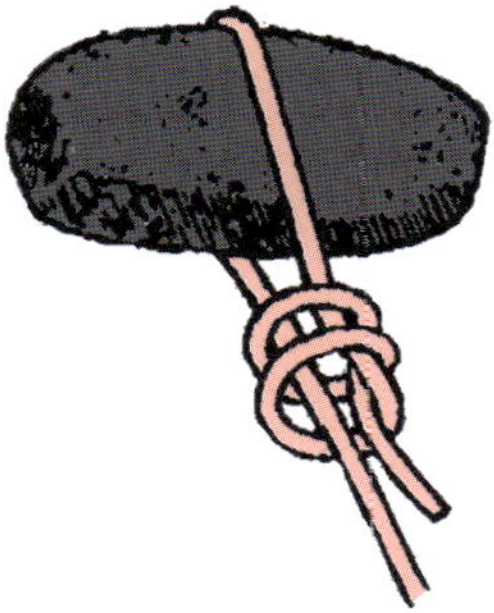

5

結び目をしっかり締める

6

張り綱を引っ張ると
輪が締まって結び目が
石に密着する

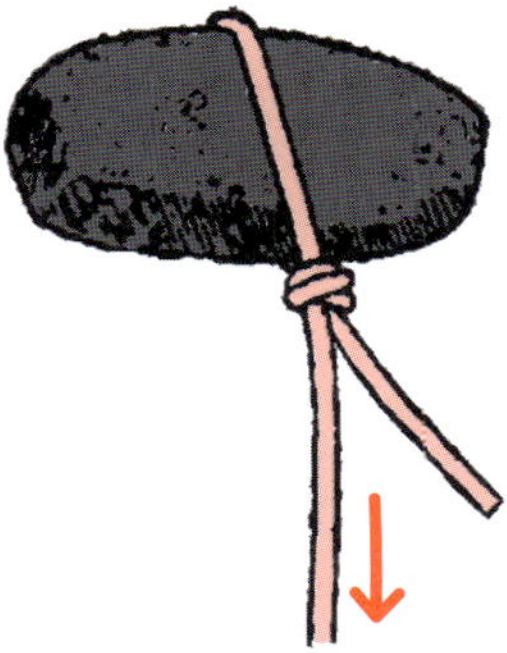

テントの中でものを吊るす

テントの天井部にひも通しのループやリングがあるなら、ものを吊るすための細引きを結んでおくと、濡れた手袋や帽子を乾かしたり、ランタンなどを吊り下げたりするのに重宝する。

天井部に細引きを張る

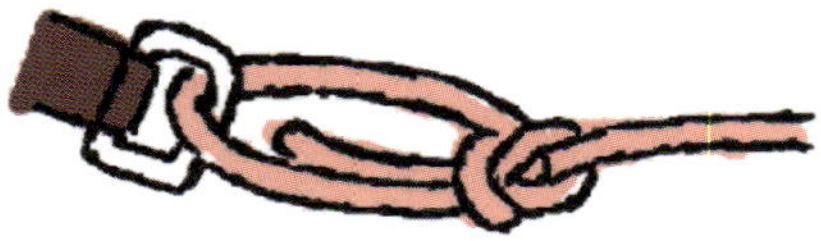

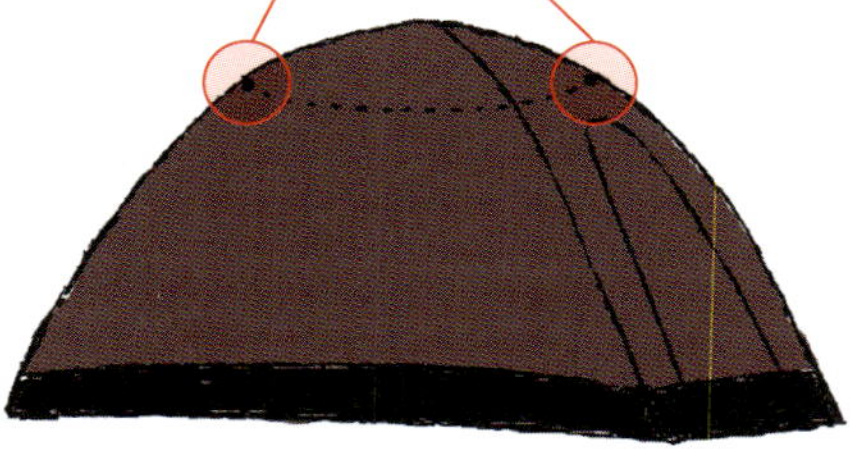

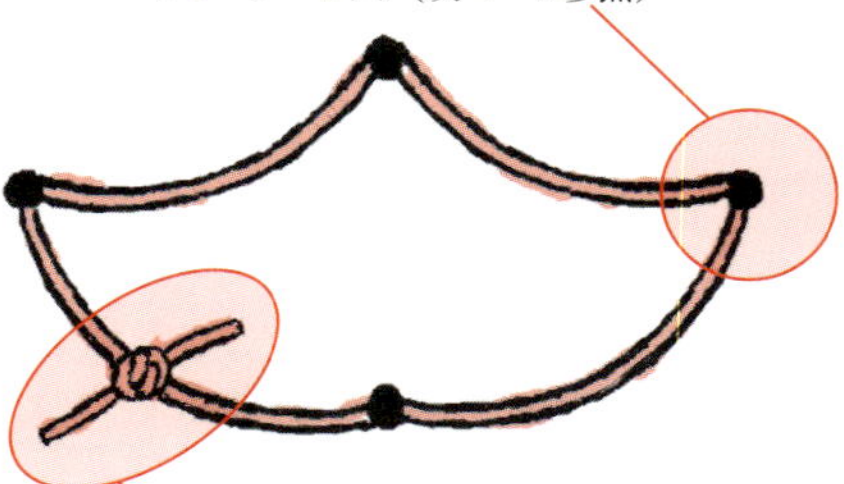

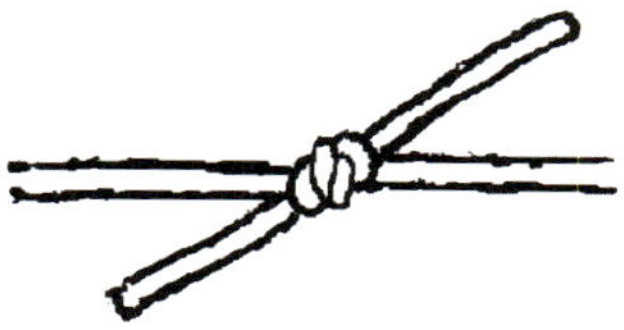

クローブ・ヒッチ

1 ループに細引きを巻きつける

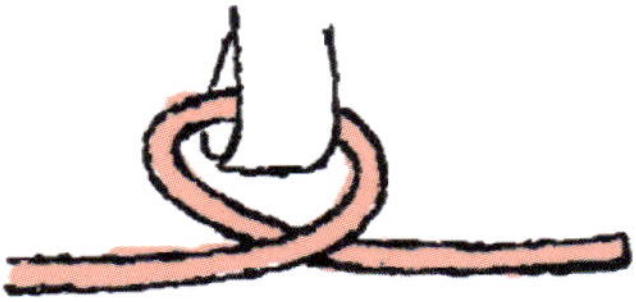

2 さらにもう1回巻きつける

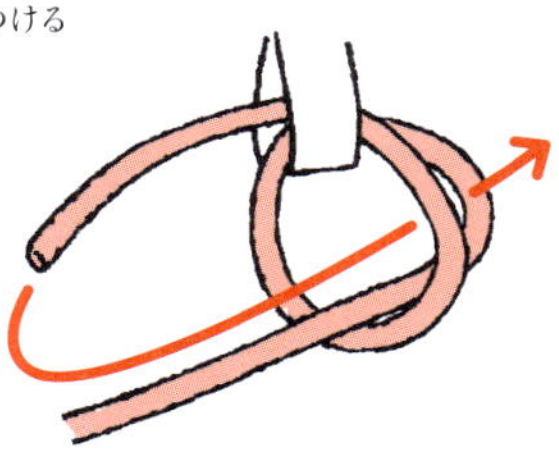

3 細引きの先端を❷の矢印のように通す

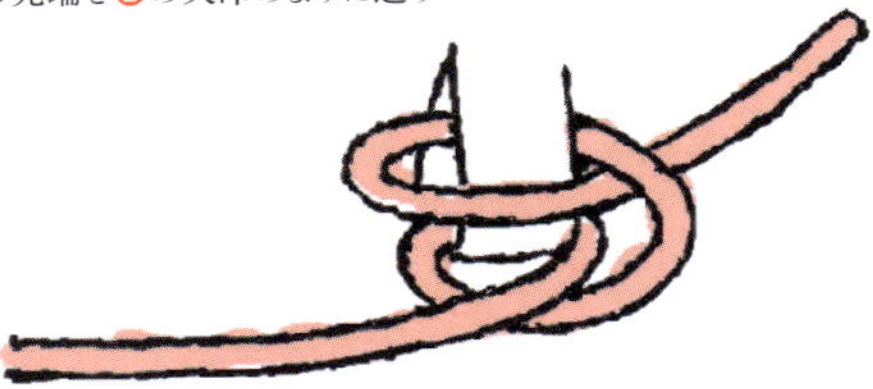

4 結び目を締めたら、次のループにも同じように結びつけていく

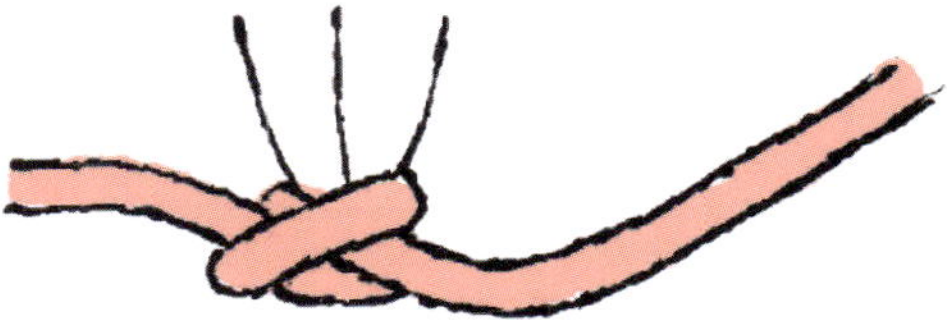

雪山でテントを張る

無雪期にテントを設営するときは、ペグを地面に打ち込んだり、張り綱を石などに結びつけたりして固定するが、そうした方法は雪山では使えない。ペグを雪に打ち込んでもすぐに抜けてしまうし、石などは雪に埋もれて張り綱を操作できなくなってしまうからだ。

そこで雪の上にテントを設営するときは、竹ペグやスノーペグなどに張り綱を結びつけ、それらを雪の中に横位置に埋めてアンカーとする。このとき、張り綱の末端に自在を付けたままだと、雪に埋もれて張り具合を調節できなくなってしまうので、あらかじめテントの本体側に付け替えておくこと。

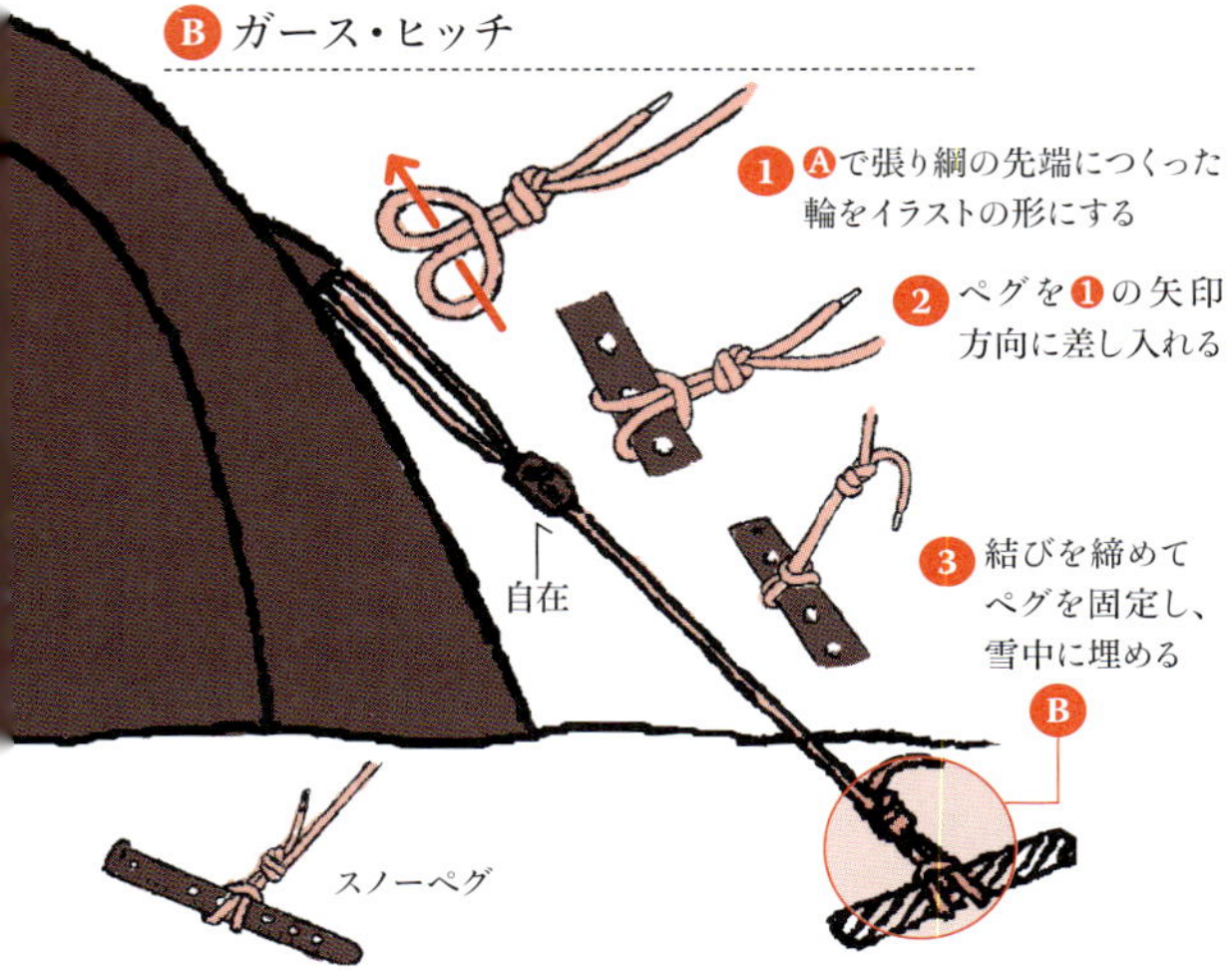
B ガース・ヒッチ
1 Aで張り綱の先端につくった輪をイラストの形にする
2 ペグを1の矢印方向に差し入れる
3 結びを締めてペグを固定し、雪中に埋める
B
自在
スノーペグ

A フィギュアエイト・オン・ア・バイト

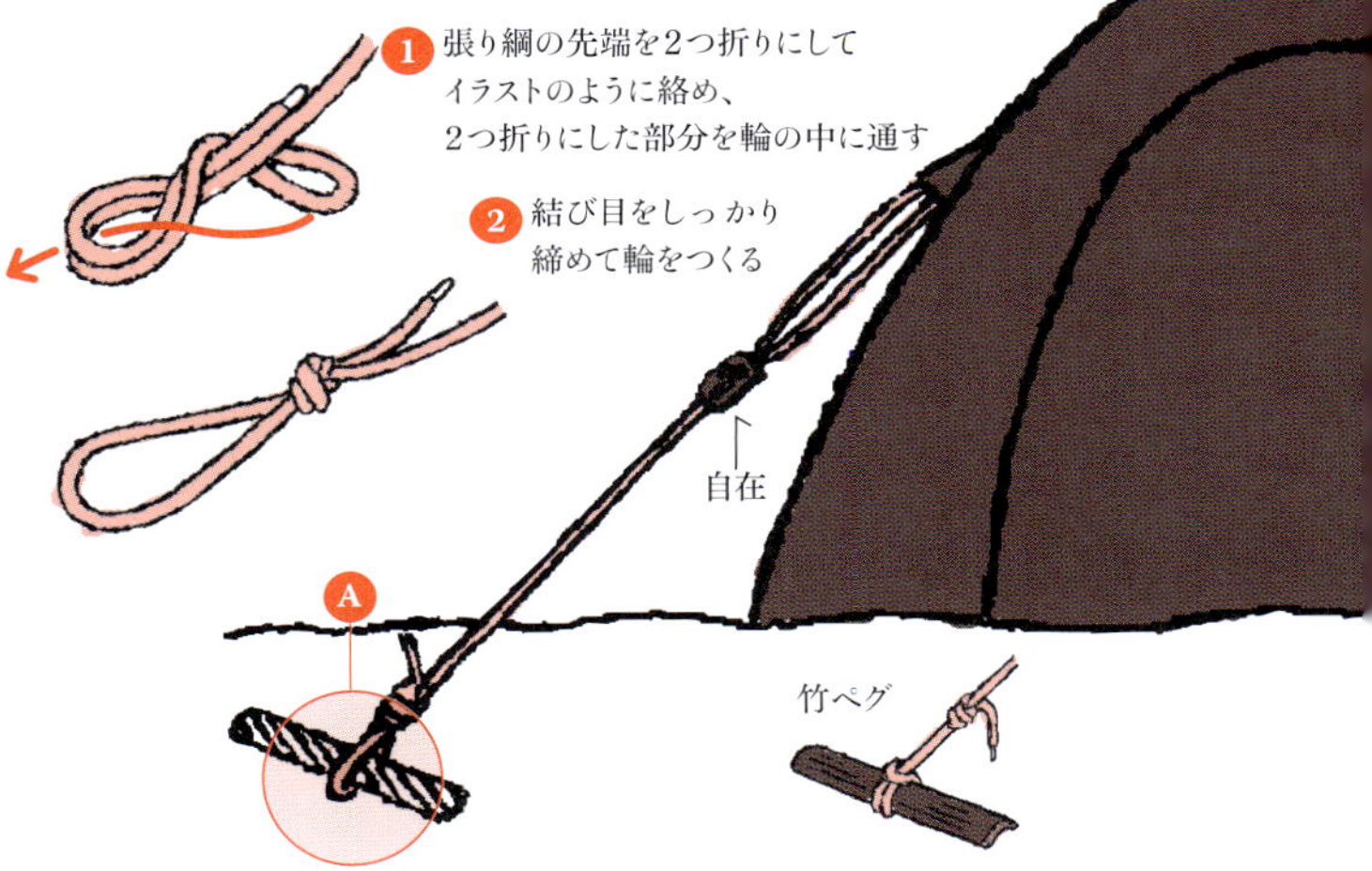
1 張り綱の先端を2つ折りにして
イラストのように絡め、
2つ折りにした部分を輪の中に通す
2 結び目をしっかり
締めて輪をつくる
自在
A
竹ペグ

スノーペグやスノーアンカーは登山用具店で購入し、竹ペグは竹を適当な長さに割って自作する。スノーペグは、イラストのような形のほか、十字型になるものや袋状のもの（雪を袋の中に入れて使用する）などがある。

このほか、木の板を十字型に組んだものやピッケル、縮めたトレッキングポールや木の枝を束ねたものなどを雪の中に埋めてアンカーとすることもある。

張り綱をスノーペグに結びつけるには、フィギュアエイト・オン・ア・バイトやガース・ヒッチのほか、ツー・ハーフ・ヒッチやエバンス・ノットを使ってもいい。

なお、雪中に埋めたアンカーは、凍結すると回収するのに苦労するが、残置せずにピッケルなどで掘り出して、必ず回収して帰ろう。

ツエルトを張る

山での万が一のアクシデントに備えて、必ず携行していたい非常用装備がツエルト。たとえば行動の遅れなどによってビバークしなければならなくなったときなど、ツエルトがあれば風雨をしのぐことができ、体力の消耗を最小限に抑えられる。

ツエルトは工夫次第でさまざまな使い方ができるが、最もオーソドックスなのは、立ち木と張り綱を利用してツエルトを張る方法だ。この方法は立ち木から支点をとることになるので耐風性が高く、底部の四隅をペグダウンすればテントのような広い居住空間も確保できる。どのように張るかは、所持している張り綱の長さ、使えそうなギア（カラビナやスリングなど）、木と木の間隔などを考慮して決めればいい。

なお、張り綱を木に結びつけるための結びは、クローブ・ヒッチ&ハーフ・ヒッチがシンプルでおすすめ。張り綱がたるまないようピンと張りたいのなら、ラウンドターン&ツー・ハーフ・ヒッチ、もしくはトラッカーズ・ヒッチを使用する。

ツエルトをテントのようにして使いたい場合は、張り綱の張力を利用してポールを立ち上げる必要がある。ポールはオプショナルの専用ポールを携行するか、トレッキングポールで代用する。

立ち木を利用する①

ツエルトを張るための支点を立ち木からとるときはガース・ヒッチでスリングを立ち木に巻きつけ、カラビナをセットする。このカラビナにツエルト本体のループを連結させればOK。

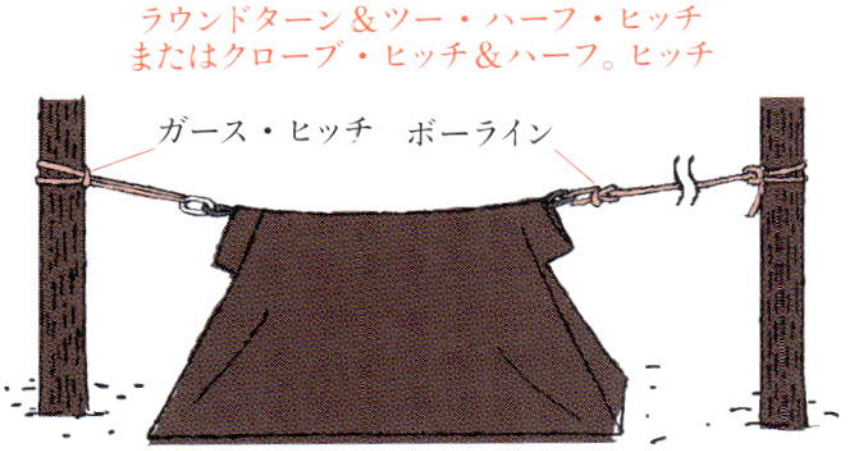

ガース・ヒッチ

1 立ち木に巻きつけたスリングをイラストのように通し

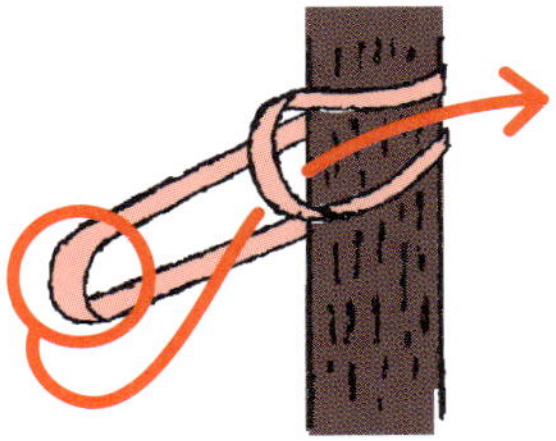

2 矢印方向に引いてしっかり締める

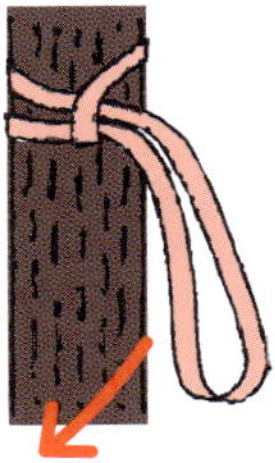

3 セットしたカラビナをツエルト本体のループにかける

立ち木を利用する②

スリングとカラビナの代わりに自在を使ってもいい。張り綱の両端に自在をセットして、イラストのように結んでいく。こうすれば立ち木にもツエルト本体にも簡単に張り綱をセットできる。

自在を使う

1 自在でできた輪を木に回す

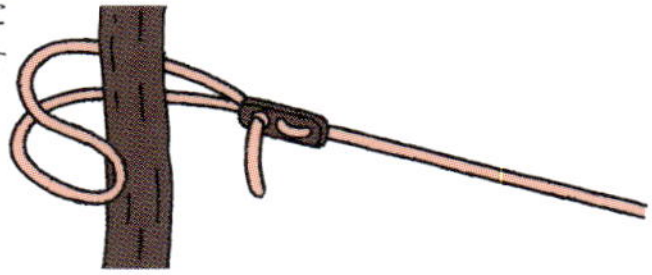

2 張り綱のもう一端を輪に通して引き出し、ガーズ・ヒッチで結びつける

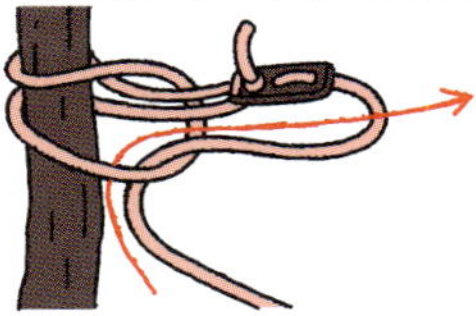

3 本体のループ

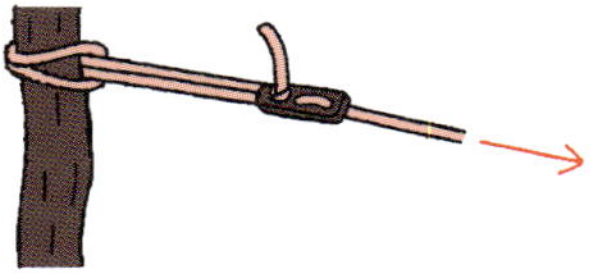

4 自在から張り綱を引き抜き、ツエルト本体のリング（ループ）に通す

5 自在に張り綱をつけ直す

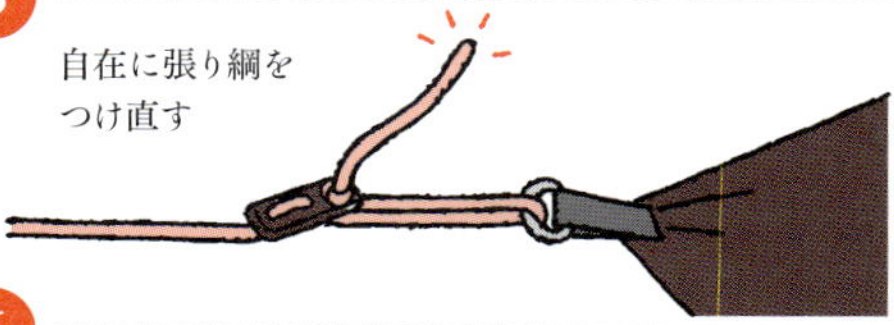

6 完成形

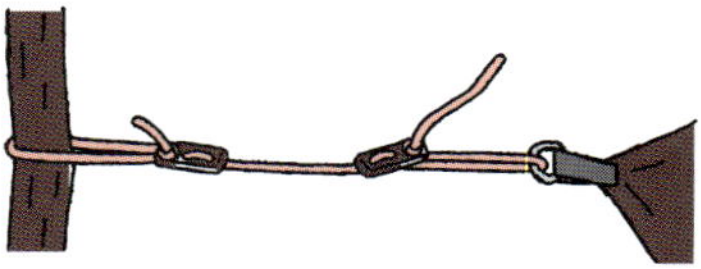

立ち木を利用する③

ツエルト本体のループに張り綱を結びつけるときはボーラインも使える。ボーラインは張力がかかっていると結べないので、まず本体に張り綱を結びつけてから、もう一端を立ち木に結ぶ。

ボーライン

1 張り綱をツエルト本体のリング（ループ）に通し、ボーラインで結んでいく

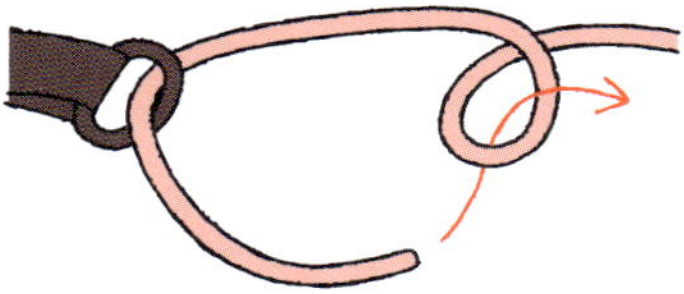

2

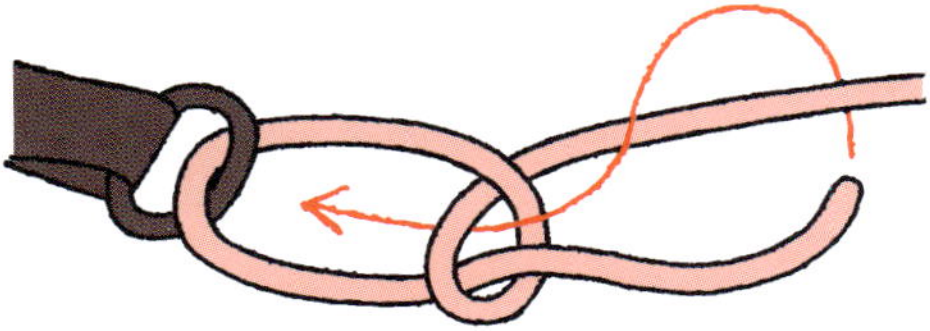

3

4

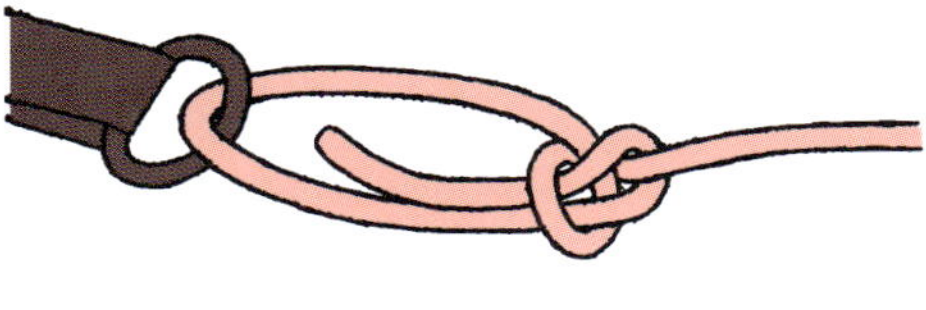

立ち木を利用する④

ツエルト本体に結んだ張り綱のもう一端は、立ち木にふた巻きほどして張力をかけながら、ツー・ハーフ・ヒッチで止める。こうすれば張り綱をピンと張ることができる。

ラウンドターン＆ツー・ハーフ・ヒッチ

1 ロープを引っ張りながら立ち木に2回ほど巻きつける

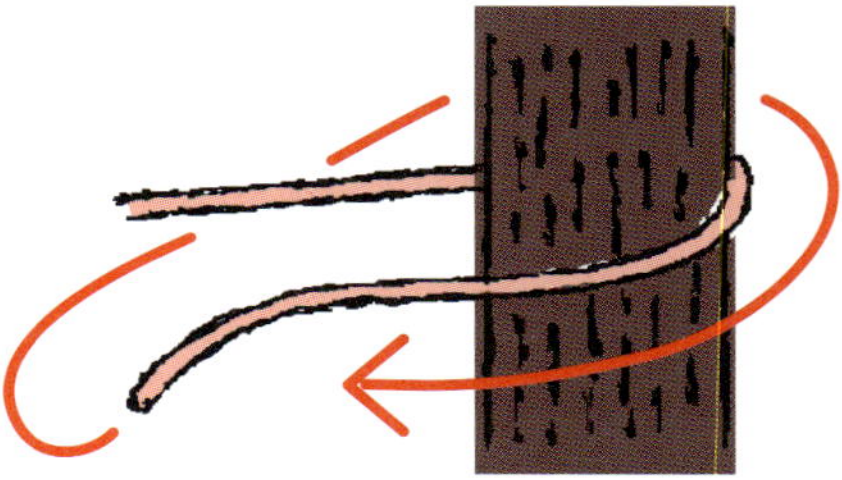

2 ゆるまないようにしてハーフ・ヒッチで結ぶ

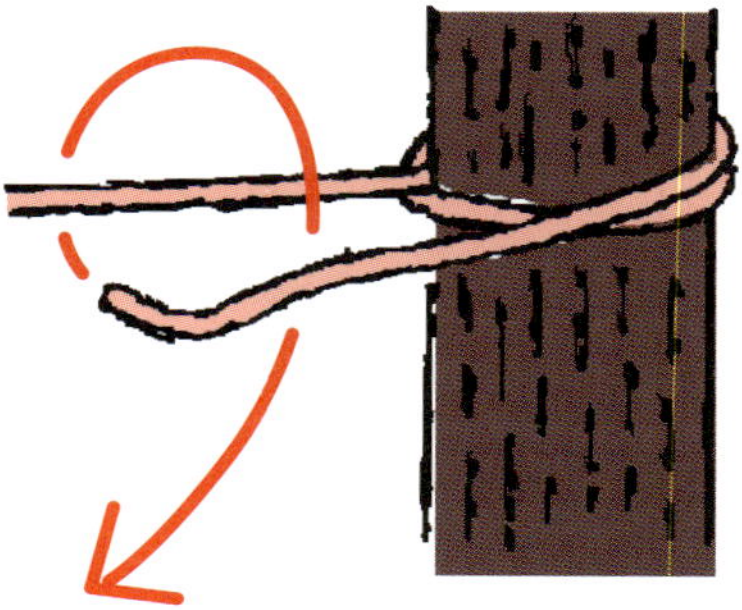

3 さらにもう1回、
末端を巻きつけ

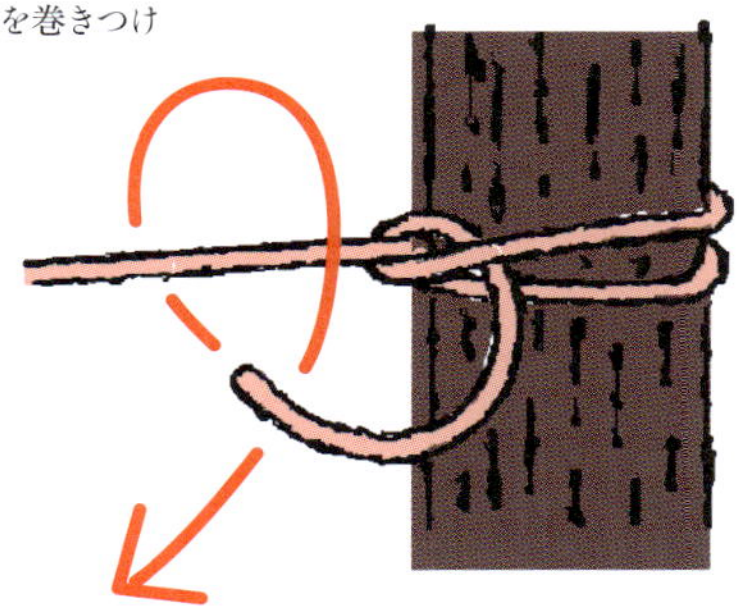

4 ハーフ・ヒッチを結ぶ

5 結び目を締める

立ち木を利用する⑤

張り綱を立ち木に結びつけるときは、張力をかけながらクローブ・ヒッチを結び、ハーフ・ヒッチで止めてもいい。この方法でも張り綱をピンと張ることができる。

クローブ・ヒッチ＆ハーフ・ヒッチ

1 ロープを木にひと巻きし、さらにもう1回巻きつける

2 末端を矢印のように通す

3

続けて末端で
ハーフ・ヒッチを結ぶ

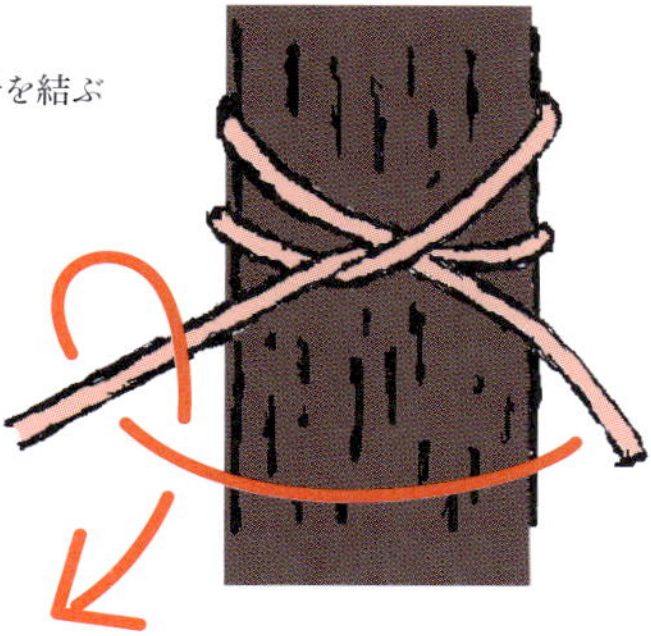

4

5

結び目をしっかり締める

ポールを使って設営する①

最初にツエルトのフロア部の四隅をペグダウンしてから、張り綱の張力を利用してポールを立てていく。ポールは出入りの際にじゃまにならないように、入り口から50cmほど離して立てるといい。

ポールを使った設営手順

1 ツエルトを広げて四隅をペグで固定する。フロア部のひもは結んでおく。

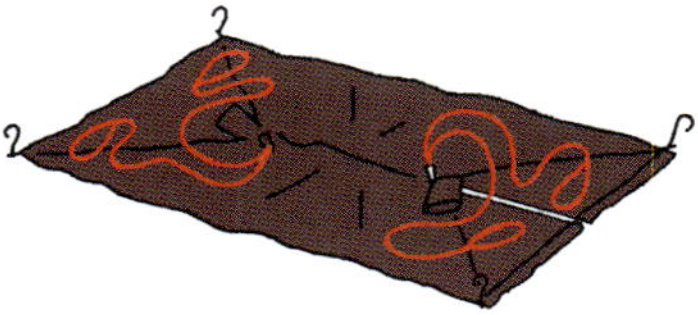

2 まず片側のポールを立てて、V字型に張り綱を張ってペグダウンする。

3 同様にして反対側のポールも立てたら、張り綱のテンションを調整する。

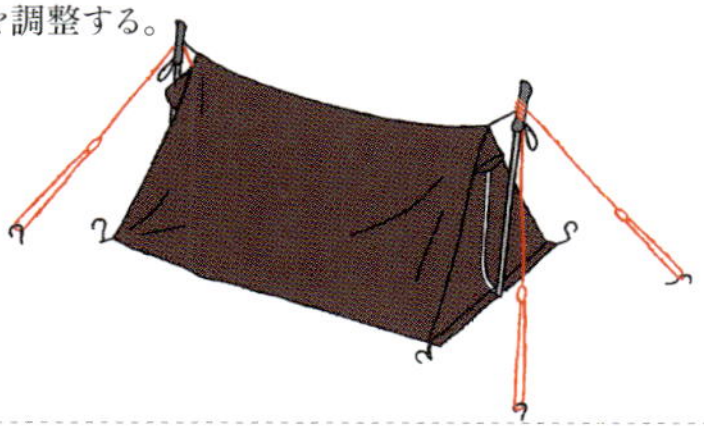

張り綱1本でも立てられる。両サイドの張り綱を1本にしてペグを打てば、ひとりでも設営できる。

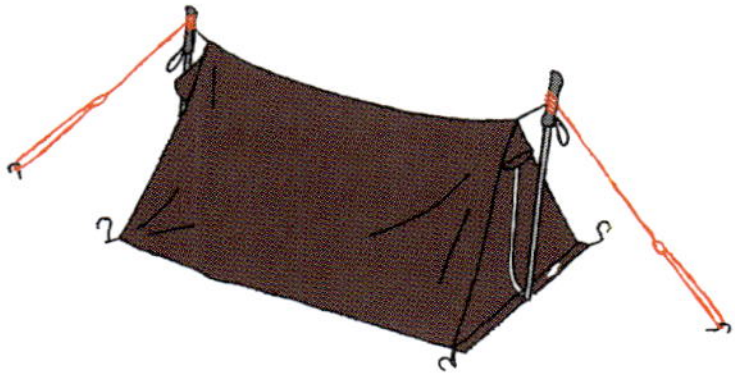

ポールを使って設営する②

フレーム受けにポールの先端を通して設営するなら、ガース・ヒッチで張り綱の真ん中をフレーム受けに結びつけ、張り綱を2方向から引っ張ってポールを自立させる。

ガース・ヒッチ

1 張り綱を真ん中から二つ折りにしてループ・ノットで輪をつくり、ツエルト本体のリング（ループ）に通す

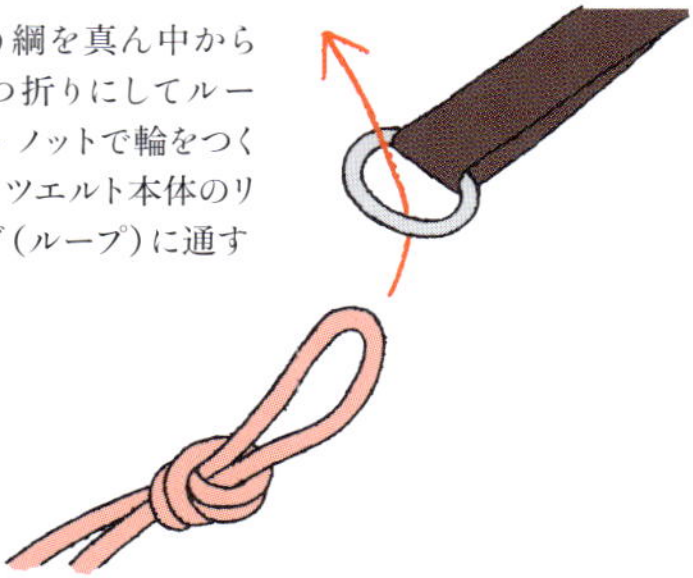

2 ガース・ヒッチで結びつける

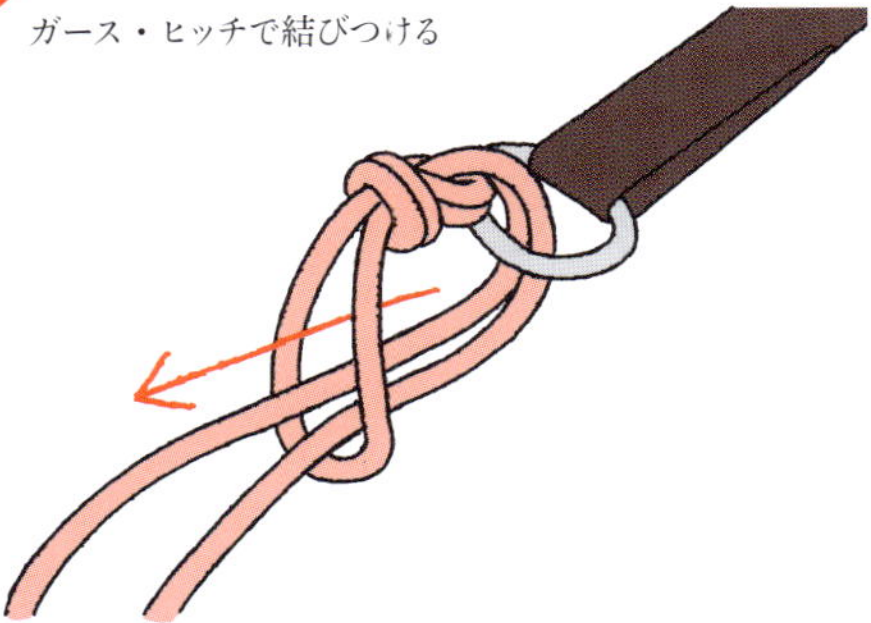

3

ポールを使って設営する③

ポールの代わりにトレッキングポールを使う場合は、張り綱の真ん中をクローブ・ヒッチでトレッキングポールのグリップに結びつけ、同様に2方向から引っ張って自立させる。

クローブ・ヒッチ

1 張り綱の真ん中に輪をつくり、ポールのグリップに通す

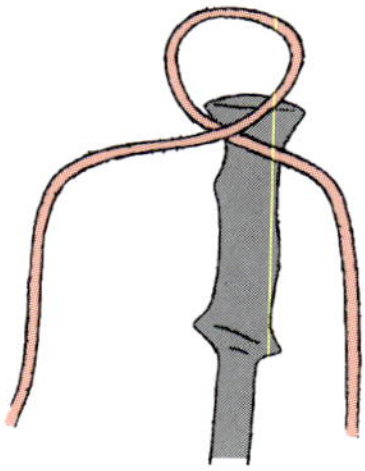

2

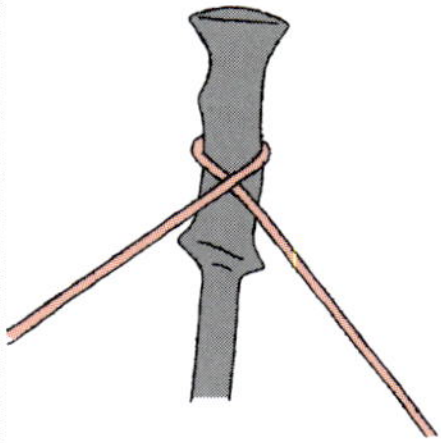

3 イラストのようにもうひとつ輪をつくり

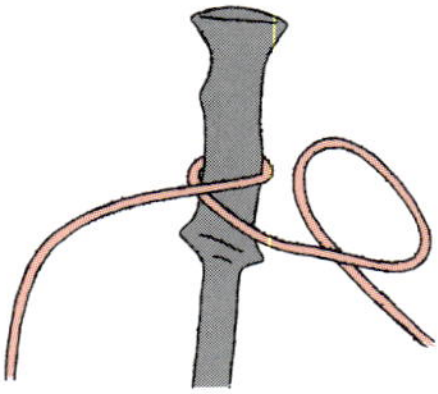

4 同様にグリップに通す

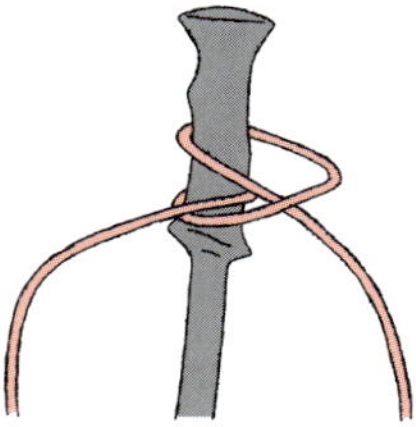

5 結び目をしっかり締めて、両方向から張り綱を引っ張る

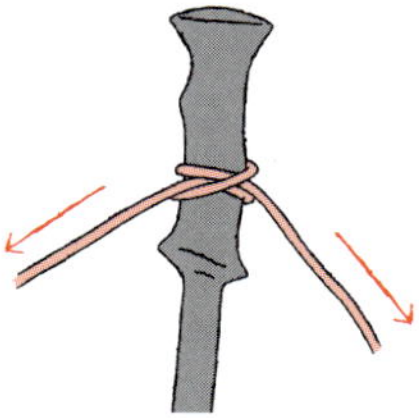

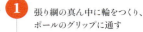

ポールを使って設営する④

トレッキングポールの先端部を上にする場合は、張り綱を2つ折りにしてフィギュアエイト・オン・ア・バイトで輪をつくり、その輪を石突きに通して2方向から引っ張ればいい。

フィギュアエイト・オン・ア・バイト

1 張り綱を2つ折り、フィギュア・エイト・ノットを結ぶ

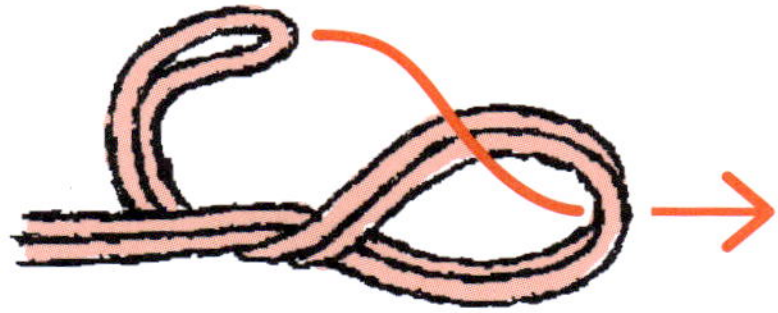

2 結び目を締める

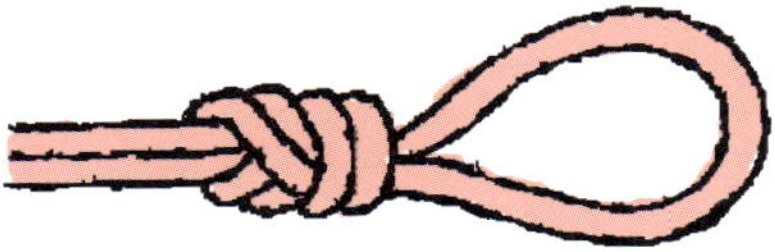

3 輪をトレッキングポールの石突きに通し、2方向から引っ張ってポールを立たせる

危険箇所を通過する

北アルプスなど人気の高い山域の一般登山道では、転・滑落の危険がある岩場などにはクサリやハシゴ、ロープなどが設けられ、必要最小限の安全が確保できるようになっている。しかし、すべての一般登山道でそのような措置がとられているわけではなく、標高の高くない山であっても、ヒヤヒヤしながら通過しなければならない危険箇所は少なからずある。

険しい岩壁を登攀するクライミングは、安全確保のためのロープを使うのが当たり前だが、一般登山での危険箇所においては、山岳ガイドは別にして、ロープを取り出す登山者はほとんどいない。それは、おそらくロープを使いこなす技術も知識もないからだと思われるが、もし技術と知識が備わっていれば、ロープを使って安全に危険箇所を通過することができるようになる。特に岩場が苦手な人や初心者がパーティにいる場合は、積極的にロープを使用することを提案したい。

前述したとおり、一般的な登山で危険箇所を通過するときに用いられるロープは「補助ロープ」と呼ばれている。登山用具店では、太さは8㎜程度、長さは20～30m程度のものが補助ロープとして市販されている。これを1パーティに1本と、各メンバーがカラビナとスリングを数セットずつ携行していれば、たいていの危険箇所には対応できる。

フィックスしたロープを手掛かりにして急斜面を登る

使い方としては、「急斜面や岩場などの危険箇所にロープをフィックス（固定）し、それを手がかりに登り下りする」「トラバース（横方向の移動）の際に、フィックスしたロープにセルフビレイをとりながら移動する」「転・滑落に備えて登り下りする人をロープで確保する」の主に3つがある。本書では、その3つの方法について解説する。

ただし、このような用途でロープを使うには、基本的なクライミングやロープ操作の知識と技術を習得していることが大前提となる。ロープの結び方や使い方をちょっとでも誤ると、大きな事故につながりかねない。絶対に見よう見まねで行なわず、クライミング講習会に参加するなどして、確実な技術を身につけたうえで用いるようにしよう。

ロープをフィックスして登り下りする

急斜面や険しい岩場を登り下りするときは、縦方向にフィックスしたロープを転・滑落防止のための補助にする。ロープをつかむときの手がかりとするため、あらかじめロープには等間隔でコブまたは輪を結んでおく。コブをつくるなら結び目が大きいフィギュアエイト・ノットを、輪をつくるならハーネス・ループかインライン・フィギュアエイト・ノットを用いよう。ただし、輪をつくった場合、手や足は輪の中に入れないこと。手足を輪から抜くときに、引っかかってバランスを崩す恐れがあるからだ。

ロープをフィックスするには、下りの場合は下降地点付近にある立ち木を利用する。ロープ

は最後に下るリーダーが回収してくる。登るときは、リーダーが登っていって支点となる木を探し、そこにロープを結びつける。ロープを立ち木に結びつけるには、ロープの末端にフィギュアエイト・オン・ア・バイトで輪をつくり、それをスリングとカラビナでつくった支点にかけるか、ガース・ヒッチで固定する。あるいはクローブ・ヒッチ&ツー・ハーフ・ヒッチで直接結んでもいい。

このほか、結び目をつくらない固定ロープに、スリングをクレムヘイスト・ノットでセットして登り下りするという方法もある。スリングのもう一端は体に装着した簡易ハーネスに接続されているので、万が一、滑落しそうになっても、荷重がかかって結び目がロックされるので落ちる心配はない。

ロープを立ち木に結びつける①

フィックスするロープの末端にフィギュアエイト・オン・ア・バイトで輪をつくり、その輪を使ってガース・ヒッチで直接立ち木に結び付ける。フィギュアエイト・オン・ア・バイトの末端は充分に余らせること。

フィギュアエイト・オン・ア・バイト

1 イラストのように巻きつけて輪の中に通す

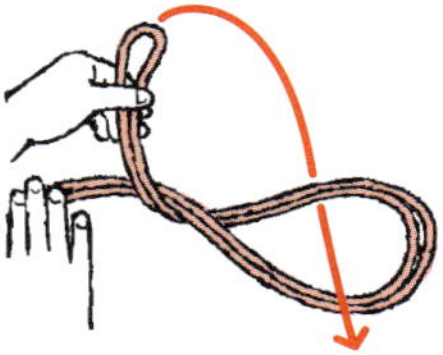

2 結び目をしっかり締める。末端は充分に余らせること

ガース・ヒッチ

1 ロープを木に巻きつけ、ダブル・フィギュア・エイト・ノットでつくった輪の中にもう一方の端を通す

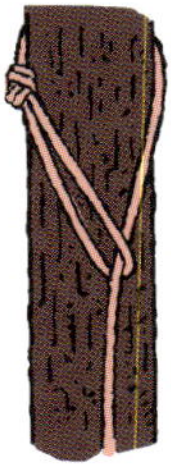

2 しっかり締め込んで立ち木に固定する

ロープを立ち木に結びつける②

立ち木にスリングをガース・ヒッチで結び、安全環付カラビナをセットする。そのカラビナに、フィックスするロープの末端にフィギュアエイト・オン・ア・バイトでつくった輪をかける。

スリングとカラビナを使う

1 スリングを木に巻きつけ、イラストのように通す

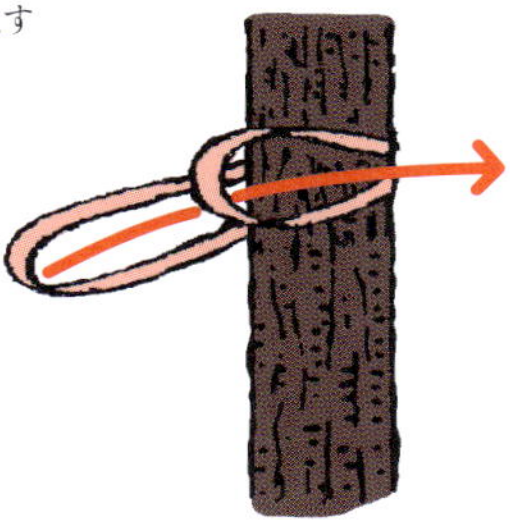

2 ガース・ヒッチでしっかり締め込む

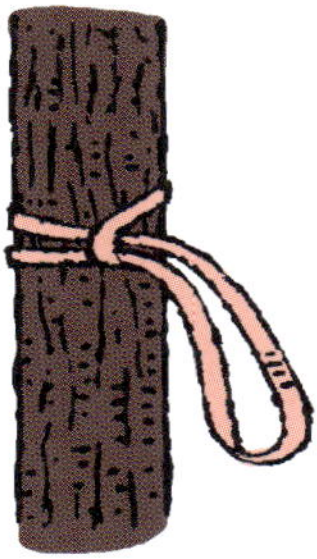

3 安全環付きのカラビナをセットし、ロープ末端の輪をカラビナにかける

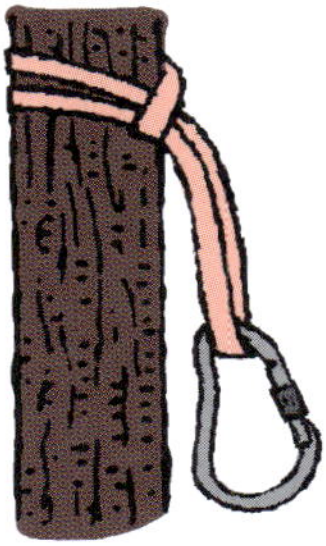

手がかりの輪をつくる

ロープに手がかりとなる輪をつくるには、下向きの輪ができるインライン・フィギュアエイトがおすすめ。登り下りするときは輪の中に手足を入れず、結び目全体を握るようにする

1 ロープの途中に輪をつくり、その輪を矢印方向にずらす

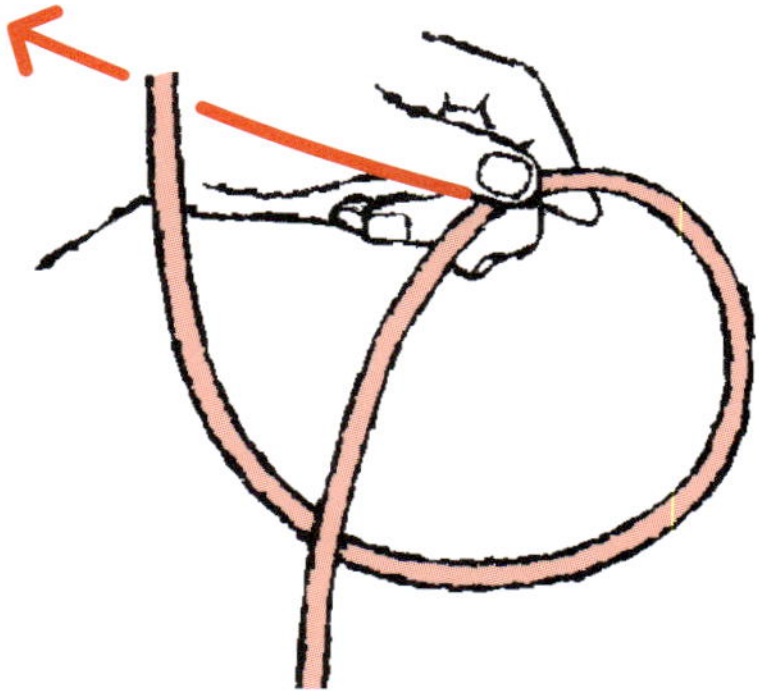

2 輪をロープに巻きつける

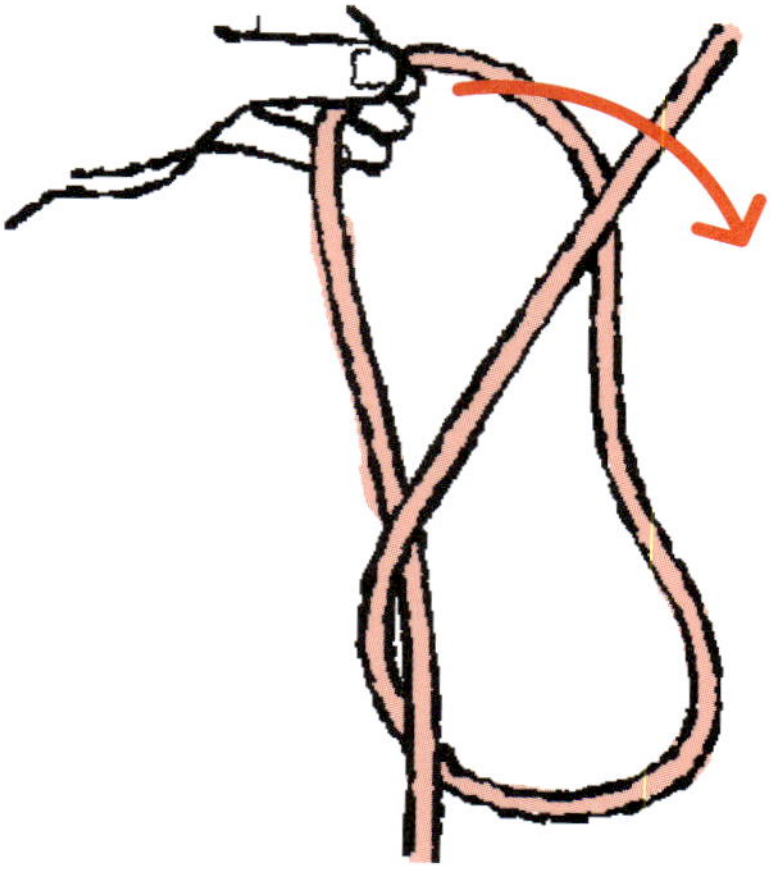

3

イラストのように
輪の中に通す

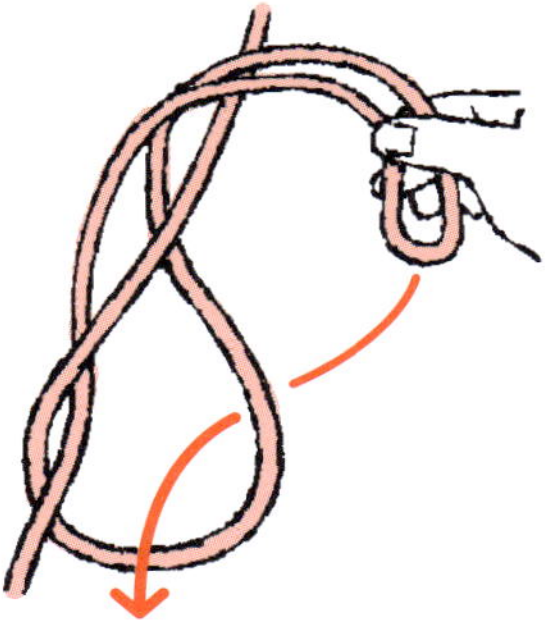

4

輪を引き出して結び目を
しっかり締める

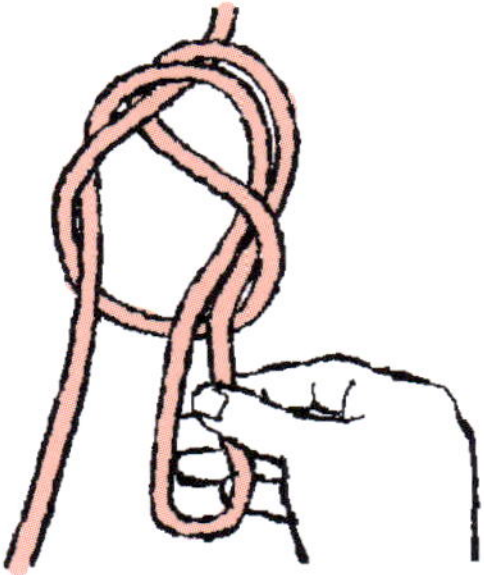

5

同様にして1本のロープに
いくつも輪をつくっていく。
この輪をつかみながら登
り下りする。輪の中に手
足を入れないこと

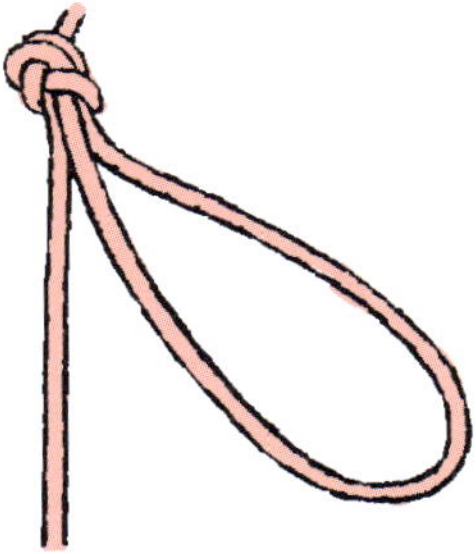

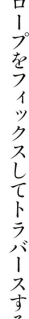

ロープをフィックスしてトラバースする

危険箇所をトラバースするときには、転・滑落防止のためのロープを横方向に張る。基本的なシステムは、最初にリーダーがトラバースルートにロープをフィックスしながら通過し、後続者は固定されたロープにセルフビレイをとりながらトラバースしていくというもの。

それに先立って、まず覚えたいのが、簡易ハーネスのつくり方。長さ120㎝（体格がいい人は150㎝）のソウンスリング1本と安全環付きカラビナが1枚あれば、上半身用の簡易チェストハーネスをすぐにつくることができる。簡易ハーネスは、補助ロープを使って安全を確保するさまざまなシーンで使えるので、覚えて

リーダーがトラバースルートにロープを固定し、そのロープにセルフビレイをとりながら後続者が通過する

おいて損はない。

トラバース箇所にロープを張るための支点は、立ち木や岩、クサリ場の支柱、残置のボルトなどを利用する。これらにスリングとカラビナをセットして、ロープを横方向にフィックスすればいい。

トラバースするときは、ソウンスリングとカラビナを2枚用意して簡易ハーネスと連結し、固定ロープにかけた2枚のカラビナをスライドさせながら移動していく。中間支点でカラビナをかけ替えるときは、どちらか一方が必ず固定ロープにかかっている状態にしておくこと。

カラビナとスリングはいろいろな用途に応用できるので、個人装備として数セット携行することをおすすめしたい。

簡易ハーネスをつくる（チェストハーネス）

ハーネスは、ロープで安全を確保する際に必要となるクライミングギアの一種で、胸部に装着するものをチェストハーネスという。長いスリングがあれば、簡易的なハーネスを自作することができる。

1 背中に回した120㎝のソウンスリングをイラストのように両手で持つ

2 両端を胸の前で交差させる

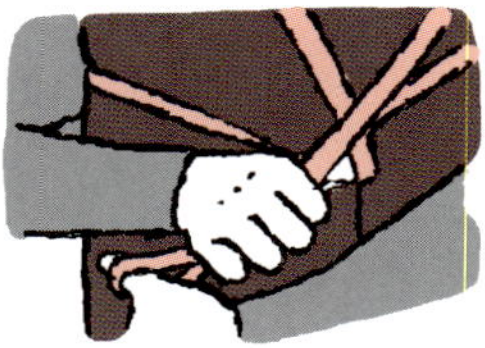

3 右手と左手を持ち替える

4 右手でつかんでいる端を、もう一方の端に下から巻きつける

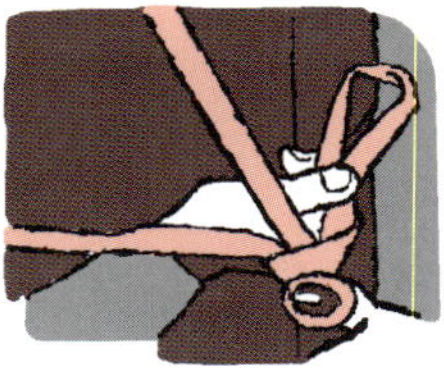

5 胸の前でしっかり締める

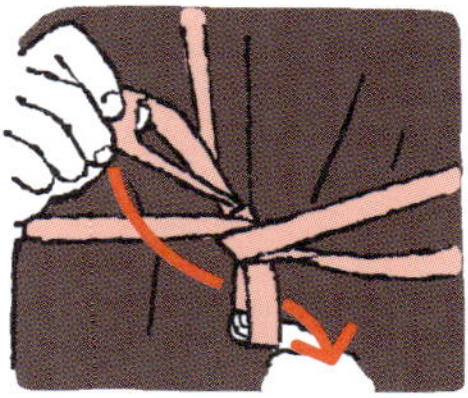

6

右手で持っている端を、
左で持っている端の
輪の中に入れる（❺の矢印）

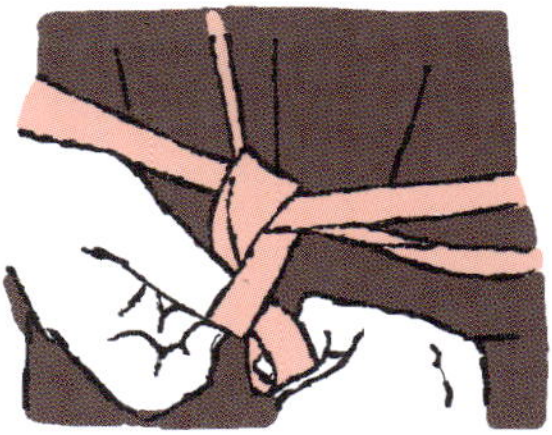

7

輪を引き出して
しっかり締める

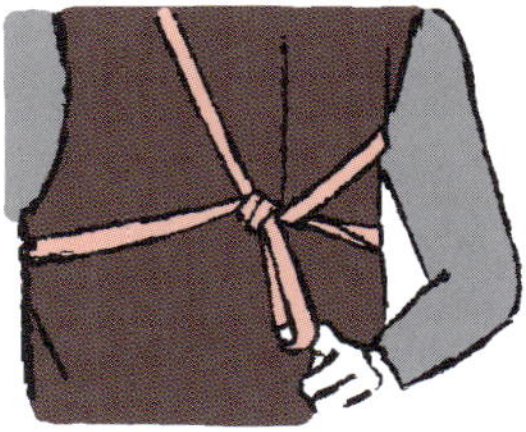

8

できた輪に安全環付き
カラビナをかけて完成

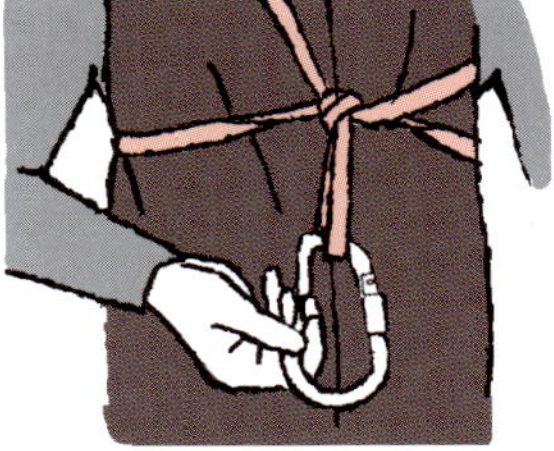

簡易ハーネスをつくる（シットハーネス）

チェストハーネスに対し、腰部に装着するのがシットハーネス。胸部と腰部の両方に装着してカラビナで連結すればフルボディハーネスとなり、安全性はより高まる。

1 120㎝のソウンスリングをお尻のほうに回し、イラストのように左右の手で持つ

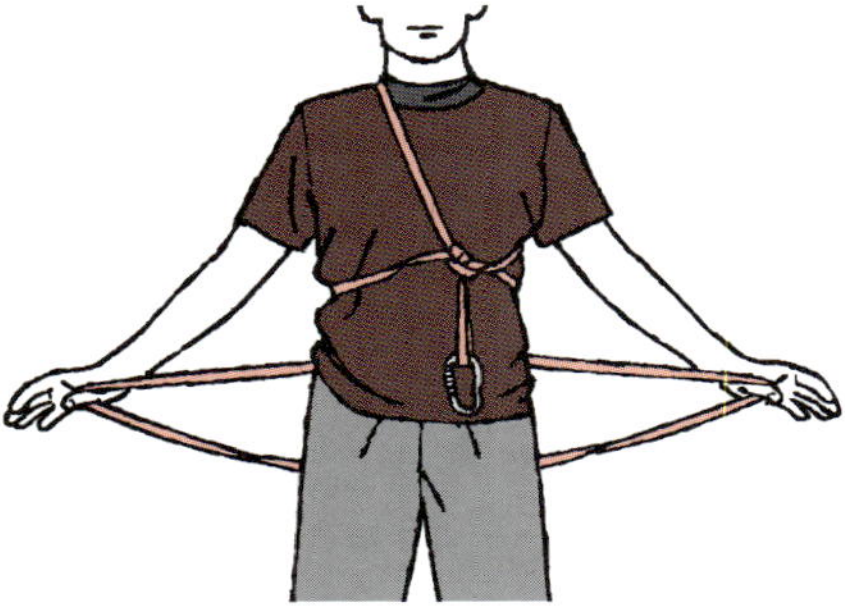

2 スリングを腰の両側から前方に持ってくると同時に、股間からもスリングの一部を引き出す

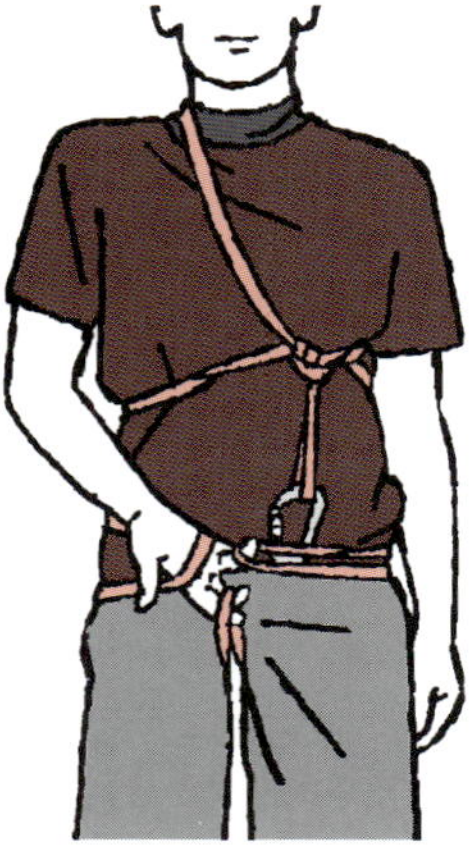

3 下腹の前でスリングの3つの輪に安全環付きカラビナをかける。
さらにこのカラビナにチェストハーネスの輪をかけて
フルボディハーネスとする

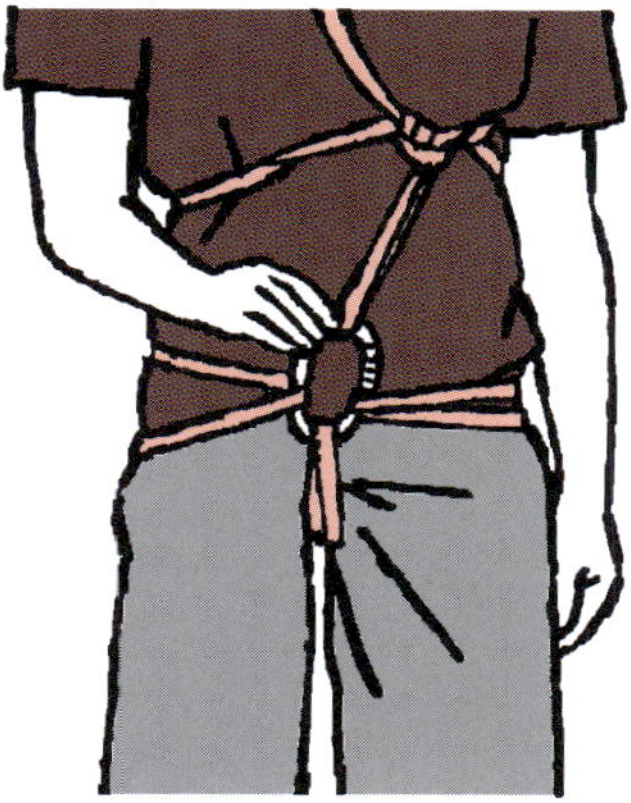

4 安全環付きカラビナをセットする。このカラビナにロープを連結する

ロープをフィックスする

トラバースルートにロープをフィックスするとき、始点と終点はクローブ・ヒッチ＆ツー・ハーフ・ヒッチで立ち木などに結びつける。あるいはスリングとカラビナを使ってフィックスしてもいい（P185参照）。

クローブ・ヒッチ＆ツー・ハーフ・ヒッチ

1 末端が充分余るようにロープをクローブ・ヒッチ（P86参照）で木に結びつける

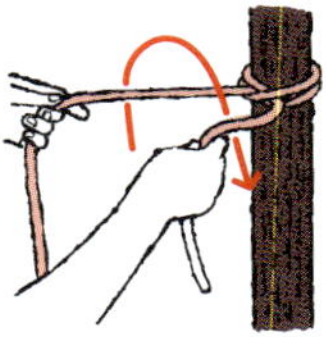

2 末端をハーフ・ヒッチで結ぶ

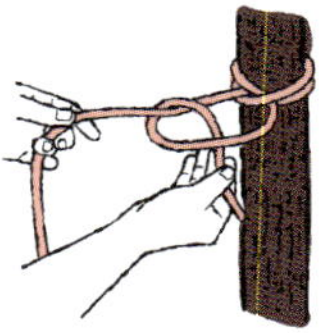

3 結び目を締め込む

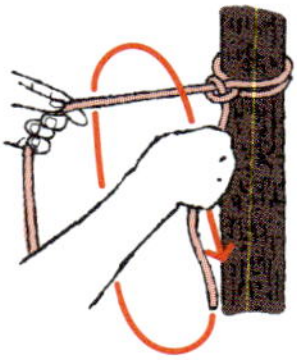

4 さらにもう1回、ハーフ・ヒッチで結ぶ

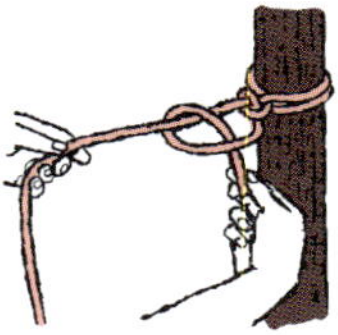

5 結び目をしっかり締めて完成

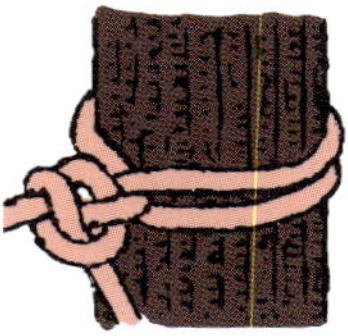

中間支点をとる

ロープをフィックスするための支点は、立ち木や岩などを利用する。ロープの両端だけではなく、途中にも数箇所に支点をとること（これを中間支点という）。スリングとカラビナを使うのが手っ取り早い。

クローブ・ヒッチ

1 中間支点のカラビナにロープをかける

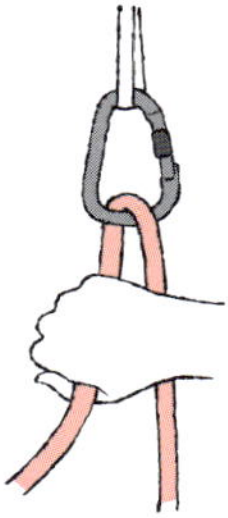

2 ロープの一部を持ち、1回よじって輪をつくる

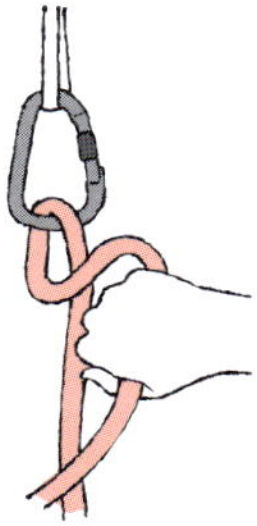

3

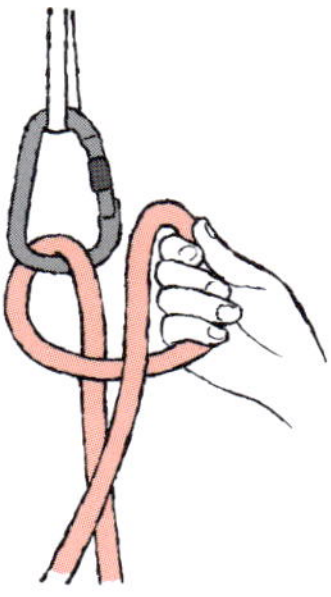

4 その輪をカラビナのゲートに通す

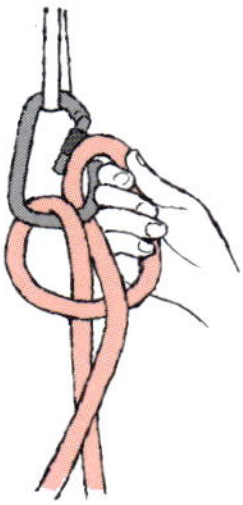

5 結び目を締める

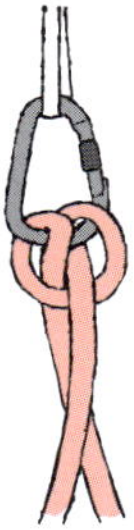

ダブル・フィギュア・エイト・ノット

この方法を使ってもいい

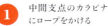

中間支点の通過

簡易ハーネスの輪に長さ60㎝のソウンスリングを通して二つ折りにし、そこにセットした2枚のカラビナを固定ロープにかけてスライドさせながらトラバースする。中間支点に来たら、カラビナをかけ替える。

1 簡易ハーネスの輪にスリングをこのように通す

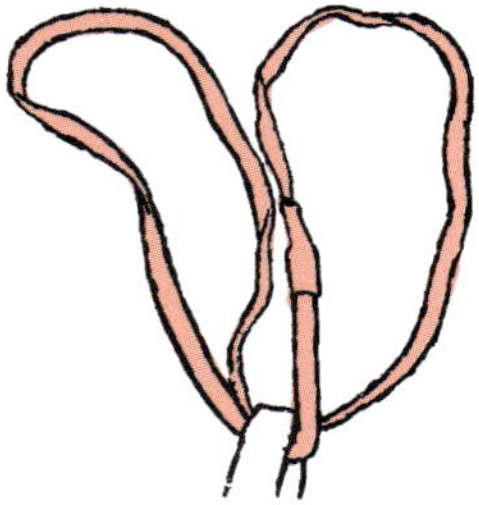

2 左右の輪を重ね、2枚のカラビナで固定ロープと連結する

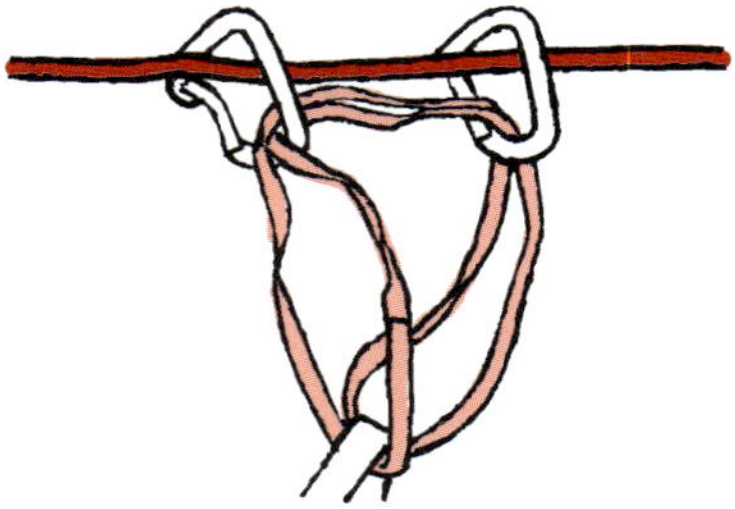

3 固定ロープにかけた2枚のカラビナをスライドさせながら通過していく

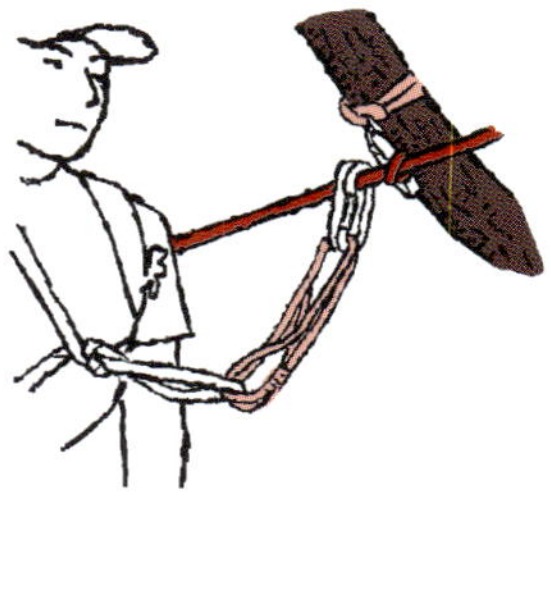

4

中間支点に来たら、まずカラビナを1枚外して支点の向こう側にかけ替える。
※必ず1枚はロープにかかっている状態にしておくこと

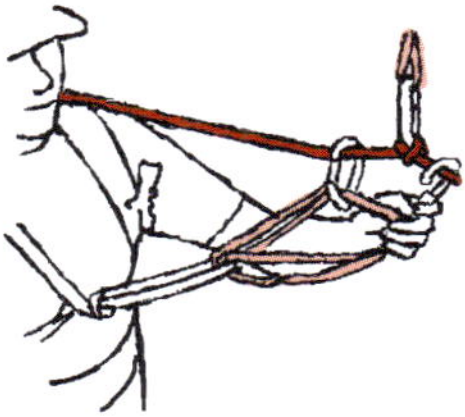

5

支点を挟んで2枚のカラビナがかかっている状態

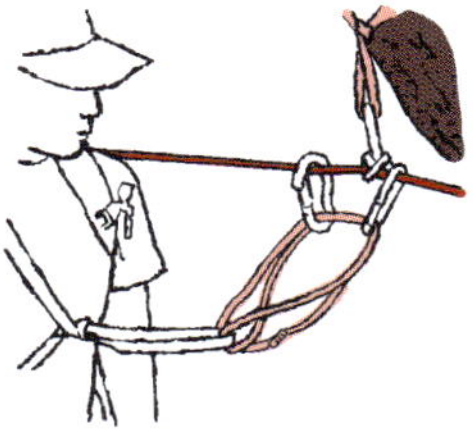

6

もう1枚のカラビナもかけ替える

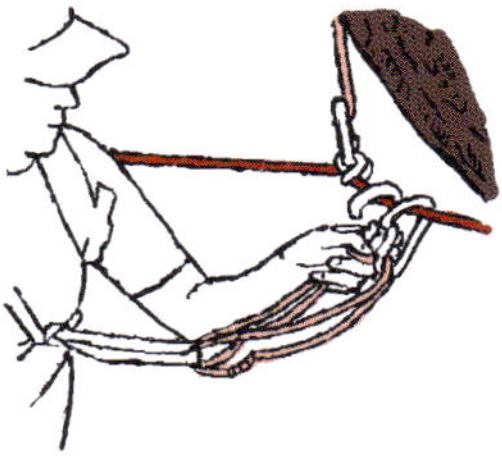

7

トラバースを続ける

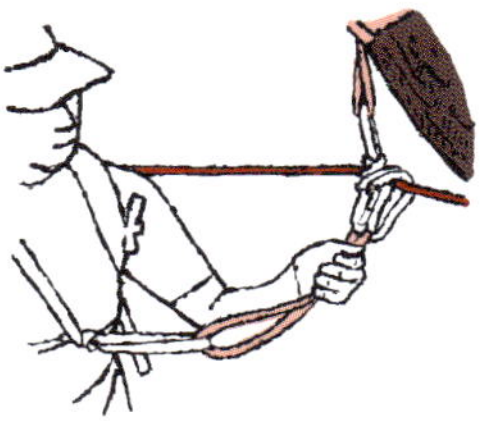

確保で登り下りする

険しい岩壁をよじ登るクライミングは、登る人に結びつけたロープを確保者が操作することによって、転・滑落を食い止められるようになっている。一般登山でも、必要最小限のギアがあれば同じ方法で安全を確保することが可能になる。

このシステムの概要は次ページのイラストのとおりだが、ポイントは信頼できる支点を見つけることだ。支点は通常、大きな力がかかっても折れる心配のない立ち木や、岩に埋め込まれたボルトなどからとることになる。この支点を中心に、確保のためのシステムを構築していくわけだ。

作業の流れとしては、まず確保者が自己確保（セルフビレイ）をとり、次に支点を設け、そこに確保のためのシステムをつくっていく。準備が整ったら、行動者が登り（下り）はじめ、確保者はその動きに合わせながらロープを手繰ったり繰り出したりして操作し、万一、行動者が落ちそうになったときは、ロープが流れていかないように制動をかけて転・滑落を防止する。

これを実際に現場で滞りなく行なうには、確保のシステムを理解するとともに、その技術をしっかり身につけている必要がある。そのためには、山岳団体や山岳ガイドなどが開催しているクライミングの講習会に参加することを強くおすすめする。

確保の手順
①確保者はしっかりした支点に自己確保(セルフビレイ)をとる
②もうひとつ支点を設け、行動者を確保するシステムをつくる
③行動者（確保される人）は、ロープの末端をハーネスに結びつけて登り下りする
④確保者は登り下りする人の動きに合わせてロープを操作する

確保者は、確保中に自分がその場から落ちないように、立ち木などからとった支点と簡易ハーネスをロープまたはスリングで連結させておく。これを自己確保（セルフビレイ）という。自己確保には、クローブ・ヒッチまたはダブル・フィギュアエイト・ノットを用いる。

確保のシステム

確保して登り下りするときのシステムはイラストのとおり。確保用の支点にはムンター・ヒッチでロープをセットし、登り下りする人の動きに合わせてロープを手繰ったり送り出したりする。

下る人を確保するときはムンター・ヒッチの結び目を反転させ、矢印のようにロープを送り出す

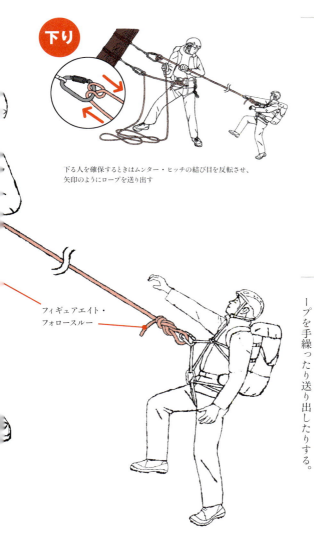

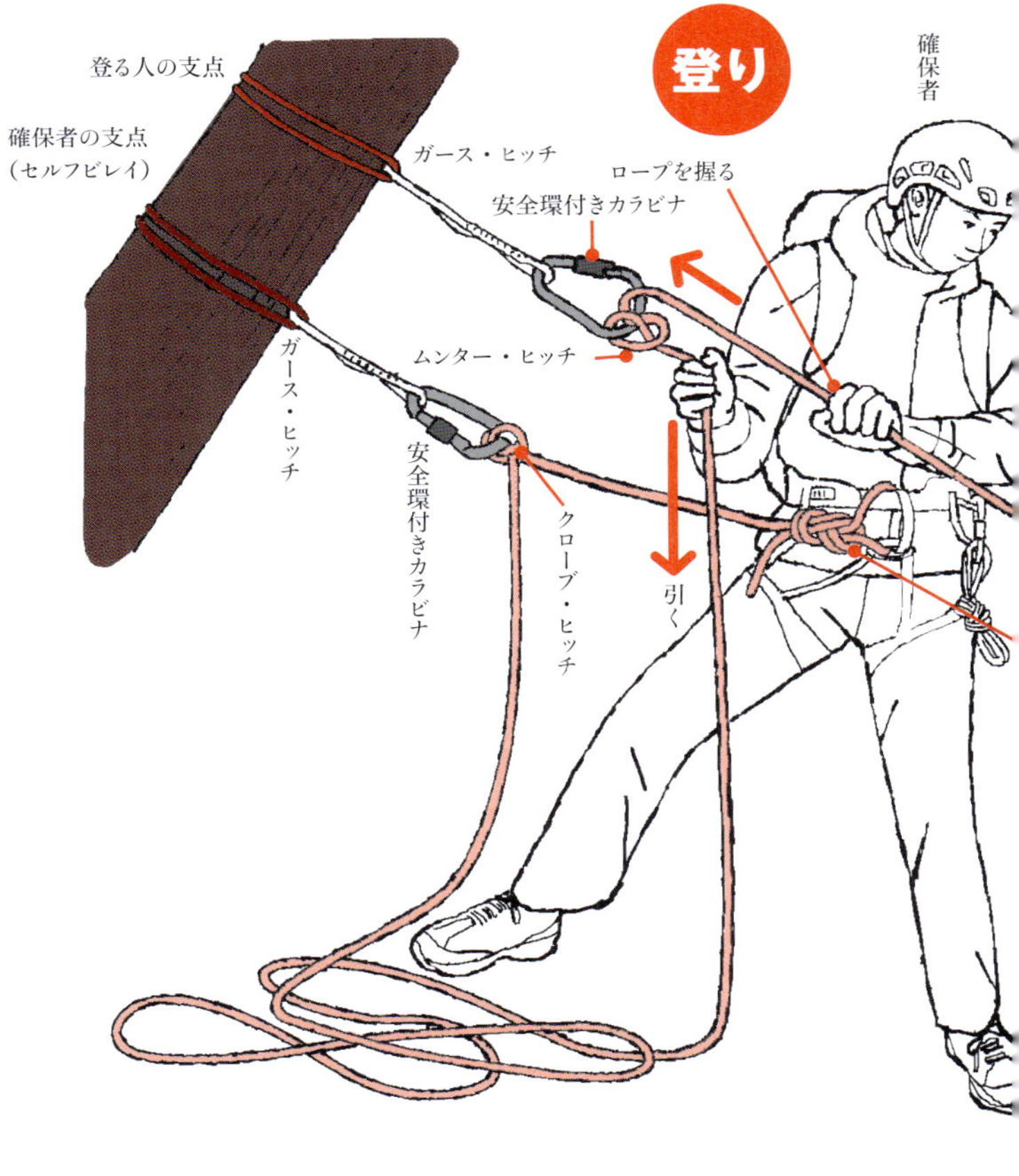

登り
確保者
登る人の支点
確保者の支点
（セルフビレイ）
ガース・ヒッチ
ロープを握る
安全環付きカラビナ
ムンター・ヒッチ
ガース・ヒッチ
安全環付きカラビナ
クローブ・ヒッチ
引く

確保の方法

確保に用いられる「ムンター・ヒッチ」（「イタリアン・ヒッチ」「半マスト結び」ともいう）は、カラビナを利用することでロープに制動をかけることができる。操作法はしっかり身につけておくこと。

ムンター・ヒッチ

1 ロープをカラビナにかけ、イラストのように右手でロープの一部をつかむ

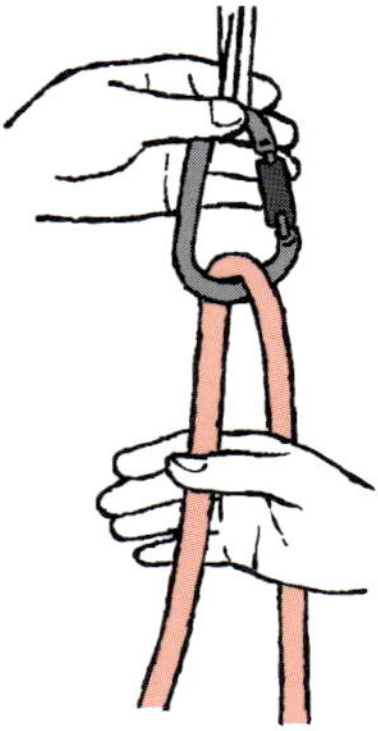

2 このように移動させて

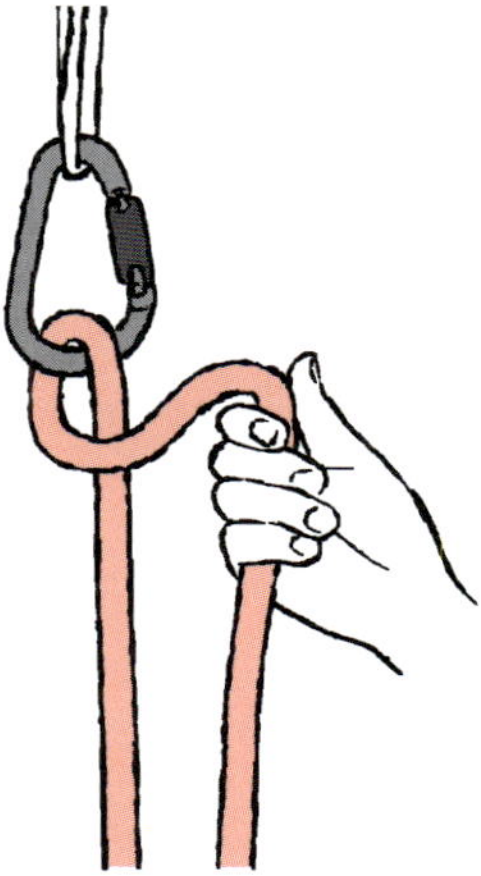

3 カラビナのゲートに通す

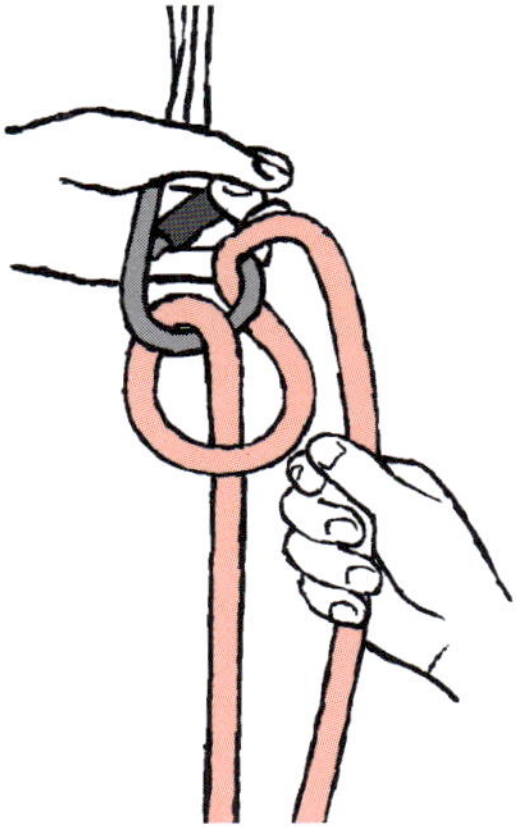

4 結び目を締める

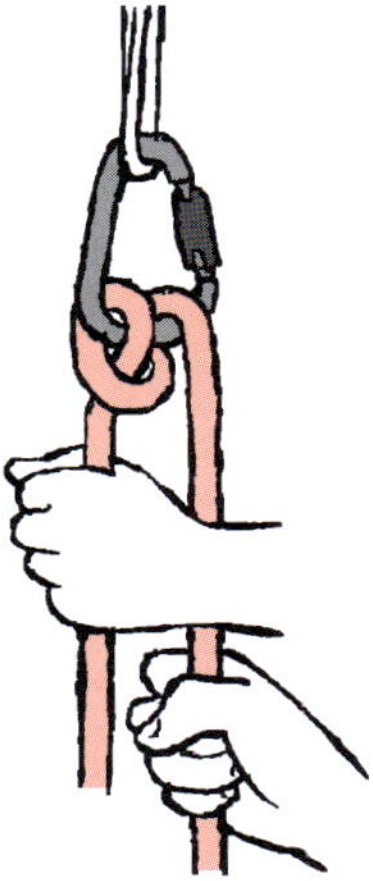

5

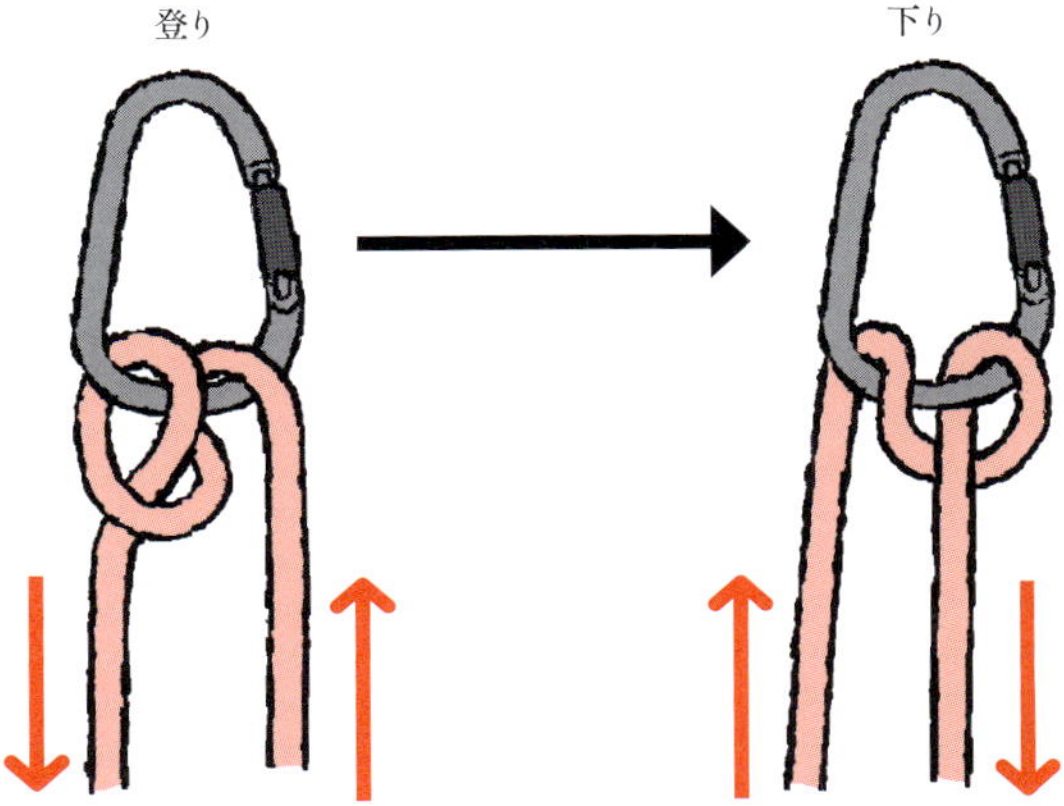

右手で持ったロープを上に引きながら、左手で持ったロープを下に手繰っていく

結び目を反転させ、左手で持ったロープを上に引き、右手で持ったロープを下に送り出す

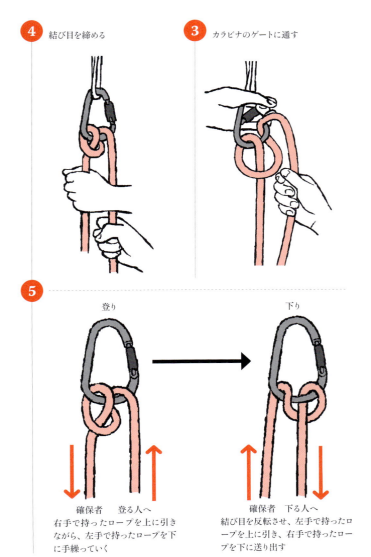

あとがき

本書は、『アウトドア・ロープワーク』（1990年刊）と『ちょっとロープ ワーク』（2015年刊）の2冊（ともに山と溪谷社）を底本とし、近年の情報を入れ込んで再構成したものである。

登山用具や登山ウェアなどとは違い、結びには流行り廃りがあるわけではないし、毎年最新のモデルが出るというものでもない。太古からの知恵ともいえる結びはもう考案し尽くされ、それぞれの評価はすでに定着していて今さら変わるものではない。ずっとそう思っていた。しかし、今回あらためて30年ほど前に出した本のページをめくってみて、山の世界のロープワークにも少しずつだが変化があることに気づかされた。

そうした変化は、主にクライマーや山岳ガイドらによってもたらされている。本文でも触れたが、彼らは文字どおり命綱としてロープを駆使する機会が多いだけに、非常にシビアな目で結びをチェックする。それによって今まで気づかれなかった長所や欠点が再認識され、従来からある結びの評価が変わったり、新しい結びが考え出されたりしている。

たしかに釣りの世界でも、確実に大物を釣り上げるために、より強固にラインを結束する新しいノットが今なお考案され続けている。そういう意味では、結びは決して古い知恵・技術ではなく、今でも進化し続けているものだといっていい。

本書では、覚えていると役に立つ基本的な結びを中心に紹介した。また、登山やキャンプなどにおいて、それらの結びを実際にどのように使うのかについても解説してある。昔とは変わっている事情などもできるだけ盛り込んだつもりだが、結びの評価や使い方が今後変わっていく可能性があることは、頭の隅にとどめておいていただきたい。

なにより結びは、使う人の創意工夫次第でさまざまな可能性を見出せる技術だと思う。本書に書かれている実践法はあくまでオーソドックスなものであり、そこから進めてさらにどう使いこなしていくかはあなた次第だ。

本書が、より安全に登山やキャンプを楽しむための、あるいはより豊かな日常生活を送るための一助になれば幸いである。

羽根田 治

2019年10月

本書は『アウトドア・ロープワーク』『山登りＡＢＣちょっとロープワーク』（ともに山と溪谷社）を底本とし、大幅に加筆・修正したものです。

羽根田 治（はねだ おさむ）

1961年、埼玉県さいたま市出身。フリーライター。日本山岳会会員。山岳遭難や登山技術に関する記事を、山岳雑誌や書籍などで発表する一方、沖縄、自然、人物などをテーマに執筆活動を続けている。ロープワークに関する著書・監修本も多い。主な著書に『ドキュメント道迷い遭難』『ドキュメント単独行遭難』『ドキュメント生還』『空飛ぶ山岳救助隊』『山でバテないテクニック』『ロープワーク・ハンドブック』『アウトドア・ロープテクニック』『野外毒本』『パイヌカジ 小さな鳩間島の豊かな暮らし』『トムラウシ山遭難はなぜ起きたのか』（共著）『山の遭難 あなたの山登りは大丈夫か』『生死を分ける、山の遭難回避術』『人を襲うクマ』などがある。2013年より長野県の山岳遭難防止アドバイザーを務め、講演活動も行なう。

山のABC　基本のロープワーク　YS045

2019年12月5日　初版第1刷発行

著者　羽根田 治
発行人　川崎深雪
発行所　株式会社山と溪谷社
〒101-0051 東京都千代田区神田神保町1丁目105番地
https://www.yamakei.co.jp/
■ 乱丁・落丁のお問合せ先
山と溪谷社自動応答サービス　TEL：03-6837-5018
受付時間／10：00-12：00、13：00-17：30（土日、祝日を除く）
■ 内容に関するお問合せ先
山と溪谷社　TEL：03-6744-1900（代表）
■ 書店・取次様からのお問合せ先
山と溪谷社受注センター　TEL：03-6744-1919
FAX：03-6744-1927

印刷・製本　図書印刷株式会社

Printed in Japan ISBN978-4-635-51060-8